JN292270

日本古代国家と支配理念

有富純也［著］

東京大学出版会

The State and Political Ideology in Ancient Japan

Junya ARITOMI

University of Tokyo Press, 2009
ISBN978-4-13-026220-0

日本古代国家と支配理念／目　次

序　章　古代国家研究の現状——国家とは何か……………………一
1　国家成立史研究について　一
2　律令国家の変転と摂関期の国家　五

第一部　律令国家と儒教・神祇政策

第一章　百姓撫育と律令国家——儒教的イデオロギー政策を中心に　…………三
はじめに　三
第一節　詔勅・宣命にみられる「撫育」　一四
第二節　八世紀の百姓撫育　一九
第三節　九世紀の百姓撫育——百姓の辛苦上申を中心に　二五
第四節　使者派遣と撫育理念の消滅　三八
おわりに　三九

補論　律令国家の撫育政策……………………………………四九
はじめに　四九
第一節　「撫育」の具体相　五〇
第二節　天平年間の災害と仏教政策　五三
第三節　撫育の成立　五五

おわりに 五八
第二章 神祇官の特質——地方神社と国司・朝廷……六三
はじめに——問題の所在 六三
第一節 神祇官の職掌 六五
第二節 国司と神社 六九
第三節 神祇官の特質 七八
おわりに 八一
第三章 神社社殿の成立と律令国家……九一
はじめに 九一
第一節 社殿成立に関する研究史 九三
第二節 神社社殿とホクラ 九六
第三節 十世紀以降の神社と国司・国家 九九
おわりに 一〇五
第二部 社会・国家の変転過程
第一章 九世紀後期における地方社会の変転過程……一一一
はじめに 一一一

第一節　九世紀後半における坂東地域の争乱状況　一一三
第二節　九世紀半ばにおける坂東社会の変転――考古学の成果から　一二三
おわりに――律令国家と地方社会の変転　一二五

第二章　九・十世紀の不堪佃田・損田と律令官人給与制……………　一三三
はじめに　一三三
第一節　九世紀の不堪佃田と損田　一三五
第二節　十世紀の不堪佃田・損田　一四一
第三節　十世紀の節会と禄制度　一五〇
おわりに　一五六

第三部　摂関期の国家と支配理念

第一章　摂関期の地方支配理念と天皇――祥瑞・勧農・受領罷申……………　一六五
はじめに　一六五
第一節　摂関期の祥瑞と朝廷の対応　一六六
第二節　摂関期の勧農政策　一七四
第三節　受領罷申儀の検討　一七九
おわりに　一八四

第二章　摂関期の災異について……一九七
はじめに　一九七
第一節　摂関期の災害と朝廷の対応　一九八
第二節　摂関期の天皇と災異思想　二〇九
おわりに　二一六
終　章　日本古代国家の支配理念……二二三
1　律令国家の支配理念と国家成立　二二三
2　摂関期における律令制支配理念　二二六
初出一覧　二三四
あとがき　二三五
索　引

序章　古代国家研究の現状
――国家とは何か

1　国家成立史研究について

そもそも「国家」とはなにか、その本質、構造、機能はなにか、それは日本で歴史的にどのように形態変化したかについて少なくとも自分の理論をみがくことなしに、どのような方向で問題を提起し、国家のどの側面をどのような方法で分析することができるであろうか。問題意識なしに、いくら研究が蓄積されても、政治学者がそこから国家論を豊富にするための理論的概括をすることは困難だろう。普遍化のための媒介がそこにふくまれておらず、歴史の研究者自身が理論的思考の主体となっていないからである。

右の文章は、一九六七年、石母田正氏が発表した「国家史のための前提について」と題する論文の一節である。(1) 石母田氏は、歴史の研究者として「国家」を研究するならば、研究者自身が「問題意識」をもって自分の理論をみがき、「理論的思考の主体」とならなくてはならない、と述べている。この文章を書いた数年後、石母田正氏は『日本の古代国家』を完成させ、独自の古代国家論を提示した。(2)

この『日本の古代国家』が、その後の古代史研究者に多大な影響を与え、それが現在まで及んでいることは、周知のことと思う。[3]さらに一九七〇年代から現在に至るまで、石母田氏の強い影響のもと、古代史研究者の実証的な研究によって、律令国家研究、あるいは古代国家研究は大いに進展し、多くの歴史的事実が明らかになったことも、また周知のことであろう。[4]

しかしながら、『日本の古代国家』の影響力があまりにも強かったため、その後の古代史研究者のほとんどは、一部の例外を除き、[5]石母田氏の国家論に安住してしまい、みずからの国家論を構築することなく、「理論的思考の主体」となって国家論の普遍化を目指さなかったことも確かであろう。[6]石母田正氏の研究、及びその後の古代史研究者の実証的研究を否定するものではないけれども、ソヴィエト連邦や東欧諸国など社会主義諸国の崩壊を目の当たりにし、唯物史観を再検討せねばならない現在にあって、あらためて国家について歴史学的立場から考えてみるべきではないか。特に古代史研究は、ほかの時代の研究と異なり、「国家の成立はいつか」という重要な問題を明らかにする義務があると思う。やはり我々は、常に新しい古代国家像を構築し、「国家とは何か」という難題に対する解答を見出していく必要がある。

以上のような古代史研究の現状のなかで、一九九〇年代以降、考古学の立場から新たな国家論を形成しようと試みる研究が精力的に発表されている。その先鞭をつけたのが、一九九〇年の日本史研究会大会における、都出比呂志氏の報告「日本古代の国家形成論序説」[7]であろう。都出氏は、国家形成に関する文化人類学的な理論を援用しつつ、考古学的な成果を用いて三世紀末における前方後円墳が全国に成立した時期を国家形成の時期と捉え、三世紀末から律令制が成立する七世紀末までを「前方後円墳体制」とよぶことを提唱した。以上のような都出氏の研究に影響を受け、国家成立過程に関して言及する考古学者が近年では増加している。[8]

一方、このような考古学者による国家成立史研究の動向を受け、文献史学者の反応はあまりみられないように感じる。すなわち近年の文献史学者は、新たな国家像を構築すべく研究を行っているものはほとんどいない。[9]しかしそのなかで注目すべきは、吉田晶氏の研究であろう。[10] 吉田氏は、古代国家の形成過程を再検討し、近年も精力的に論考を発表している。

吉田氏は国家を検討するにあたって、次のように述べている。

戦後の日本古代史で重視されてきたのは『起源』とくに第九章に要約されている国家の指標であったといえる。

私自身は現在においても『起源』の国家論は一般理論として有効であると考えている。[11]

『起源』とは、マルクスの死後、エンゲルスが生前のマルクスとの討論をもとにして記述した『家族・私有財産・国家の起源』のことである。[12] 戦後の歴史学界は、マルクス・エンゲルスの著作に多くを学んできた。日本の古代国家形成過程に関しても、吉田氏が述べる通り、エンゲルス『家族・私有財産・国家の起源』から強い影響を受けてきたといえる。石母田氏も同様に強い影響を受けており、国家の基本的な指標を論ずるとき、『家族・私有財産・国家の起源』を用いることがあった。[13] もちろん、石母田氏も吉田氏も、独自に資史料を用いつつ、日本の古代国家の形成過程やあり方を論じており、それぞれオリジナリティのあふれる国家論を発表されているが、一方でマルクス・エンゲルスの強い影響を受けていることは、それぞれの著作を読めば明らかである。[14] しかし私は、以下で述べる理由から、エンゲルスの国家指標を一般理論として認めつつも、不充分なものであると考えている。

まず、エンゲルスによる国家の指標とは何か、確認しておく。それは、第一に「領域の確定」、第二に「公権力の樹立」をあげる。さらにエンゲルスは、「公権力の樹立」に関して、具体的に、①警察・軍事機構、②徴税機構、③官僚機構を特に注目している。

よく知られているように、マルクス・エンゲルスによれば、国家は収奪・抑圧機構であることが前提となっている。だからこそ、エンゲルスの示した「国家の指標」は右のようになる。しかし、国家はこれらの指標だけで機能できるものなのだろうか。国家が収奪を行う機構であることを否定することはできず、警察・軍事機構や徴税機構などは国家にとって重要不可欠であると考えるが、収奪されるのみで民衆は納得するのだろうか。民衆側に収奪を同意させるような、もしくは、民衆の生活を安定させるような理念、いわば国家支配を正当化するような「イデオロギー」あるいは「支配理念」がなくては、国家の運営は不可能なのではないだろうか。

先学も、この「支配理念」に注目していないわけではない。たとえば石母田正氏は『日本の古代国家』のなかで、「戸の再生産の最低条件の確保は、それだけが孤立してあるのではなく、国家権力が社会の再生産の諸条件の確保に関与する」ことが「東洋的専制国家の特徴」であると論じている[15]。国家権力が民衆から収奪を行うだけでなく、勧農など、民衆の再生産を可能にしうる条件を整えるものが国家であることを指摘している[16]。

さらに、大津透氏が一九九五年に発表した論文「貢納と祭祀」に注目したい[17]。徴税機構を中心とした律令国家の支配構造を研究してきた大津氏は、「なぜ、民衆は国家に税を支払うのか」という素朴な疑問へと立ち返る。その疑問に対し大津氏は、調が「ミツキ」と呼ばれることなどから、租税はそもそも神に対して豊穣を感謝するための捧げ物であると述べ、徴税と神祇祭祀とに強い連関があることを明らかにした。続けて氏は、律令国家が在地首長に代わり地方の祭祀権を掌握することによって、つまり地方神社へ班幣を行うことによって、全国の国郡から天皇へミツキ＝調庸が貢納される、と論じた。

以上のような国家による勧農政策や宗教政策は、エンゲルスの国家指標の範疇にはない。しかし勧農や宗教は、徴税を成り立たせるうえで必要なものである可能性が高く、国家の成立やあり方を探るためには、考察対象とすべきであると考える[18]。

そこで第一部において、新たな国家指標の可能性を探るため、勧農政策や宗教政策を国家が行う必要性について[19]、八・九世紀の律令国家を素材に、歴史学的な立場から検討を行う。

第一章「百姓撫育と律令国家」及び補論「律令国家の撫育政策」は、これまでほとんど検討されてこなかった「撫育」という律令国家の政策に注目した。「撫育」政策とは、①税を百姓から収奪するために行われる政策と、②天皇の仁徳を示し、百姓の生活が安定するように行われる政策である。この撫育政策を律令国家がどのように行っていたのか、検討する。

第二章「神祇官の特質」は、律令国家の神祇官・神祇行政を検討する。神祇官がなぜ太政官と並列される「官」であるのかという疑問から出発し、地方神社行政のあり方を探ることで、神祇官の特質を考えてみたい。

第三章「神社社殿の成立と律令国家」は、神社社殿の成立時期について、律令国家との関係に留意しながら検討する。神社社殿がいつ、どうして成立したかについては、多くの研究があるものの、これまでの研究成果を充分に汲み入れつつ、論じたものはあまり存在しないと思う。そこであらためて研究史整理を行うことで、神社社殿成立の時期について詳細に検討する。また、十世紀以降の神社社殿のあり方を探ることによって、古代における神社、もしくは神社社殿と律令国家の関係について論じたい。

これらの検討により、律令国家が単純な収奪・抑圧機構ではなく、支配を正当化するような理念を保持し、さらには実際に「撫育」や幣帛・神社社殿などにより、民衆の生活を安定させるような政策を行っていたことを明らかにできると考える。

2　律令国家の変転と摂関期の国家

古代から中世に至る過渡期、具体的には十世紀頃の国家をどのように捉えるのかについて、坂本賞三氏による「王朝国家体制論」が定説であった[20]。しかし、一九九〇年代以降、新たに多くの学説が提示されている。大きくわければ、大津透氏が提唱した「後期律令国家論」と[21]、吉川真司氏が提唱した「初期権門体制論」にわかれており[22]、現在は定説がない状況といえる。

この二学説の最大の相違点は、十世紀以降の朝廷や国家においてみられる、律令制的なあり方をどのように捉えるべきか、という点にある[23]。たとえば大津氏は、律令太政官政治の延長である公卿合議、具体的には受領功過定を含めた陣定が、摂関期の国家支配にとって最も重要な政務の一つであった、と考えている。一方、吉川氏は大津氏の見解を批判し、平安時代の政治システムは国政・家政・司政など多様な局面に分散しているのだから、陣定の案件処理が当時の国家・社会にとってそれほど重要なものではない、と考えている。また、大津氏は地方支配において律令制以来の流れを汲む受領を中心とした国衙支配を重視している。一方、吉川氏は、受領の重要性を認識しつつも、院宮王臣家・諸司による荘園や勅旨田・賜田・諸司田の集積により、荘園制社会が芽生えてきたことを論じている。

以上を要するに、大津氏は、八・九世紀における律令制と同様、朝廷が地方を画一的に支配していると考える傾向にある。一方、吉川氏は、大津氏と異なる。吉川氏は、律令制的なあり方はほとんど形骸化しているものと捉え、朝廷には権門とよばれる複数の勢力が存在しており、また畿内以外の列島各地にも権勢が生じており、朝廷による画一的な支配は行われていないと考える。

両氏の見解はともに一定の説得力があり、両説の当否を判断することは難しい[24]。そこであらためて、王朝国家体制論を含め、近年における有力学説を再検討すると、諸学説のもととなった研究対象は、太政官政治などの官僚支配機構や、徴税制度・土地制度などであった。もちろん、これらの検討が今後も必要であることはいうまでもないが、別角度からの検討、具体的には第一部で考察するような、朝廷による支配理念政策――国家的勧農政策や宗教政策――を取り上げることにより、これまでの研究とは異なった、当該期の新たな国家のあり方を明らかにすることが可能となるのではないだろうか。

以上のような観点から、第二部・第三部を設ける。まず第二部では、律令国家がいつ、どのように新たな国家――

本書では「摂関期の国家」と称する――へと変質していくのか、つまり過渡期における朝廷や国家のあり方について、変化する時期にも注意を払いながら、考察したいと思う。古代国家の画期については、近年では十世紀半ばあるいは後半であることが通説となりつつあるが、九世紀末・十世紀初期を画期とする見解もいまだ捨てがたい。そこで本書の検討対象である国家支配理念からやや離れて、古代国家の画期を模索することとしたい。律令期の国家と摂関期の国家との相違を探ることで、国家の特質を抉り出すことも目指したい。

第一章「九世紀後期における地方社会の変転過程」は、東国における帯剣・神階勲位・地方陰陽師や考古学的成果から地方社会の争乱状況を検討し、古代社会、特に東国社会の変化の時期について論じる。

第二章「九・十世紀の不堪佃田・損田と官人給与制」は不堪佃田使・損田使の特殊性や、十世紀の節会、さらには官人給与制全体を論じる。第一部第一章で地方行政監察使について検討し、不堪佃田使・損田使が特例であることを論じることとなる。そこで本章では、なぜ不堪佃田使・損田使のみ特例なのか言及しつつ、十世紀の官人給与制や国家財政のあり方を含めて検討する。さらに、この検討結果をもとに、律令国家の画期についてもふれたい。

第二部における二つの章の検討により、律令国家がいつ、いかに変転を遂げたのかという議論に対して、私見を提出したいと思う。

続いて第三部では、いわゆる摂関期――ここでは十世紀半ばから十二世紀までを指すこととする――における朝廷の支配理念について、天皇のあり方を含め、さまざまな視点から論じる。

第一章「摂関期における地方支配理念と天皇」は、祥瑞・勧農・受領罷申儀の検討を行う。これらの検討により、地方政治に対する天皇・国家のあり方の変化について、さらに、摂関期の天皇のあり方について論じる。

第二章「摂関期の災異について」では、実際に災害・怪異が生じたとき、摂関期の朝廷はどのような対策を採るのか検討し、その災害・怪異の性質によって、また、災害が生じた地域によって、朝廷や天皇の対応が異なることを論じる。

第三部の検討により、摂関期の国家のあり方がどのようなものであったのか明らかにするとともに、摂関期の特質について論じたい。

注

(1) 石母田正『石母田正著作集4　古代国家論』(岩波書店、一九八九年、初出一九六七年)、八四頁。傍点は有富による。

(2) 石母田正『日本の古代国家』(岩波書店、一九七一年)。のちに『石母田正著作集3　日本の古代国家』(岩波書店、一九八九年)。

(3) その証左として、最近、歴史学研究会古代史部会において「古代国家論の現在——石母田正『日本の古代国家』発刊30年を契機として」(『歴史学研究』七八二、二〇〇三年)と題されるシンポジウムが組まれたことがあげられる。

(4) 具体的には、吉田孝『律令国家と古代の社会』(岩波書店、一九八三年)など。

(5) 原秀三郎「日本古代国家論の理論的前提」(『歴史学研究』四〇〇、一九七三年)、同「日本古代国家史研究の理論的前提」(『日本古代国家史研究』東京大学大出版会、一九八〇年、初出一九七五年)、鬼頭清明『日本古代史研究と国家論』(新日本出版社、一九九三年)、長山泰孝「古代国家理論の再検討」「国家形成史の一視角」(『古代国家と王権』吉川弘文館、一九九二年、初出一九八一年・一九八三年)、「国家成立史の前提」(『古代中世の社会と国家』清文堂、一九九八年)、大町健「日本の古代国家と『家族・私有財産および国家の起源』」(『歴史学研究』五四〇、一九八五年)、鈴木靖民「歴史学と民族学(文化人類学)」(『日本民俗研究大系　一〇　国学と民俗学』国学院大学、一九九〇年)など。さらに後述する吉田晶氏などの研究を含め、これらの研究は決して石母田氏の国家論に安住することなく、みずからの国家論を構築しようと模索しており、いずれも重要である。しかし残念ながら国家論研究は廃れ、特に一九九〇年代以降、古代国家論に関する研究史整理の論文は時折みられるものの、新たな論点を提出したものはみあたらないように思う。

(6) 大隅清陽氏も、『日本の古代国家』発刊以後、「古代史学界の主たる関心は、石母田の作業仮説を理論・実証の両面から検証することへと移り、国家の「成立」や「本質」の議論よりも、完成した国家としての律令国家の制度と実態を解明することが主流となった」と述べている。吉川真司・大隅清陽「総説　律令国家」(『展望日本歴史6　律令国家』東京堂出版、二〇〇二年)、二頁。

(7) 都出比呂志『前方後円墳と社会』(塙書房、二〇〇五年)所収。初出は一九九一年。

(8) 考古学における国家成立の研究の流れについては、佐々木憲一「古代国家論の現状」(『歴史評論』六五五、二〇〇四年)の研究史整理に譲る。

(9) その一方、中世史の分野では近年、何人かの論者によって国家論が再検討されている。保立道久「黒田俊雄氏の学説の位相」(『歴史学をみつめ直す』校倉書房、二〇〇四年、初出一九九八年)、新田一郎『中世に国家はあったか』(山川出版社、二〇〇四年)、本郷和人『新・中世王権論』(新人物往来社、二〇〇四年)など。

(10) 吉田氏は、国家論に関する論文を多く公表している。近年のものに限っても、吉田晶「日本古代国家の形成過程に関する覚書」(『日本古代の国家と村落』塙書房、一九九八年)、『古代日本の国家形成』(新日本出版社、二〇〇五年)がある。

(11) 吉田前注論文、一四頁。

(12) 戸原四郎訳『家族・私有財産・国家の起源』(岩波書店、一九六五年、原著一八九一年)参照。

(13) 石母田注(2)書、一〇五頁。ただし、その十年前に執筆された「古代史概説」(『石母田正著作集12　古代・中世の歴史』岩波書店、一九九〇年、初出一九六二年)と『日本の古代国家』を比較すると、前者にエンゲルスの影響をより色濃く認めることができる。大町注(5)論文、三三頁の指摘も参照。

(14) 注(5)であげた諸氏のなかには、エンゲルスの国家論を批判する論者もいる。しかし、エンゲルス理論の影響下にあることは否めず、根本的な疑義を呈することや、新たな国家指標を提示することは行われていない。

(15) 石母田注(2)書、二七〇頁。

(16) 石母田氏はエンゲルス『反デューリング論』を参照している。ウィットフォーゲル、カール(湯浅赳男訳)『オリエンタル・デスポティズム』(新評論、一九九五年、原著一九五七年)も参照。

(17) 大津透『古代の天皇制』(岩波書店、一九九九年)所収。初出は一九九五年。

(18) 考古学者である広瀬和雄氏は、祭祀や勧農を指揮する人物が首長になっていくと論じ、「国家」と祭祀・勧農に注目している。広瀬和雄『前方後円墳国家』(角川書店、二〇〇三年)参照。また近年では、菱田哲郎『古代日本　国家形成の考古学』

（京都大学学術出版会、二〇〇七年）も、考古学の立場から仏教・神祇政策を中心に国家形成論を展開しており、興味深い。

(19)　なお宗教政策に関しては、石母田正氏が大仏建立を中心とした天平期における仏教政策を「国家外的権威」として検討している（石母田正「国家と行基と人民」『石母田正著作集3　日本の古代国家』岩波書店、一九八九年、初出一九七三年）。しかし宗教政策を「国家外的権威」と捉えることに積極的な根拠はなく、従えない。なお、石母田氏の論ずる「国家外的権威」については、早川庄八「解説」（『石母田正著作集3　日本の古代国家』岩波書店、一九八九年）も参照。また本書では、第一部第一章補論や第三部第二章でごく簡単にふれているものの、仏教政策についての言及は少ない。なぜなら、古くから「鎮護国家論」に関する論稿が数多く存在し、新たな論点を提示することは困難であると判断したためである。よって、本書では古代仏教史研究に学びつつも、国家との関係については議論されることが少なかった儒教政策・神祇政策について主に検討することとした。

(20)　坂本賞三『日本王朝国家体制論』（東京大学出版会、一九七二年）など。

(21)　大津透『律令国家支配構造の研究』（岩波書店、一九九三年）、「摂関期の陣定」（『山梨大学教育学部研究報告』四六、一九九五年）など。

(22)　吉川真司「摂関政治の転成」（『律令官僚制の研究』塙書房、一九九八年）、「院宮王臣家」（『日本の時代史5　平安京』吉川弘文館、二〇〇二年）。

(23)　画期の点では、十世紀半ば、特に天暦年間を大きな画期と考えており、両説は一致している。なお近年までの研究史に関しては、大津透「平安中後期の国家論のために」（『日本歴史』七〇〇、二〇〇六年）など参照。

(24)　ただし、それぞれの見解の弱点がすでに示されている。後期律令国家論に関しては、中込律子「摂関・院政期の国家財政をどうとらえるか」（『歴史評論』五二五、一九九四年）、佐藤全敏「摂関期と律令制」（『日本史研究』四五二、二〇〇〇年）。初期権門体制論に関しては、一九九九年度日本史研究会大会古代史部会討論における佐藤全敏氏の発言（『日本史研究』四五二、二〇〇〇年）、六〇頁、及び佐藤全敏「古代日本における「権力」の変容」（『平安時代の天皇と官僚制』東京大学出版会、二〇〇八年）、三九八―三九九頁参照。

第一部　律令国家と儒教・神祇政策

第一章　百姓撫育と律令国家
――儒教的イデオロギー政策を中心に

はじめに

『続日本紀』文武天皇元年（六九七）八月庚辰条に、文武天皇の即位宣命が引載されている。皇位を前天皇持統から引き継いだ文武は、そこで次のように詔している。

この食国天下を調へ賜ひ平け賜ひ、天下の公民を恵び賜ひ撫で賜はむとなも、神ながら思しめさくと詔りたまふ。

今、注目したいのは、「天下の公民を恵び賜ひ撫で賜はむ」という箇所である。同様な表現は、この文武の宣命以外にも、奈良時代における天皇の宣命のなかに散見しており(1)、奈良時代を通じ諸天皇は文武の言明とほぼ同等の理念を提示していることが確かめられる。

日本の律令国家による百姓支配については、現在まですぐれた研究が積み重ねられてきている。そこでは、国家が戸籍・計帳などによって百姓をいかに把握したか、もしくは、百姓から貢納された租税をどう収取したか、これらを検討することが基本であったと思う。ただ右の宣命をみると、律令国家の百姓支配を考えるためには、国家機構による人身把握や収奪について検討するだけではなく、「天下の公民を恵び賜ひ撫で賜はむ」についても、検討する必要があるように思う。

しかしながら、律令国家による百姓支配の研究において、「公民を恵び賜ひ撫で賜はむ」という理念について正面から、かつ具体的に扱った論考は管見の限り皆無に等しい[2]。そこで本章では、律令国家における「公民を恵び賜ひ撫で賜はむ」とは何か、また、この理念に基づき律令国家はどのような政策を行ったか、さらに、そのような政策は九・十世紀に至るとどのように変化するのか。これらの解明を課題とする。

ところで、小谷博泰氏が明らかにしたように、宣命は実は漢文詔勅の翻案文として生み出されたものであり、「恵び賜ひ撫で賜はむ」という語句も、実は「撫㆓育黎元㆒」といった漢文の語句の影響を受けて作り出されたものであった[3]。たとえば、元明退位の詔における「朕、君㆓臨天下㆒、撫㆓育黎元㆒、蒙㆓上天之保休㆒、頼㆓祖宗之遺慶㆒、海内晏静、区夏安寧」[4]という文言中の「撫㆓育黎元㆒」という語句が、先に掲げた文武宣命中の「天下の公民を恵び賜ひ撫で賜はむ」という表現の前提になっていたのである。本章ではこうした国語学の貴重な成果に学び、「公民を恵び賜ひ撫で賜はむ」と「撫㆓育黎元㆒」、すなわち「百姓を撫育する」を同等の語句として扱う。

第一節　詔勅・宣命にみられる「撫育」

本節では、「天下の公民を恵び賜ひ撫で賜はむ」とは、具体的には何を指していたかを考えてみたい。『続日本紀』では文武即位宣命のあとに、

> 仍免㆓今年田租・雑徭幷庸之半㆒。又始㆑自㆓今年㆒三箇年、不㆑収㆓大税之利㆒。高年老人加㆑恤焉。又親王已下官人等賜㆑物有㆑差。令㆓諸国毎年放生㆒。

とある。宣命での「天下の公民を恵び賜ひ撫で賜はむ」は、田租などの税免除を行い、高年老人に賑恤を実施するといった、百姓に恩恵を施す政策であると考えてよいだろう。

「天下の公民を恵び賜ひ撫で賜はむ」や「撫二育黎元一」という語句、もしくはそれと同等の句は多くの宣命・詔勅にみられ、そこには文武の即位宣命と同様、百姓にどのような恩恵を施すか具体的に記されていることが多い。そのような宣命・詔勅を『続日本紀』以降の国史から検出し、どのような具体的な政策を行っているかを一覧にしたものが表1である。この表をみると、その政策は大きく二つに分類できるだろう。

第一は、これが大半を占めているものであるが、税免除・賑給・恩赦・孝義人褒賞などの、直接的な儒教的徳治政策があげられる。また、官人に対して政策上申の要求、冗官の廃止、使者の派遣など、行政のあり方そのものの見直しといった政策もみられるが、これは間接的な儒教的政策といえる。この頃の中国、すなわち北朝隋唐では、皇帝が「仁」なる徳目を保持し、人間万物に対して施与を行うべきであるという観念が存在したといわれる[5]。日本の天皇は、このような中国皇帝のあり方を学んで、儒教的徳治主義にのっとり百姓を治めることを標榜したものと推測される[6]。第二の具体的な政策は、第一の儒教的政策と比すれば少ないものの、経典の講説・転読・放生・奉幣など、宗教的政策があげられる。水害などの天災がやみ、百姓の生活が安定するよう、宗教行事が行われたものと思われる。

さて、「天下の公民を恵び賜ひ撫で賜はむ」、「撫二育黎元一」の具体的な政策を以上のように整理したところで、撫育とは何かをあらためて考えてみたい。儒教的徳治主義に基づく税免除や賑給は、多くの場合、災害時にその後の収奪を継続的に実現する政策の一環として行われた。具体例をあげれば、『続日本紀』養老五年（七二一）三月癸丑条に「今減二課役一、用助二産業一」とある課役免は、その翌年や翌々年の税を収奪するために行われる政策であると考えられる。

しかし、このような税免除は、一方では天災や飢饉などとは関係なく、国家の大事や慶事の際に行われる場合もあった。また、表1にもみられるように、豊作を祝い田租などが減じられることや、恩赦・使者派遣・宗教政策なども、税収の増加を第一義として行われた政策ではない。つまりこれらの政策は、必ずしも百姓の生産を確保するためだけの政策であったと単純に論じえない点に注意しなければならない[7]。撫育とは、天皇が「仁」を所持していること

表1　「百姓撫育」とその具体的政策

天皇	年　月　日	西暦	詔勅・宣命の表記	理由・原因	政　　策	備考
文武	文武元・8・庚辰	697	天下の公民を恵び賜び撫で賜はむ	即位	税免除・賑給・放生	
	慶雲2・4・壬子	705	仁及黎庶	水旱・凶作	税免除・読経	
元明	慶雲4・7・壬子	707	天下の公民の上を慈しび賜はく	即位	税免除・賑給・恩赦	
	和銅元・6・己丑	708	為天下太平百姓安寧		転経	
	霊亀元・9・庚辰	715	撫育黎元	譲位・即位・改元	税免除・賑給・恩赦・孝義人褒賞	
元正	養老2・12・丙寅	718	下字黎庶	元明のため	賑給・恩赦・湯薬給与	
	養老5・2・癸巳	721	導民		官人に進言を促す	
	養老5・3・癸丑	721	撫育百姓	水旱・凶作	税免除	
	養老6・2・甲午	722	思済黎元		衛士・仕丁の勤務年限を軽減	
	養老7・2・己酉	723	以安黎元		賜物・勧農	
聖武	神亀3・6・庚申	726	百姓……何不憐愍	病人救済	賑給・医薬給与	
	神亀4・2・丙寅	727	仁及黎元		賜物	
	天平3・12・乙未	731	字養万姓	祥瑞	税免除・賑給・恩赦	
	天平6・4・壬子	734	朕撫育之化、於汝百姓有所闕失	天災	京畿に使者発遣	同年五月戊子条も参照
	天平6・7・辛未	734	撫育黎元	天災	恩赦	
	天平7・5・戊寅	735	臨馭万姓……未剋寧済	天災	税免除・賑給・恩赦	
	天平9・5・壬辰	737	思布寛仁、以救民患	疫病・水旱	恩赦・賑給・死者埋葬・肉食など禁止	
	天平9・8・甲寅	737	可優復百姓使得存済	天災・疫病	税免除・官社指定	
	天平12・6・庚午	740	思切納隍		恩赦	
	天平15・10・辛巳	743	志存兼済、勤撫人物		大仏造立	
	天平18・3・己未	746	憂労兆民	祥瑞	税免除・孝義人および力田者褒賞	
	天平18・3・丁卯	746	撫育万民		恩赦・経典講説	
	天平20・3・戊寅	748	憂労兆民		恩赦	
	天平21・4・朔	749	天下の百姓衆を撫で賜ひ恵び賜はく	東大寺行幸・改元	税免除・賑給・恩赦・孝義人および力田者褒賞	同年五月庚寅条参照
孝謙	勝宝2・4・辛酉	750	冀施恩恕、兼欲済人		税免除・恩赦	
	宝字2・正・戊寅	758	仁寿致於群生		問民苦使派遣・賑給	
淳仁	宝字2・10・甲子	758	黎元息肩		巡察使派遣	
	宝字3・5・甲戌	759	子育兆民		官人・僧侶に進言を促す	同日、常平倉の設置

表1　つづき1

天皇	年　月　日	西暦	詔勅・宣命の表記	理由・原因	政　策	備考
淳仁	宝字4・11・壬辰	760	政在養民	冬至	恩赦・賜田	
称徳	神護元・11・庚辰	765	天下の人民諸を慰み賜ひ慈び賜はむ	大嘗祭	賜物	
	神護3・正・己未	767	兆民快楽	豊穣	吉祥天悔過	
	景雲4・6・朔	770	撫育乖方、黎首失所	称徳不予？天災？	恩赦	
	景雲4・7・乙亥	770	下不能養民如子	天災・疾病	転読・肉食など禁止	
光仁	宝亀元・10・朔	770	天下の公民を恵び治むべし	即位・改元	税免除・賑給・恩赦・孝義人褒賞	
	宝亀4・4・壬戌	773	子育兆民	天災	恩赦	
	宝亀5・4・己卯	774	子育黎元	疾病	読経	
	宝亀10・9・戊子	779	済民		税軽減など	
	宝亀11・3・辛巳	780	導民		冗官の廃止	
	天応元・正・朔	781	以民為心、育之者仁后	祥瑞・改元	税免除・賑給・恩赦・孝義人褒賞	
桓武	天応元・6・朔	781	言念生民、情深撫育		冗官の廃止・巡察使派遣	
	延暦元・4・癸亥	782	撫育生民		冗官の廃止	
	延暦元・7・丙午	782	朕為民父母、撫育乖術	疫病	賑給・恩赦	
	延暦4・5・癸丑	785	子育蒼生	祥瑞	税免除	
	延暦14・閏7・朔	795	字民	貧窮	税免除	
	延暦15・7・辛亥	796	欲修徳施恵消妖拯民	神霊池異変	賑給・読経悔過	
	延暦18・6・戊寅	799	養民	凶作	税免除	
	延暦18・6・丙申	799	撫臨黎元		恩赦	
	延暦24・3・丙申	805	子育黔黎		恩赦	
平城	大同3・5・丙戌	808	以慰黎烝	洪水・疾病	税免除	
	大同3・5・辛卯	808	朕之不徳、眚及黎元	飢饉疫病	税免除・賑給・薬の給与・転読	
嵯峨	弘仁5・8・壬申	814	報勤労於万姓	豊穣	賑給・奉幣	
	弘仁9・9・辛卯	818	愛民	地震・疫病	税免除・転読	同年八月庚午条も参照
	弘仁14・5・癸酉	823	務存含育、情深施生		賑給・孝義人・力田者褒賞	
淳和	天長2・4・庚辰	825	軫納隍之情	疫病・神霊池異変	税免除・賑給・薬の給与・寺院を修す	
	天長3・12・壬戌	826	播恵黎烝	祥瑞	税免除・賑給・恩赦・孝義人褒賞	
	天長7・4・戊辰	830	済民	地震	使者派遣・税免除・賑給・死者埋葬	

表1　つづき2

天皇	年　月　日	西暦	詔勅・宣命の表記	理由・原因	政　策	備考
仁明	天長10・5・甲寅	833	撫字黔黎	飢饉・疫病	賑給	
	承和元・2・辛卯	834	万民安楽	豊穣祈願？	経典勤修	
	承和元・10・己卯	834	撫字蒼元	祥瑞	賑給・孝義人褒賞	
	承和2・12・癸酉	835	思撫黎甿		続命院経営	
	承和4・2・乙未	837	黎庶和楽	人主安穏・百姓安寧	仏道薫修	
	承和5・11・辛酉	838	令黎庶無疾疫之憂	豊穣祈願	経典書写供養・殺生禁断	
	承和7・2・庚午	840	情切納隍	盗賊・放火	国司督察	
	承和7・6・庚申	840	共均於愛育……以億兆為憂	水旱・凶作	税免除・賑給・薬の給与・勧農	
	承和8・7・癸酉	841	四甿未乂	地震	使者派遣・税免除・賑給・死者埋葬	
	承和8・11・丙辰	841	悉臨黎苗、撫事思慜	冬至	賜物・恩赦	
	承和9・7・丁未	842	思済黎庶	嵯峨遺詔		遺詔のため特例
	嘉祥元・6・庚子	848	子愛蒼甿	祥瑞・改元	税免除・賑給・恩赦・孝義人褒賞	
文徳	嘉祥3・9・己丑	850	願復万民	祥瑞	税免除	
	嘉祥3・11・丙申	850	瞻蒸庶、以剋思	天災	使者派遣・税免除・賑給・死者埋葬	
	仁寿3・4・丙戌	853	以安万姓	疫病	税免除・賑給・恩赦・医薬の給与	
清和	貞観4・4・癸丑	862	訓導黎庶		参議以上に進言を促す	
	貞観9・11・甲子	867	思切納隍	水旱・疾疫予知	経典講読・殺生禁断	
	貞観11・10・丁酉	869	莅政而従民望	地震	使者派遣・税免除・賑給・死者埋葬	
	貞観11・10・丁未	869	思切納隍	水害	賑給・死者埋葬	

注1）明らかに百姓に恩恵を与えるために発布されている詔勅・宣命でも，「撫育」と「百姓」，もしくはそれと類する字句と確実に断定できるものが，セットで記されている場合以外は掲げなかった．それらを採用すると，本表がさらに膨大なものになってしまうためである．

注2）「理由・原因」の箇所で，特に理由・原因が国史に記されていないときは，空欄にした．

を百姓に示すための政策であり、また、宗教行事を行い百姓生活を安らかにするための政策であった。それは、再生産の保持という観点からは離れた、純粋に儒教的・宗教的イデオロギー政策でもあったといえる。(8)

ところで、これらの撫育政策が実施されるのは、特別な出来事、たとえば天皇即位や改元などの慶事、あるいは旱魃や水害などの凶事があった場合がほとんどである。すなわち撫育に関わる詔勅・宣命は、慶事や凶事などの特殊な場合のみに発布されるのであり、そのため日常的に行われる撫育については、それらから探ることができない。そこで以下では、慶事・凶事発生時以外の撫育、特に地方社会における日常的な撫育政策について考えてみたい。

第二節　八世紀の百姓撫育

1　国司の百姓撫育

まず、八世紀の国司による撫育を検討する。(9) 職員令70大国条から、国司の職掌の大半を知ることができる。そのなかにみられる「字㆓養百姓㆒、勧㆓課農桑㆒、糺㆓察所部㆒」という条文が撫育と関係しているだろう。このうち「字㆓養百姓㆒」に注釈を施した『令集解』令釈は、「賑給」をその具体的事例としてあげている。(10) この国司の賑給に関して『続日本紀』に目を転じると、和銅五年（七一二）に、平城京造営の役民がその帰郷の途中、食糧が乏しくなり、飢えることが多かったため「国司等、宜㆘勤加㆓撫養㆒、量賑恤㆖。如有㆓死者㆒、且加㆓埋葬㆒、録㆓其姓名㆒、報㆓本属㆒也。」との詔が出されている。(11) ここでは、国司らが役民に「撫養」を加え、また「賑給」を行うものとされている。ただし賑給は、凶事や慶事などの特殊事態が生じない限り、施されないであろうから、これを国司による日常的な撫育と考えることは躊躇される。

表2　戸令国守巡行条に対応する正税帳の記述

戸令国守巡行条	観風俗	問百年／知百姓所患苦	勧務農功
天平十年度和泉監正税帳		部内教導百姓 注2)	催百姓産業／修理池
天平十年度駿河国正税帳			検校水田
天平九年度但馬国正税帳	観風俗	問百姓消息	領催百姓産業／検校田租
天平十年度周防国正税帳		推問消息	検催産業／検田得不
天平九年度豊後国正税帳		問百姓消息	検田熟不
天平八年度薩麻国正税帳			検校百姓損田

注1）　正税帳は，『大日本古文書』（編年文書）2より引用した．
注2）「部内教導百姓」は，戸令の「敦諭五教」にあたる可能性もある．

そこで次に、「糺二察所部一」という部分を考えてみよう。この部分については、明法家が「国司巡行」をあげている(12)。国司巡行とは、国司が毎年一度部内を巡行して礼の秩序を百姓に教導するものであり(13)、国司の百姓に対する一種の儒教的政治活動といえる。そこで、戸令33国守巡行条を検討しよう(14)。

凡国守、毎レ年一巡二行属郡一、観二風俗一、問二百年一、録二囚徒一、理二冤枉一、詳察二政刑得失一、知三百姓所二患苦一、敦喩二五教一、勧二務農功一。部内有下好学・篤道・孝悌・忠信・清白・異行、発二聞於郷閭一者上、挙而進レ之。有下不孝悌・悖礼・乱常・不レ率二法令一者上、糺而縄レ之。（以下略）

この条文は、ほぼ同文が唐令に存し、古代中国でも同様な慣行があることから(15)、空文である可能性もある。しかし、国司の部内巡行が実際に行われたことは正税帳に記載されており、日本令がまったくの空文であったわけではない。ただし、戸令と正税帳を比較してみると、戸令の規定通りのことがすべて国司によって行われていたとはいえない。正税帳の部内巡行の項目で、戸令の内容と合致するものを一覧にしたものが表2である。国司は巡行に際し、①百姓の風俗を観察・粛清し（「観二風俗一」）、②百姓に尋問して辛苦を問いただし（「問二百年一」、「知三百姓所二患苦一」）、③勧農を行っていた（「勧二務農功一」、これは職員令70大国条の「勧二課農桑一」と重なる）ことが、正税帳の記載から確認できる。

①及び③に関しては、具体的に国司が何を行ったか、すでに諸氏によって研究が積み重ねられている。すなわち①は、国見の系譜を引きつつ、中央官人である国司が天

皇に代わり、いわゆる「未開」の風俗を矯正し、儒教的「礼教」を教えることであり、[16] また③は、百姓の再生産・税収増加のために必須なものであった。[17] つまり、その性格に注目すれば、①は儒教的イデオロギー政策、③は再生産のための政策ということができる。[18] 一方②については、史料が少ないこともあり、どのようなものなのか、研究は進んでいない。国司は、何のために百姓に問い、彼らの辛苦を知ろうとしていたのだろうか。

そこで、百姓に辛苦を問いただす行為とは何かを論じよう。

『続日本紀』天平宝字四年（七六〇）五月戊申条[19]では、疫病が流行し、百姓が苦しんでいるために賑給を施すこととなったが、その際に巡察使と国司が共に百姓の「患苦」を「親問」している点に注目したい。ここから、国司のみではなく、巡察使も同様に百姓の辛苦を尋ねていたことを指摘できよう。

八世紀の国司が「百姓に辛苦を問う」具体的事例は管見の限りほとんど存在しないが、[20] 使者が百姓の辛苦を尋ねる事例はいくつかみられる。『続日本紀』天平宝字二年（七五八）七月癸酉条を検討する。

勅、東海・東山道問民苦使正六位上藤原朝臣浄弁等奏偁、両道百姓尽レ頭言曰、依二去天平勝宝九歳四月四日恩詔一、中男・正丁並加二一歳一、老丁・耆老倶脱二恩私一。望請、一准二中男・正丁一、欲レ霑二非常洪沢一者。所レ請当レ理。仍須二憫矜一。宜下告二天下諸国一、自今以後、以二六十一為二老丁一、以二六十五一為中耆老上。

東海・東山道の百姓が問民苦使を通じ、[21] 老丁・耆老の課役の年齢引き下げなど、「非常洪沢」を欲した。百姓の言を受けた中央は彼らを憐れみ、その要求を受け入れた。ここで使者は、百姓の言に耳を傾け、待遇改善のために彼らの要求を中央へ上申している。このような使者の行動は、百姓の要求を中央に上申しているのだから、百姓の辛苦を問う行為といえるだろう。

八・九世紀において、国司や郡司を介さずに、使者が直接百姓らの辛苦を尋ね、その調査内容を中央へ上申した例は、右の問民苦使の例に限らず、ほかにも複数存在する。これらを整理すれば、表3のようになる。この表3に明ら

表3　百姓が使者に上申した事例一覧（八・九世紀）

	年月日	西暦	国	提出先	内　容	史料	備　考
1	天平宝字二・七・癸酉	758	東海 東山	百姓→問民苦使（→太政官）	老耆の年齢引き下げ要求	続紀など	
2	神護景雲二・二・二十	768	東海	百姓→巡察使→太政官	舂米運京の待遇改善を要求	三代格	大同五・二・十七官符所引
3	神護景雲二・三・朔	768	東海	寺神封戸百姓→巡察使→太政官	免税の際，公民と同待遇を要求	続紀	
4	延暦十九・十・三	800	東海	上総諸郡百姓→問民苦使	計帳の日に公粮支給を要求	三代格	弘仁二・九・二十四官符所引

かなように、八世紀後期には、使者を通じて中央へと百姓の辛苦が上申されている事例はいくつかあり、それが九世紀以降には確認できなくなる。つまり、八世紀後期のごく短期のあいだ、百姓は律令国家へ何らかの訴えを上申し、中央に政策変更を行わせていたのである。これらの事例はいずれも、使者が百姓の辛苦を問う行為といえるだろう。

八世紀に百姓が使者に辛苦を上申する例は、表3にみられるごとく複数存在したものの、百姓が国司に上申する具体例は管見の限りほとんど存在しない。しかし、正税帳に「問二百姓消息一」とあり、また先にみた『続日本紀』天平宝字四年（七六〇）五月戊申条に、巡察使と共に国司が「親問」とあることから、国司も使者と同様、少なからず百姓の上申を聞き、彼らの辛苦を中央へ報告していた可能性があるのではないだろうか。

以上の考察から、巡察使・問民苦使などの地方行政を監察する使者（以下、「地方行政監察使」と略称する）が、百姓の辛苦を問う場合があったことを知ることができた。そこで次に、地方行政監察使が百姓に施す撫育について、考えてみたい。

2　地方行政監察使の百姓撫育

巡察使や問民苦使をはじめとする、地方行政監察使については、すでにいくつもの研究が発表されている。ただしそれらは国司の行政を監察するという面に考察の重点がおかれ、百姓に辛苦を問う、もしくは撫育を施すという側面についてはあまり詳しい検討を行っていない。[22]そこでまず、巡察使と按察使について、先学に導かれながら、[23]本章の関心対象である撫育を中心に、論を進めていきたい。

まず巡察使について考えてみたい。その性質として特筆すべきことは、巡察使は史料上、数年の間隔をおいて派遣されている点である。『続日本紀』和銅五年（七一二）五月乙酉条には毎年、『続日本紀』天平宝字二年（七五八）十月甲子条には三年に一度、派遣することが定められており、おそらく林陸朗氏が指摘したように、国司の任期中に一回の派遣を行うことが律令国家の意図であったと思われる。[24]右のような定期的な派遣は、『続日本紀』天応元年（七八一）六月朔条までみられる。

次にこの巡察使の監察対象についてみてみよう。巡察使の初見記事である『日本書紀』天武天皇十四年（六八五）九月戊午条に「巡二察国司・郡司及百姓之消息一」とあり、国司のみならず、評司や百姓なども「巡察」していたようである。律令制下に至っても、『続日本紀』大宝三年（七〇三）十一月癸卯条に「巡察使所レ記諸国郡司等、有二治能一者、式部宜二依レ令称挙一、有二過失一者、刑部依レ律推断」とあって、郡司も国司と同様、その職責を果たしているか否かについて、巡察使によって調査されていた場合がある。また百姓に関して『続日本紀』天平十年（七三八）十月己丑条に「遣二巡察使於七道諸国一、採二訪国宰政迹・黎民労逸一」、『続日本紀』天平宝字二年（七五八）十月甲子条に「遣二巡察使一、推二検政迹一、慰二問民憂一」などとあり、巡察使は百姓の「慰問」などを行い、彼らの状況について留意していた。

続いて巡察使の職務について考えたい。大まかには『類聚三代格』にみえる「巡二行風俗一、考二牧宰之治否一、問二人民之疾苦一」[25]がその職掌であろうが、『続日本紀』に巡察使が派遣されたとある記事から具体的な職掌をまとめれば、①裁判の不正摘発、[26]②豊作不作の検査、[27]③器杖の検査、[28]④百姓の慰問、[29]⑤検田・校田、[30]⑥国司交替の監査、[31]となり、多岐にわたることが知られる。また、巡察使が行った監察の結果は、式部省に報告されて国司の考課判定に用いられていたことが、『続日本紀』和銅五年（七一二）五月乙酉条から知られる。[32]

さて、これまで巡察使についてみてきたが、次に按察使について検討する。按察使は、巡察使の派遣が史料上で確認できない和銅八年（七一五）から神亀四年（七二七）のあいだにあたる、養老三年（七一九）七月にはじめて設置されている。按察使は、ある国の国司が近辺の国を監察するという「使」であり、厳密にいえば中央から派遣される使者ではないが、按察使の職掌は巡察使のそれを継承したとされる(33)。以下、煩を厭わず按察使の職掌についても確認しておこう。『続日本紀』養老五年（七二一）六月乙酉条をみれば、「太政官奏言、国郡官人、漁二猟黎元一、擾二乱朝憲一。故置二按察使一、糾二弾非違一、粛二清奸詐一」とあり、国郡官人が百姓に対し、ほしいままに圧政を加えることはやめるべきであるとして、按察使が設置されている。

『類聚三代格』所収、養老三年（七一九）七月十九日太政官符には、按察使が「巡二歴管国一、訪二察事條一」する際の監察事項が示されており、そこでは、百姓に関しても八項目記されている(34)。そのなかには、たとえば「敦レ本棄レ末、情務二農桑一」とあって、堅実に農耕に従事する百姓を褒賞せよ、なども記されている。中央政府は、按察使が国司ら地方官人のみでなく、百姓までも監察することを求めていたといえよう。

以上、巡察使及び按察使の職掌・監察対象・性格を確認した。巡察使・按察使は、先学が述べてきたように国司監察を主な職掌としている一方、風俗を観察するため巡行し、人々の苦しみを問うなどの百姓撫育も、行っているのである(35)。

では、国司が百姓に対し撫育を施すべきである一方、地方行政監察使も撫育を施す任務があったのはなぜであろうか。この疑問については、『続日本紀』霊亀元年（七一五）五月朔条が参考になる。

勅二諸国朝集使一曰、（中略）又四民之徒、各有二其業一。今失職流散。此亦国郡司、教導无レ方、甚无レ謂也。有二如レ此類一、必加二顕戮一。自今以後去、遣二巡察使一、分二行天下一、観二省風俗一、宜下勤二敦徳政一、庶中彼周行上。（以下略）

民が職を失い流浪するという状況を再び生じさせないため、巡察使が風俗を観察して徳政を行うべきことを命じた勅である。巡察使派遣の直接的原因が、国郡司の百姓に対する「教導無レ方」をただすことに求められるのなら、巡察使が風俗を観察して徳政を行う行為は、国郡司に代わり巡察使が百姓教導を行うことであると思われる。つまり、中央政府は国司らによる百姓撫育が充分でないことを察知し、使者の派遣を行っていたのではないか。巡察使などの地方行政監察使による撫育は、国郡司のそれを補う形で行われた可能性が高い。

これまでの研究では、八世紀の地方行政監察使は国司を監察するために派遣されていた、ということが主に論じられてきた。なるほど、地方行政監察使の重要な職掌として、国司の監察があったことは確かである。しかし、彼らは国司のみならず、郡司・百姓までも監察し、表3にみられるように、特に八世紀後半から九世紀最初期においては、国司・郡司を介さず直接百姓に対し辛苦を問うという撫育を実施していたのである。このことは、律令国家の支配形態を考えるうえで、看過できない事実であると考える。律令国家は、国郡という地方行政機関によって百姓支配を行ってきたが、それと同時に、別の地方官である地方行政監察使によっても百姓撫育を行っていた。律令国家は、国司と地方行政監察使という二つの回路を用いて、儒教的イデオロギー支配理念を体現しようと試みていたのである。

八世紀の日本律令国家は、詔勅・宣命にみられるように、中国の政策を模倣して儒教的徳治主義にのっとり、百姓を統治し、撫育することを標榜していた。このことをふまえれば、地方社会における撫育政策も、儒教的徳治主義にのっとった政策であるといえよう。すなわち律令国家は、国司に勧農や賑給を命じ、使者を派遣して百姓の辛苦を尋問するなどの行為を通じて、天皇の「仁」を百姓に示すという、儒教的イデオロギー政策の実施を試みたのである。

第三節　九世紀の百姓撫育——百姓の辛苦上申を中心に

本節では、主に九世紀における百姓撫育について考察する。九世紀の詔勅にも「撫二育黎元一」という語句や、それと同等の句がみられ、その際に具体的な政策が行われていることから、百姓に撫育を施す理念が消え去ったわけではないと思われる。律令国家による、戸籍・計帳の作成や、口分田の収授が緩慢になるなど、八・九世紀の交において律令国家の百姓支配が大きく変化したことはすでに指摘がある。[36]よって、百姓撫育の理念や、その理念に基づき行われる政策も、変化したと予想される。そこで、以下では九世紀の国司や地方行政監察使による百姓撫育について、前節でもみた百姓の辛苦上申を特に注目しつつ、検討する。

1　地方行政監察使の百姓撫育

i　延暦・大同期の使者

まず、地方行政監察使を取り上げたい。[37]八世紀最末期の史料、『類聚国史』延暦十九年（八〇〇）五月癸丑条をみてみよう。

勅、天下田租、改二張前例一、十分之内、免レ三収レ七。夫降レ詔革レ例、本為レ済レ民。而国郡官司、或不二頒行一、遂令二恩渙空施、恵澤未レ洽、吏無レ絶レ奸、民不レ免レ弊。宜下下二知諸国一、不上レ得二更然一。如不レ改レ轍、必寘二重科一。其貢調之日、民集之時、便遣二勅使一、精加二訪問一。若有レ違レ詔、刑惟莫レ宥。

これは、田租税率を改定したにもかかわらず国郡司がそれを実行しないため、貢調の日に民が集まった際、勅使を派遣し彼らに調査を行わせることを定めた勅である。田租税率を高率のままにしておくという悪政を調査するのであるから、その行為は国郡司の怠慢を調査することにほかならず、また国郡司の怠慢を調査するための使者は、集まった百姓に対し直接調査を行ったと推定される。

同様の性格のものとしては、大同元年（八〇六）の、諸国が蓮池や栗林を悪用することは百姓の生業を妨害するものであるとして、その実態を調査するため使者が派遣された事例[38]があげられる。管見の限り以上の二例であるが、このような使者、つまり百姓安寧のための使者が、表3でみた使者のほかに、八・九世紀の交に存在していたことは注目されよう。この時期の地方行政監察使は、八世紀の使者と同様、直接百姓に撫育を施す場合があったと思われる。

ii　大同の観察使

ここで、九世紀前期における地方行政監察使の変化について、簡単に概観しておきたい。直接地方を監察するため七世紀末以来派遣され続けていた巡察使が停止される一方で、(39)設置期間は数年ながら大同元年（八〇六）に観察使が設置され、(40)また、天長元年（八二四）に巡察使が一時的に復置されている。(41)これらの停止・設置・復置により、使者の職掌や性質などは変貌することとなる。以下では、大同期の観察使、天長期の巡察使、さらにはそのほかの使者を検討することで、八世紀と九世紀の地方行政監察使による百姓撫育の変化を明らかにしようと思う。

観察使は、地方社会において改革すべき制度・慣習などを見出し、それらを中央へ奏上して改善を求めるなどを行い、大同年間における地方行政改革に大きな役割を果たした官司である。(42)観察使による改善要求の奏上のなかには、百姓安寧のための奏上も含まれている。たとえば、『類聚国史』大同二年（八〇七）九月己亥条によれば、山陽道観察使藤原園人が、播磨国には封戸が多いため、その租を運ぶ民の労力が甚大であることから、播磨国の封戸を東国に移すべきである、と中央に要求していることが知られる。この例のように、観察使が百姓の安寧のための政策を中央に言上する例はいくつかみられる。(43)これは、天平宝字二年（七五八）の問民苦使が百姓の課役年齢の引き下げ要求を中央に言上するなどの、表3にみられた八世紀における地方行政監察使の上申と同様の行為であるといえよう。

しかし、八世紀の地方行政監察使と九世紀の観察使は大きく異なっている。その相違点を明らかにするため、『類聚三代格』所収、大同五年（八一〇）二月二十三日太政官符をみてみよう。

太政官符

応下陸奥国浮浪人調庸准二土人一輸中狭布上事

右、当道観察使正四位下兼陸奥出羽按察使藤原朝臣緒嗣奏状偁、陸奥守従五位上勲七等佐伯宿祢清峯等申云、件浮浪人共款云、土人調庸全輸二狭布一、至二于浪人一特進二広布一。織作之労、難易不レ同、斉民之貢、彼此各異。望請、一准二土人一、同進二狭布一者。国司検察、所レ申有レ実。但黒川以北奥郡浮浪人、元来不レ在二差科之限一者。臣商量、此国地広人稀、辺寇惟防、不レ務二懐集一、何備二非常一。伏望、令二依レ件進一者。被二右大臣宣一偁、奉レ勅、依レ請。

大同五年二月廿三日

この官符から、陸奥国浮浪人は、調庸を狭布で納入することを国司・観察使を介し中央に求めたこと、そして中央がその要求を受け入れたことが読み取れるだろう。ここでは浮浪人であるが、観察使も、天平宝字二年の問民苦使などと同じく、民に辛苦を問い、撫育を施す政策を中央に言上している。以上から、九世紀の観察使も、八世紀の地方行政監察使と同じく、百姓に辛苦を尋ねていたといえる。

だがここでの観察使は、八世紀の地方行政監察使と異なり、百姓の上申を直接聞き入れるのではなく、国司を介して百姓の言上を聞き入れている点に注目したい。つまり観察使は、百姓撫育のための政策を中央に言上しているものの、じかに百姓と接し、彼らに尋問するなどを行っていないのである。直接百姓と対応し、彼らの言上を聞き入れたのは、「陸奥守従五位上勲七等佐伯宿祢清峯等申云、件浮浪人共款云」とあることから、国司であったと思われる[44]。観察使は間接的に百姓から辛苦を尋ねたにすぎない。

一方、観察使が直接百姓の辛苦を尋ねる例も皆無ではない。『類聚三代格』所収、弘仁十三年（八二二）正月五日太政官符に「検二大納言正三位兼行民部卿藤原朝臣緒嗣奏状一偁。昔任二陸奥出羽按察使一日、道経二東山一、略問二百姓之苦一。天下重役莫レ過二駅戸一。（中略）雖レ寛二免其庸徭一、勤苦倍二於平民一。伏望、諸国駅子准二書生例一、毎レ戸量二給借貸二百束一、兼択二駅家近側好田一混二授一処一。（以下略）」とあることは、観察使が百姓の辛苦を直接尋ねていると考えることができる。この官符にはまったく記されていないが、藤原緒嗣は陸奥出羽按察使に任じられたとき、東山道観察使でもあった[45]。したがって、緒嗣が東山道の百姓の苦しみを「略問」したのは、東山道観察使の職掌を遂行するためであった可能性が高い。

ただしこの官符から、観察使が百姓の辛苦を問うことが一般的であったと即断できない。注意しなければならないことは、緒嗣が駅子に対して「略問」している点である。すなわち、この緒嗣が奏上した内容は、駅子の待遇を改善することであるから、「略二問百姓之苦一」とあるけれども、百姓全般に「略問」したのではなく、駅子のみに「略問」したと推察される。おそらく緒嗣は、任地に赴く途中に駅を利用した際、たまたまその場にいた駅子の辛苦を尋ねただけであり、駅子以外の百姓に辛苦を問いかけたわけではないだろう。つまり、この緒嗣の駅子に対する「略問」は特例と考えるべきであり、観察使が百姓に辛苦を問う行為は、先の大同五年官符でみたように、国司を介して行うのが基本であった。

iii　天長の巡察使

大同元年（八〇六）に設置された観察使に続き、天長元年（八二四）に復置された巡察使を検討する[46]。この際の巡察使がどのような性格の使者であったかは、史料が少ないため判然としないが、『類聚三代格』所収、天長元年八月二十日太政官符から、その職掌を知ることができる。

一遣二巡察使一事
右、同前奏状偁。古者分二遣八使一、巡二行風俗一、考二牧宰之治否一、問二人民之疾苦一。所三以宣レ風展レ義挙レ善弾二レ違也。伏望、量二遣件使一考二其治否一者。依レ奏。（以下略）

「古者分二遣八使一、巡二行風俗一、考二牧宰之治否一、問二人民之疾苦一」とあることから、古き時代の巡察使は、①風俗を巡行し、②国司治政を評定し、③人民の苦しみを問うことを職掌とした使者であった。今回の復置以前の巡察使派遣は延暦年間にまでさかのぼるため、「古者」とは、少なくとも延暦年間以前を指していよう。つまり、右の三つの職掌は、延暦年間以前の巡察使の職掌であった。

ところが、天長元年では「伏望、量二遣件使一考二其治否一」とあることから、延暦以前の職掌の①・③を欠き、②のみのためだけに派遣が行われているようである。天長元年に派遣された巡察使は、国司監察を主な目的に派遣されたものであり、「巡二行風俗一」や「問二人民之疾苦一」という百姓撫育を職掌としていなかったと思われる。天長の巡察使の職掌と、八世紀の巡察使のそれとは、大きく変化したと理解できよう。

iv　その他の地方行政監察使

次に、観察使・巡察使以外の地方行政監察使による百姓撫育について、検討してみたい。『類聚三代格』所収、天長二年（八二五）五月十日太政官符をみてみよう。

太政官符

定二詔使・官使一事

右、頃年之間、為レ推二民訴一遣二使四方一。或国司等対二捍使者一不レ承二勘問一、捍侮之辞触レ類多端。遂乃使旨不レ展、徒然引帰。冤屈之民累レ年懐レ愁、路次之駅空疲二迎送一。稍尋二其由一、縁レ無二使威一。詔使臨レ界、豈如レ此乎。左大臣宣。奉レ勅、度レ時立レ制、古今収レ貴。宜下定二使色一以粛中将来上。其巡察・覆囚・検税・交替・畿内校班田・問民苦幷訴等使、並准二詔使之例一。賑給・検損田・池溝・疫死等使、猶為二官使一。（中略）

天長二年五月十日

この史料は、民の訴えを推問するために派遣された各種使者が、国司の対捍によりその業務を執り行えないので、地方行政監察使を「詔使」や「官使」とし、右のような不手際がないようにせよ、というものである。ここでは一見、「為レ推二民訴一」とあることから、地方行政監察使は百姓の訴えを尋ねるために地方へ赴いていると読み取れる。確かに後述するように、九世紀に派遣された一部の使者のなかには、現地で直接百姓に尋問した使者も存在する。

しかし、ここでの地方行政監察使のすべてが、直接百姓と関わりを持ったかについては、「国司等対二捍使者一不レ承二勘問一、捍悔之辞触レ類多端。遂乃使旨不レ展、徒然引帰」とあることから、疑問である。すなわち、使者は国司に対し勘問を行うことができず、何の成果もあげずに中央へ帰ってきてしまうと右の史料にあることから、ここでの使者の主な目的は、民の訴えの虚実を探るために国司を勘問することであった。したがって、九世紀前期の地方行政監察使の多くは、百姓撫育のために地方へ赴いたものの、直接百姓に辛苦を問う行為を行わなかったと思われる。

ただし、九世紀の地方行政監察使のすべてが、直接百姓に辛苦を問うことを行わなかったわけではない。地方で訴訟や事件が起きた際、その調査のために派遣された使者、推問使は、直接百姓に辛苦を問うことを行っていたようである。そこで、推問使について以下で検討したいと思う(47)。

推問使については、三善清行が延喜十四年（九一四）に提出した『意見十二箇条』に詳しい。これによれば、「比年任用之吏、或結二私怨一、以誣二告官長一。所部之民、或矯二王事一、以愁二訴国宰一。或陳下犯二用官物一之状上、或訴二政理違レ法之由一。此等条類、千緒万端。於レ是、朝家収二其告状一、発二遣使人一」とあり、任用国司や所部の民が受領に対して誣告・愁訴したことを受けて、朝廷がその都度「使人」を派遣していたことがわかる。事実、『日本文徳天皇実録』天安元年（八五七）正月乙卯条に、次のように記されている。

前讃岐守正五位下弘宗王（中略）散二禁右京職一。先レ此、讃岐国百姓等訴二弘宗王一。仍遣下二詔使一、推中問虚実上。伏弁已了、使等為レ囚、付レ国禁固(48)。（以下略）

讃岐権守であった弘宗王が讃岐国において何らかの罪を犯し、当国の百姓が訴えを起こした。その結果、朝廷は詔使を派遣し、使者は弘宗王を取り調べ、王を拘禁した。ここから、百姓の訴えがあった場合、中央は「詔使」を派遣し、その使者は訴えの虚実を問いただしていたということがわかる。

九世紀において、百姓が国司を訴え、それにより中央から使者が派遣される実例は、右の弘宗王の場合を除けばほとんど史料にみえない(49)。しかし実際には、推問使の派遣は恒常的なものであったと思われる。そのことは『意見十二箇条』からも窺えるが、次にみる史料も傍証となるだろう。『日本三代実録』元慶七年（八八三）十月二十五日戊午条をみてみよう。

伊勢国飯野郡神戸百姓秦貞成向レ官。愁下訴太神宮司大中臣貞世犯二用神物一、并不レ理二多気郡擬大領麻績連豊世故殺人一事上。太政官擬下遣二使者一推中問事由上、左大史丸部百世検二故実一曰、伊勢太神宮司有二犯過一之時、不レ遣二推問使一、下二符国司一、令二レ其推検一。於レ是停レ遣レ使、付二伊勢国宰一、推二察真偽一。

伊勢神宮の神戸百姓秦貞成が太政官を訪れ、愁訴を行った。それをうけて太政官は使者を派遣し事実を調査しようとしたが、左大史が故実を検したところ、伊勢太神宮の宮司が過ちを犯したときは「推問使」を派遣せず、伊勢国司にその事件を調査させるべきであることが判明した。以上が右の史料の概略であるが、ここで読み取るべきことは、九世紀後期のこの時期、伊勢太神宮でなければ、つまり一般の国であれば、百姓の愁訴に対し使者を派遣することが一般化していた、ということである。ここから、九世紀後半において百姓が国司を訴えたときには、「推問使」の派遣が一般的であった、と理解できよう。

また、推問使は直接百姓に辛苦を問う場合があったことが、次の史料から知られる。すなわち、『意見十二箇条』に「偏依二使式一、毎レ年准擬、領二其印鎰一、厳二其禁錮一。即以二官長之貴一、与二小吏・賤民一比レ肩連レ口、受二其推鞫一」とあり、推問使が受領の取り調べを行うとき、「小吏・賤民」も受領と肩をならべて尋問を受けていたことがわかる。ここから、推問使が調査の過程において、百姓に国司の悪政などを問いただす場合があったことを推測できよう。つまり推問使は、国司の悪政を尋問するというごく限定されたものではあるが、百姓から辛苦の上申をうけていたと思われる。九世紀の地方行政監察使のなかで一部の使者は、直接百姓に撫育を施すことがあったのである(50)。

v 小結

以上、九世紀の地方行政監察使による百姓撫育政策について考察を加えた。八・九世紀の交の地方行政監察使は、百姓に直接辛苦を尋ねていたものの、その後の観察使・巡察使、及び九世紀の地方行政監察使の多くは、百姓に直接辛苦を尋ねることがなく、国司を通じて間接的に百姓と接触するのみであったと思われる。以上みてきた「直接か間接か」は、八・九世紀の地方行政監察使のあり方を考える上で重要である。

ただし、推問使には注意する必要がある。九世紀において、推問使のみは直接百姓に尋問を行っていた可能性を指摘したが、この推問使と、八世紀の巡察使などの地方行政監察使とを同等に扱うことはできない。八世紀の地方行政監察使による辛苦を問いただす行為と、九世紀のそれとは、明らかに性質が異なっているからである。すなわち、八世紀の地方行政監察使は、ほぼ数年間隔、つまり定期的に派遣され、国司を監察し百姓の辛苦を直接尋問しており、そうした定期的派遣は天応元年（七八一）まで続いていた(51)。一方で九世紀の推問使は、その派遣が九世紀後期にしばしばあったものの、決して定期的なものではなく、百姓などからの告言・訴訟という、ごく限定された辛苦の上申があった場合にのみ、特別に派遣されるものであったと考えられる。八世紀と九世紀の地方行政監察使の職掌は、百姓撫育という点に限っていえば、大きく変化しているのである。

2　良吏の百姓撫育

九世紀に至り、地方行政監察使は百姓に対してごく限定された撫育しか施さなくなったことを前節で述べた。とはいえ、国家の百姓撫育政策自体、行われなくなったわけではない。その点、前節において大同五年（八一〇）二月二十三日太政官符を検討したとき、簡単にふれたが、以下、あらためて考察したい。

すでに先学が指摘されているように、九世紀前期の朝廷は、国司に対し「良吏」であることを求め、彼らに地方政治の一任をしようと企図した。[52] そのなかには、百姓撫育も含まれていると考える。『類聚三代格』所収、大同元年（八〇六）八月二十五日太政官符所引、七道観察使解に、以下のようにある。

以前得二七道観察使解一偁。今聞、諸国司等、官符到日施二行諸郡一、郡司下二知郷邑一。而後相倶点尓曽无レ争二指示一。然則百姓之愚、可レ共二楽成一、或暗二菽麦一、何暁二符旨一。理須下国司案二検前後詔旨格幷官符之内所レ載事類一、披二捜彼此一、発二明上下一、委曲陳喩再三教誡上。則将二黎庶知レ帰手足有レ措。而偏執二目前一、須レ聴不レ聴、常嬾二巡検一、可レ示無レ示。毎レ下二官符一、民疑尋問、良宰莅レ境、豈其如之。伏請、下二符諸国一、毎レ事存レ限務加二教喩一、无レ致二憂煩一。謹請二処分一者。

この解は、官符が下ったときには、国司は百姓にその内容を教え諭すべきであるが、それが行われていないため「伏請、下二符諸国一、毎レ事存レ限務加二教喩一、无レ致二憂煩一」という内容の解である。

この解において国司は、百姓に官符を詳しく教え諭すことが求められ、また、百姓が疑問を持って問い質した場合、国司は百姓のもとへ赴くことが求められている。国司は、百姓を教導するべき立場であった。なお、この解は中央によって裁可されていることから、朝廷は、国司が「良吏」として百姓に撫育を施すことに期待していたのであろう。[53]

確かに、百姓の不平などが国司を経て中央に言上される例は、八世紀にはほとんど存在しない一方で、九世紀以降になると国史や官符にいくつかみられるようになる。[54] また、「良吏」の基本史料である「薨卒伝」をみると、「良吏」は地方社会において勧農や秩序維持の実施を朝廷から求められていたようである。[55] 「良吏」は、「所レ行政事、頗合二民望一」[56]、「仁愛為レ務、民庶仰慕」[57] などのごとく、百姓のために政治を行うべき存在であった。おそらく九世紀の朝廷は、地方社会において国司が辛苦を問うなどの、百姓撫育を施すことを理想としていたと思われる。

良吏による百姓撫育のあり方は、菅原道真の漢詩集からも窺える。歴史学の分野ではあまり注目されていないが、(58)『菅家文草』(巻三)、「路遇白頭翁」と「行春詞」を検討しよう。これらの漢詩は、道真が讃岐国に国守として赴任した時代に作製されたものである。

まず「路遇白頭翁」を検討する。讃岐国に赴任した菅原道真は、当地で「白頭翁」に出会い、その健康そうな面相について尋ねたところ、翁はこのように答えた。

慇懃請曰叙因縁　慇懃に請けて曰く　因縁を叙べなむ
貞観末年元慶始　貞観の末年　元慶の始め
政無慈愛法多偏　政に慈愛無く法に偏り多し
雖有旱災不言上　旱の災ありとも言上せず
雖有疫死不哀憐　疫の死にありとも哀しび憐ればず
四万余戸生荊棘　四万余戸　荊棘生ず
十有一県無爨煙　十有一県　爨煙なし
適逢明府安為氏　たまたま明府に逢ひにたり　安を氏となせり
今之野州別駕　今の野州別駕なり。
奔波昼夜巡郷里　昼夜に奔波して　郷里を巡る
遠感名声走者還　遠く名声に感きて　走せし者も還れり
周施賑恤疲者起　周く賑恤を施して　疲れし者も起ちぬ
吏民相対下尊上　吏民相対して　下は上を尊ぶ

老弱相携母知子　　老弱相携へて　母は子を知りぬ

ここで興味深いのは、かつて讃岐の国司であった「安」、つまり安倍興行の事績である[59]。ここで彼は、昼夜奔走して「郷里を巡る」、つまり国司巡行を行っていることが知られる。国司巡行をしつつ、「周く賑恤を施す」、すなわち賑給を実施することで、讃岐国の復興を遂行しているようである。これは、先に検討した国司による撫育の具体的なあり方と合致する。

また、ここで道真が白頭翁と対話をしていることに注目したい。この白頭翁は、道真が「路」で遭遇した人物であるから、讃岐国の官人ではありえず、いわば一般民衆であったと考えてよいだろう。そのような人物と国守とが、讃岐国の状況・あり方について対話をしているということは、「辛苦」ではないものの、国司が百姓に尋問していると考えて大過ないだろう。道真は、やはり撫育を意識して讃岐国を統治していたのではないだろうか。

次に「行春詞」から、道真自身の事績を詳しく検討する。この詩は、国守が巡行する際の状況について、道真自身の経験をもとに詠まれたものである。この漢詩については詳細な検討があり[60]、新たな見解を示すことはできないが、本章で注目すべきいくつかの部分について取り上げてみたい。

過雨経営修府庫　　雨を過ごして経営して府庫を修む
臨煙刻鏤弁溝塍　　煙に臨みて刻鏤して溝塍を弁ふ
遍開草褥冤囚録　　遍く草の褥を開きて冤囚を録す
軽挙蒲鞭宿悪懲　　軽く蒲の鞭を挙げて宿悪を懲す
尊長思教卑幼順　　尊長は卑幼を順はしめむことを思ふ
卑貧恐被富強凌　　卑貧は富強に淩げられむかと恐る
安存耄邁飡非肉　　安存す　耄邁の飡肉に非ざることを

賑恤孤惸餓曲肱　賑恤す　孤惸の餓ゑて肱を曲ぐることを
繿縷家門留問主　繿縷の家の門には　留りて主を問ふ
耦耕田畔立尋朋　耦耕の田の畔には　立ちて朋を尋ぬ

右の部分から、国司による撫育の具体的様相がいくつか読み取れる。①「煙に臨みて刻鏤して、溝塍を弁ふ」から勧農の実施が、②「賑恤す、孤惸の餓ゑて肱を曲ぐることを」から賑給の実施が、③「繿縷の家の門に留りて主に問ふ」から百姓に辛苦を問う行為の実施が窺われる。また、「耦耕の田の畔には、立ちて朋を尋ぬ」から、勧農と百姓に辛苦を問う行為の両者が知られよう(61)。

さらに、引用していない別の部分では、「辞謝す、頑なる民の来りて謁拝することを」とあることから、国守が民と直接会っていたことが知られる。このことは、特に注目に値する。

以上、菅原道真の作製した二つの漢詩から、国司による百姓撫育のあり方についてみてきた。簡単にまとめると、国司は国司巡行を行いながら、勧農、賑給、百姓に辛苦を問うことなどを行っていた、となるだろう。

もちろん、右の史料からの論述は、漢詩からの検討によって導き出されたものであるから、讃岐守道真が実際に行った事実であるか、確証はない。いわんや、良吏一般が同様なことを行っていたとの結論を導くことは避けるべきである。しかし、少なくとも道真自身が次のように認識していたといえるだろう。すなわち、国司が国司巡行や賑給といった撫育を実施すれば、人々の生活が安定する、と。理想型としての国司は、上記のような撫育を百姓に施すべきだったと道真は考えていたのである。この漢詩は、九世紀末期に作られたものであるから、当該期に至っても、国司の百姓撫育は理想として語られていた可能性が高い(62)。

本節での考察をまとめよう。九世紀に至ると朝廷は、使者を派遣して百姓に撫育を直接施す政策を行わなくなるけれども、撫育政策を地方に命じることを停止したわけでなく、主に国司が良吏として百姓に撫育を施すように企図したと思われる。そして地方行政監察使は、良吏の治政を監察するためにのみ、中央から派遣されたと推測される。九世紀の朝廷は、儒教的イデオロギー政策を国司に委任することで実施し、百姓生活の安定を求めていたのである。

第四節　使者派遣と撫育理念の消滅

前節において、国司の悪政を尋ねるという限定されたものではあるけれども、非定期的に派遣される推問使のみが撫育を施していた、と指摘した。では、このような使者の派遣が消滅するのはいつであるのか、本節で検討する。この点について、『意見十二箇条』から考えてみたい。清行は、「朝使」の派遣があれば国司による国内政治がままならなくなるため、「伏望、此等告言・訴訟、除㆓謀反・大逆㆒之外、一切停㆓止朝使㆒、専付㆓新司㆒」と、今後使者派遣を停止すべきである、と提案している。この清行の提案が実現されたかどうかはわからない。しかしこの清行の奏上以降、百姓の訴えにより推問使が派遣されたことを示す史料は、謀反などの特例を除けば、管見の限り皆無である。延喜年間以降、百姓の訴えをうけて使者が派遣されることは、ほぼなくなったと思われる[63]。

例外的であった推問使すら延喜年間に派遣されなくなることは、十世紀以降、直接百姓に辛苦を問う行為を行わなくなった、ということを指摘できよう。つまり、推問使による限定された撫育すら停止してしまったことから、十世紀に至り使者派遣による撫育を朝廷は完全に放棄した、といえるのである。

このような変化に対し、以下のように結論づけることができると思う。すなわち、八世紀において中央は百姓に対して撫育政策を十二分に発揮しようと試み、国司や地方行政監察使に民の辛苦を尋ねる行為などを行わせようと試みた。事実、地方行政監察使は八世紀後半以降、実際に百姓の辛苦を問い、その内容を中央へ報告した。しかし九世紀に入り、朝廷は使者を派遣することによる撫育政策を停止し、国司に撫育を委任するようになる。例外的に百姓が国司の悪政を訴えたときのみ、朝廷は推問使を派遣したが、延喜年間には推問使の派遣すら行わなくなる。つまり、少なくとも八世紀後半から九世紀初頭まで朝廷が行っていた、使者派遣による百姓撫育政策は、九世紀前半から漸次行われなくなり、そして十世紀初期になると、撫育政策のほとんどすべてを受領に任せてしまう、と評価することができる。

十世紀以降の朝廷は、使者派遣による、百姓に辛苦を尋ねる百姓撫育だけをやめ、それのみを受領に委任するようになったわけではない。賑給や勧農などの撫育についても、同様であると思われる。十世紀に至ると、朝廷は平安京内や畿内近国を除けば、地方に官符などで賑給を命じることをやめ(64)、地方社会の賑給を国司に委任してしまう(65)。さらに、受領が地方社会に勧農を命じることはあったものの(66)、朝廷が受領に対し、勧農の指示を与えることは基本的になくなるようである(67)。以上から、十世紀以降の朝廷は、辛苦を問い、賑給や勧農を命じる官符を発するなどの、百姓撫育政策をみずから行うことなく、受領に委任するようになってしまった、と結論することができよう。

八・九世紀における日本の律令国家は、中国の政策を模倣し、儒教的徳治主義にのっとり百姓を治めることを標榜し、使者派遣や賑給・勧農を行っていた。しかし十世紀に至り、儒教的徳治主義に基づく百姓支配理念を全国に直接及ぼすことはなくなってしまう。賑給を例に取り上げれば、中央による儒教的徳治主義は都城とその周辺にのみ、及ぼされるようである(68)。百姓に対する国家の儒教的イデオロギー支配は、十世紀初頭に大きく変化するのである(69)。

おわりに

本章は、従来ではほとんど検討されていない、百姓に対して施す撫育、特に儒教的イデオロギー政策から行われる撫育という観点から、主に八・九世紀の律令国家について考察を加えた。第一節では、慶事・凶事において発される詔勅・宣命の検討から、律令国家が施した撫育は、百姓生活の安定を求めるイデオロギー政策と百姓の生産を確保するための政策に分別されることを明らかにした。第二節では、八世紀における地方行政監察使と国司による撫育について、特に百姓の辛苦を問うという行為に注目しながら検討し、その実態を明らかにした。第三節では、九世紀における地方行政監察使・国司の撫育を検討し、使者が直接百姓に撫育を施すことは非定期的かつ減少傾向となり、主に国司が百姓撫育を施したことを述べた。第四節では、九・十世紀の交における地方行政監察使を検討し、十世紀以降朝廷は推問使派遣などをまったく行うことなく、受領に百姓撫育政策を委任するようになると述べた。

本章の考察により、律令国家によるイデオロギー支配の構造が、わずかながらでも明らかになったかと思う。ただし、第一節で述べたように、撫育政策のなかには、宗教的イデオロギー政策や、百姓の生産を確保するための政策もある。しかし本章では、儒教的イデオロギー政策を中心に論じたため、生産確保のための政策にはあまりふれられず、また、宗教的イデオロギー政策についてはー切ふれることができなかった。次章以降で検討したい。

注

（1）　同様の表現は即位宣命に限らずみられるが、即位宣命に限っても、『続日本紀』慶雲四年（七〇七）七月壬子条（元明）・神亀元年（七二四）二月甲午条（聖武）・天平勝宝元年（七四九）七月甲午条（孝謙）・宝亀元年（七七〇）十月朔日条（光仁）にみえる。

（2）　数少ない先行研究として、吉村武彦氏・佐々木恵介氏の論考がある。吉村氏の論考は、古代国家において「撫育」とは何かという問題に先鞭をつけたものとして重要である。吉村氏は、「撫育」として公出挙と賑給を取り上げ、「奉事・貢納」に対する百姓への「互酬的行為」として、それらに注目している（吉村武彦「仕奉と貢納」〔『日本の社会史4　負担と贈与』岩波書店、一九八六年〕、四三―四七頁）。佐々木氏は、吉村氏が出挙を撫育として提示した点に否定的な見解を示しつつも、それとは異なる形の勧農は認められるとし、そのほかに賑給、復除などを撫育の例として指摘している。なお佐々木氏は、これらの政策は儒教的徳治主義の影響が濃厚に認められ、天皇と公民のあいだにある「互酬的」な関係が、天皇と官人とのあいだにある関係ほど明確でないことから、前者は虚構性の強いものであろう、と論じられている（佐々木恵介「律令制下の公民について」〔『論争日本古代史』河出書房新社、一九九一年〕、一七一―一七六頁）。本章は両氏の見解から多くを学んでいる。

（3）小谷博泰『木簡と宣命の国語学的研究』（和泉書院、一九八六年）、二四三頁参照。

（4）『続日本紀』霊亀元年（七一五）九月庚辰条。

（5）渡辺信一郎「仁孝」（『中国古代国家の思想構造』校倉書房、一九九四年、初出一九七八年）、「天下のイデオロギー構造」（『中国古代の王権と天下秩序』校倉書房、二〇〇三年、初出一九九九年）。

（6）ただし、隋唐と、奈良時代から平安時代初期の日本とが、異なる国家・社会であったことを考慮に入れねばならない。たとえば、唐においてある程度現実的に行われていた均田制や祥瑞報告制度が、日本では目標や理想であった（吉田孝『律令国家と古代の社会』〔岩波書店、一九八三年〕、二〇六―二〇八頁、大隅清陽「儀制令における礼と法」〔『日本律令制論集　上』吉川弘文館、一九九三年〕、五二八―五四〇頁参照）ように、百姓撫育も一種の理想であった可能性が高い。撫育する側である中央政府は、百姓に恩恵を施しているという意図を持って撫育政策を行っていたのであろうが、撫育される側の百姓は税免除などを天皇の「仁」による恩恵として享受していたわけではなかったと推測される。

（7）すでに寺内浩「律令制支配と賑給」（『日本史研究』二四一、一九八二年）は、自然災害が原因で行われる八世紀の賑給も、儒教的イデオロギー政策であったことを明らかにしている。

（8）自然災害の折になされる税免除・賑給などは、二種を兼ね備えた政策といえよう。なお、丸山裕美子「古代の天皇と病者」（『岩波講座　天皇と王権を考える8　コスモロジーと身体』岩波書店、二〇〇二年）は、古代社会において、病者を中心とする弱者に対して儒教的・仏教的救済を天皇が行った、と論じている。丸山氏の見解は弱者に限定されたものであるが、儒教的・宗教的イデオロギー政策を論じる本章の見解と重なる。

（9）本章は、郡司の撫育について検討せず、後考を期した。郡司の撫育についてひとまず措くのは、郡司による撫育が、国家から任命された郡司の職掌によるものであるとともに、旧来の在地首長の立場によるものであると思われるからである。理念としての撫育を検討しようとする本章において、律令国家によるものということが明らかな国司による撫育をまずは解明すべきであると判断した。

（10）『令集解』職員令66左京職条。
（11）『続日本紀』和銅五年（七一二）正月乙酉条。
（12）『令集解』職員令66左京職条、穴記私案。
（13）吉田孝「戸令補注」（『律令』岩波書店、一九七六年）、五六五頁。
（14）国守巡行条については、亀田隆之「古代の勧農政策とその性格」（『日本古代用水史の研究』吉川弘文館、一九七三年、初出一九六五年）を参照。
（15）仁井田陞著・池田温編集代表『唐令拾遺補』（東京大学出版会、一九九七年）、五四四—五四五頁。なお、中国における地方官巡行のあり方については、大津透「律令制的人民支配の特質」（『日唐律令制の財政構造』岩波書店、二〇〇六年、初出二〇〇三年）、三五〇頁—三五二頁に指摘がある。大津氏は、唐令が後漢の時代にまでさかのぼることを指摘している。漢代における地方官巡行のあり方については、石岡浩「前漢代の博士の郡国循行」（『早稲田大学大学院文学研究科紀要』四一—四二、一九九六年）も参照。
（16）「風俗」に関する先行研究は、小林茂文「古代国家の民衆教化と風俗」（『民衆の生活と信仰・思想』雄山閣出版、一九八五年）、関和彦「『風土記』と民衆世界」、「「見る」と日常性・天皇制」（『日本古代社会生活史の研究』校倉書房、一九九四年、初出一九八七・一九八六年）同「民衆世界の天皇」（『日本の歴史08　古代天皇制を考える』講談社、二〇〇一年）、鈴木景二「国司部内巡行と在地社会」（『神戸大学史学年報』一一、一九九六年）、森田喜久男「律令制下の国司巡行と風俗」（『日本古代の国家と祭儀』雄山閣出版、一九九六年）、兼岡理恵「『常陸国風土記』編纂の思想」（『風土記受容史研究』笠間書院、二〇〇八年。初出二〇〇二年）など参照。
（17）勧農については、亀田注(14)論文参照。ただし亀田氏は、国司は巡行における勧農にさほど力を入れていなかった、と論じている（三七九頁）。また氏は、正税帳記載の「推二問百姓消息一」を勧農の範疇に入れるべきであるとされているが（三七八頁）、むしろ②に含めるべきであろう。
（18）なお、考課令54国郡司条には「凡国郡司、撫育有レ方、戸口増益者、各准二見戸一、為二十分一論。加二一分一、国郡司（本注略）各進二考一等一。毎レ加二一分一、進二一等一。（本注略）若撫養乖レ方、戸口減損者、各准二増戸法一、亦減二一分一、降二一等一。毎レ減二一分一、降二一等一。（本注略）其勧二課田農一、能使二豊殖一者、亦准二見地一、為二十分一論。加二一分一、各進二考一等一。毎レ加二一分一、進二一等一。

（本注略）其有下不レ加二勧課一、以致中損減上者、（本注略）損二一分一、降二考一等一。毎レ損二一分一、降二一等一。若数処有レ功、並応レ進レ考者、亦聴二累加一」とある。この史料は、国司・郡司の「撫育」が成功し、戸口もしくは田地が増えた場合、彼らの考を進め、逆に「撫養」が失敗し、戸口・田地が減った場合、考を降すことを規定したものである。ここでの「撫育」は、戸口・田地の増加を指しており、百姓の生産を確保するための政策と考えられよう。

(19)　「勅、如聞、頃者、疾疫流行、黎元飢苦。宜下天下高年・鰥寡孤独、廃疾及臥二疫病一者、量加中賑恤上。当道巡察使与二国司一、親二問患苦一賑給。若巡察使已過之処者、国司専当賑給。務従二恩旨一」。

(20)　八世紀に国司が百姓に辛苦を問う例はみられないものの、百姓が国や郡に訴えを起こしていた例はいくつかある。まず『続日本紀』霊亀二年（七一六）五月甲寅条に、僧が「作二諍訟一、諠二擾国郡一」とあることが知られる。ただしこれは僧が訴訟を起こしていることから、一般化できない特殊な例であろう。また、『日本霊異記』中巻「恃二己高徳一、刑二賤形沙彌一以現得二悪死一縁　第一」では、長屋王の骨が土佐に流れ、それが原因で死者が多発しているため、「云《ここ》に百姓患へて官に解して言さく」とある。これを、百姓が国司に上申する例と考えてよいかもしれないが、説話であることから、本章では参考までにとどめておく。

(21)　問民苦使が派遣された事実は、『続日本紀』天平宝字二年（七五八）正月戊寅条にみえる。

(22)　簡潔にふれた論考に、林陸朗「巡察使の研究」（『上代政治社会の研究』吉川弘文館、一九六九年、初出一九五七年）、六八・一〇六頁、及び佐藤宗諄「古代末期の民衆運動」（『日本民衆の歴史1　民衆史の起点』三省堂、一九七四年）、三六五頁など。なお、七・八世紀の使者全体を扱った論考として、渡部育子a「『続日本紀』にみえる遣使記事」（『続日本紀研究』二〇八、一九八〇年）、同b「七・八世紀における遣使について」（『秋田地方史の展開』みしま書房、一九九一年）があげられる。渡部氏によれば、八世紀の使者は、①中央と国司とのあいだの連絡機能を持つ使者、②国司の業績を監察するため、もしくは本来国司が遂行すべきものを国司に代わり執り行うための使者、に類型化できると述べている（b論文、七〇—七五頁）。また、九世紀を視野に入れた研究のなかでは、市大樹「朝使派遣と国司」（『文化財と歴史学』吉川弘文館、二〇〇三年）が参考になる。朝使に関して、市氏より直接多くのご教示を受けた。氏に深く感謝したい。

(23)　巡察使については、林注(22)論文を主に参照した。按察使については、坂元義種「按察使制の研究」（『ヒストリア』四四・四五、一九六六年）、今泉隆雄「按察使制度の一考察」（『国史談話会雑誌』一三、一九六九年）がある。また巡察使・按察使以外の地方行政監察使で取り上げるべきものとして、問民苦使がある。問民苦使は、名称にみられるごとく「民の苦を問う」使者であるから、巡察使以上に百姓撫育を積極的に行った可能性があるが、その点を除けばほぼ巡察使と同等と捉えてよいと考える林氏の見解（九〇頁）に従い、本章では特に大きくは取り上げず、巡察使とともに考察する。

(24) 林注(22)論文、一〇七頁。

(25) 『類聚三代格』所収、天長元年（八二四）八月二十日太政官符。

(26) 「巡二省政績一、申二理冤枉一」（大宝三年（七〇三）正月甲子条）。

(27) 「検二校国内豊倹得失一」（和銅五年（七一二）五月乙酉条）など。

(28) 霊亀元年（七一五）五月甲午条。

(29) 「採二訪百姓疾苦一」（天平神護二年（七六六）九月丙子条）など。

(30) 「検田」（天平宝字三年（七五九）十二月丙申条）、「観二察民俗一、便即校田」（天平宝字四年（七六〇）正月癸未条）、「検二頃畝損得一」（天平神護二年（七六六）九月丙子条）。天平宝字四年に北陸道巡察使に任じられた石上奥継は、天平神護二年十月二十一日越前国解（東南院文書第三櫃第十八巻）に、「天平宝字四年校田駅使正五位上石上朝臣奥継等」とみえる。

(31) 「判二断前後交替之訟一」（天平神護二年（七六六）九月丙子条）。

(32) 「凡国司、毎年実二録官人等功過行能幷景迹一、皆附二考状一、申二送式部省一。省宜レ勘二会巡察所見一」。

(33) 林注(22)論文、七九頁参照。また林氏は、神亀四年（七二七）に巡察使が復活したことを理由に、それ以降、按察使は対蝦夷策と関係して活躍するか、名誉職的に任命されるのみで、所期の職務を果たしたとは考えられないとしている。つまり按察使は、養老三年（七一九）に成立し、神亀四年（七二七）以前にその役割を終えたらしい。

(34) 具体的には、坂元注(23)論文、四—七頁参照。

(35) このような日本の地方行政監察使の職掌などは、中国の影響を色濃く受けている。すなわち、唐代の中国皇帝は百姓に撫育を施すべく、使者を派遣していた。日本はそのあり方に影響を受け、地方行政監察使を派遣するようになったと思われる。中国の地方行政監察及びそのために派遣される使者については、曽我部静雄「日唐の地方行政の監察制度」（『律令を中心とした日中関係史の研究』吉川弘文館、一九六八年）、池田温「採訪使考」（『第一届国際唐代学術会議論文集』台湾大学、一九八九年）、何汝泉「唐代前期的地方監察制度」（『中国史研究』四二、一九八九年）など参照。

(36)　最新の研究成果として、坂上康俊『日本の歴史05　律令国家の転換と「日本」』（講談社、二〇〇一年）、二五七―二六一頁参照。
(37)　九世紀の地方行政監察使は、これまでさほど注目されてこなかったが、近年になりいくつか注目すべき研究が発表された。市注(22)論文、賑給使について検討した、野尻忠「律令制下の賑給使と地方支配機構」（『史学雑誌』一一〇―九、二〇〇一年）などがある。
(38)　『日本後紀』大同元年六月朔条。
(39)　林注(22)論文。
(40)　『日本後紀』大同元年五月丁亥条。なお、廃止は『日本紀略』大同五年（八一〇）六月丙申条にみえる。
(41)　『類聚三代格』所収、天長元年八月二十日太政官符（後掲）。
(42)　観察使については、笠井純一「観察使に関する一考察（上）・（下）」（『続日本紀研究』一九四・一九五、一九七七・一九七八年）を参照。
(43)　『類聚国史』大同二年（八〇七）九月壬子条など。
(44)　この大同五年二月二十三日官符において、浮浪人の「款云」の引用の直後、「国司検察、所レ申有レ実」と陸奥守が述べていることからも、浮浪人の言上を聞き入れたのが国司であると思われる。
(45)　「従四位上藤原朝臣緒嗣為二陸奥出羽按察使一。東山道観察使・右衛士督如レ故」（『日本後紀』大同三年（八〇八）五月己酉条）。
(46)　この復置により国司の行政監察を巡察使が着実に成し遂げたかという点については、笠井純一氏が、大同年間に設置された観察使と対比しつつ、「天長期の巡察使は、地方行政監察にはほとんど何の役割もはたし得」なかった、と論じている（「天長・承和期における地方行政監察について」〔『日本古代の国家と宗教　下』吉川弘文館、一九八〇年〕、二六四頁）。確かに観察使と比較すれば、巡察使の機能が低下したことを認めるべきであろうが、すでに西別府元日氏が指摘されているように、天長の巡察使もある程度の機能を果たしていたと考えるべきであろう（「九世紀の地域支配と国司対策」〔『律令国家の展開と地域支配』思文閣出版、二〇〇二年、初出一九七七年〕、二二一頁）。
(47)　推問使については、井上満郎「将門の乱と中央貴族」（『平安時代軍事制度の研究』吉川弘文館、一九八〇年、初出一九六七年）、松本裕之「推問・勘問と推問使について」（『駒沢史学』五一、一九九八年）、川見典久「推問使の派遣と地域支配」（『続日本紀研究』三四四、二〇〇三年）、下向井龍彦「すいもんし」（『平安時代史事典』角川書店、一九九四年）参照。

(48) 弘宗王の讃岐権守任官は、『日本文徳天皇実録』仁寿二年（八五二）二月乙丑条にみえる。

(49) 浪人による密告であるが、『日本三代実録』貞観十一年（八六九）十月二十六日庚戌条も参照。また延喜年間であるが、『意見十二箇条』にも、阿波守橘秘樹が誣告されたことにより、朝使が秘樹を勘問していることが記されている。

(50) 推問使以外でも、天災のときに百姓を撫育するための使者が派遣されている。一例をあげれば、『類聚国史』天長七年（八三〇）四月戊辰条には、地震が出羽国で起きたため特に「使臣」を派遣し、「存撫」を加えるべく「使等与二所在官吏一議量」して税免除や賑給の実施を定めるとあり、天災などの特殊事情の場合には百姓のために使者が派遣されることがあった。ただし、彼らが百姓に直接「存撫」を加えたかどうかはわからない。

さらに、九世紀晩期の寛平年間において、問民苦使が復古的に派遣されており、そのとき百姓は郡司を経由して問民苦使へ上申を行っている。この問民苦使は郡司を経て百姓の願いを聞いているため、直接彼らの辛苦を尋ねたとはいえず、また阿部猛「問民苦使について」（『平安前期政治史の研究』大原新生社、一九七四年、初出一九六一年、一六三頁）が述べられるごとく、派遣先が山城に限定される使者であったため、ほかの地方行政監察使と同じ性格を持つものかは疑わしい。

(51) 林注(22)論文。

(52) 「良吏」については、佐藤宗諄「平安初期の官人と律令政治の変質」（『平安前期政治史序説』東京大学出版会、一九七七年、初出一九六四年）、関口明・追塩千尋「九世紀における国司の特質」（『史流』一五、一九七四年）、亀田隆之「良吏政治」（『日本古代制度史論』吉川弘文館、一九八〇年、初出一九七八年）など参照。

(53) なお、『日本後紀』弘仁三年（八一二）九月辛巳条には、百姓の「妖言」を聞き中央へ申上する国が多いことから、むやみに百姓の「妖言」を聞き入れてはならないが、それが「神宣灼然、其験尤著」しい場合、「国司検察、定レ実言上」せよ、とある。ここから、「託宣」という特殊例であるが、弘仁三年の前後において百姓の言が国司を通じ中央へ報告される場合があったと思われる。

(54) 『類聚三代格』所収、弘仁十二年（八二一）六月四日太政官符において、「河内国解」に「郡司幷百姓等申云」が引用されている。これを百姓が国司に辛苦を言上している一例としてあげられよう。

(55) 関口・追塩注(52)論文参照。

(56)『日本文徳天皇実録』天安元年（八五七）九月丁酉条、長岑宿祢高名卒伝。

(57)『日本文徳天皇実録』天安元年（八五七）十月丙子条、南淵朝臣永河卒伝。

(58)法制史学の分野では、桑原朝子『平安朝の漢詩と「法」』（東京大学出版会、二〇〇五年）、三四四―三五五頁において取り上げられている。

(59)安倍興行については、滝川幸司「安倍興行考」（『奈良大学紀要』三六、二〇〇七年）。

(60)三木雅博・谷口真起子「「行春詞」札記」（『菅原道真論集』勉誠出版、二〇〇三年）参照。

(61)なお、「遍く草の褥を開きて冤囚を録す、軽く蒲の鞭を挙げて宿悪を懲らす」とあることも注目される。これは、国守巡行条の「録二囚徒一、理二冤枉一」に、まさに合致すると思われる。

(62)だが注意すべきは、実際と理想が異なっていた可能性が高いことである。本書第二部第一章で述べるように、貞観年間以降、朝廷が撫育政策を実施しなくなりつつあり、国司に撫育の励行を督促していなかった可能性もある。つまり道真のように、中国的な儒教観に強く影響された国司のみが、百姓に撫育を実施すべきと考えていたのかもしれない。

(63)平将門の乱のとき「推問追捕使」が派遣されている（『本朝世紀』天慶二年〔九三九〕六月七日丁丑条など参照）。ただしこれは「謀反」のときに派遣された推問使と考えてよかろう。さらに正暦五年（九九四）、宇佐宮司の愁訴により推問使が派遣されている（『日本紀略』正暦五年十月二十三日辛丑・十一月三日辛亥・十一月七日乙卯条など参照）。これ以後も何度か推問使派遣が実施されているが、宮司や神民の愁訴による派遣が多くを占めていることから、百姓の愁訴をうけ派遣される九世紀の推問使の事例とそれらとは異質であると考える。川見注(47)論文参照。

(64)川本龍市「王朝国家期の賑給について」（『王朝国家国政史の研究』吉川弘文館、一九八七年）。また京中賑給については、川本論文のほか、高橋渡「京中賑給について」（『史叢』一八、一九七四年）、櫛木謙周「「京中賑給」に関する基礎的考察」（『富山大学人文学部紀要』一二、一九八七年）など参照。

(65)尾張国郡司百姓等解、第十条など参照。

(66)『朝野群載』所収、延喜十年（九一〇）新司庁宣、尾張国郡司百姓等解、第十三条など参照。なお、十世紀における受領の勧農については、佐藤泰弘「受領の成立」（『日本の時代史５　平安京』吉川弘文館、二〇〇二年）、一二九頁に簡潔ながら指摘がある。

（67）亀田隆之「国家権力による用水支配の変遷」（注（14）書、初出一九六二年）二七一頁、同「国衙および開発領主の用水支配」（注（14）書）二九九頁など参照。なお、本書第三部第一章においても、受領の勧農について論じている。

（68）注（64）の各論文。丸山注（8）論文、二一五頁も参照。

（69）ただし九・十世紀の交に、突然変化したわけではなく、貞観年間にその契機があったようである。本書第二部第一章、注（52）を参照。

補論　律令国家の撫育政策

はじめに

第一章「百姓撫育と律令国家」では、これまでほとんど論じられることのなかった律令国家期における撫育政策について論じてきたが、撫育政策の基礎的な概要を含め、充分に論じ切れていない部分も多い。そこで、以下補論として、撫育のあり方をあらためて確認するとともに、第一章ではふれなかった仏教的な撫育政策、及び撫育政策のもととなった思想がどのように日本に流入してきたかについて論じてみたい。

まず、律令国家期における撫育政策の史料を確認しておく。次の史料は、『続日本紀』養老五年（七二一）三月癸丑条に引かれている勅である。

勅曰、「朕、君二臨四海一、撫二育百姓一、思二欲家之貯積、人之安楽一。何期、頃者、旱澇不レ調、農桑有レ損、遂使二衣食乏短致レ有二飢寒一。言念二於茲一、良増二惻隠一。今減二課役一、用助二産業一。其左右両京及畿内五国、並免二今歳之調一。自余七道諸国、亦停二当年之役一」。

ときの天皇である元正天皇は、日照りのため農作不順に陥ることを恐れているのであるが、ここで注目すべきなのは、冒頭の「朕、君二臨四海一、撫二育百姓一」という箇所である。この部分によれば、日本列島に君臨し、人民を撫で養うことを天皇が表明していることが知られる。この史料を読み進めてみると、実際に税の免除を行うなど、民衆の生活安定政策を当該期の国家が行っていることがわかる。六国史のなかには、右の例のような「撫育百姓」、具体的には税免除などを行う例が多くみられる。

第一章では、撫育の具体的政策として「税免除・賑給・恩赦・孝義人褒賞など、直接的な儒教的徳治政策」や、「経典の講説・転読・放生・奉幣など、宗教的政策」をあげたが（15頁）、詳細な検討を行わなかった。そこで次節では、これらの具体的な様相を確認しておく。

第一節　「撫育」の具体相

このような「撫育」について、律令国家は、①いつ、どのようなときに行っていたのか、②具体的にどのような「撫育」を行っていたのか、考えてみたい。

①いつ、どのようなときに行っていたのかについて六国史をひもといてみよう。まず、天皇即位などの国家的慶事があったときに、撫育が行われている。たとえば『続日本紀』文武天皇元年（六九七）八月庚辰条の即位宣命では、「この食国天下を調へ賜ひ平け賜ひ、天下の公民を恵び賜ひ撫で賜はむとなも、神ながら思しめさくと詔りたまふ。（以下略）」とあり、さらに読み進めてみると、税免除などが行われていることが知られる。また、儒教的な考え方で、皇帝（日本の場合は天皇）が良い政治を行っていると出現するとされる「祥瑞」が地上に現れたときにも、撫育が行われることがある。つまり、何らかの良い出来事があったとき、律令国家は撫育を行うようである。

しかし実際には、良い出来事の場合はさほどみられず、むしろ旱害や地震などの災害時に行われていることが多い。災害に際し、被害を受けた人々に対して国家は撫育を施している。具体的には、先に掲げた『続日本紀』養老五年三月癸丑条の勅にみられたように、水旱の害によって農作が損なわれた結果、人々の衣食が充分ではなくなり、餓えや寒さに苦しむ彼らを憐れみ、天皇は税免除を実施することがある。このように、自然状況の悪化などの悪い出来事が生じたとき、律令国家は撫育を行っている。

次に、②律令国家が具体的にどのような「撫育」を行っていたのか考えてみたい。ここでは、主なもの四つを取り上げる。

第一に、税免除である。たとえば、先にあげた文武天皇即位宣命の省略部分では、「免二今年田租・雑徭幷庸之半一。又始レ自二今年一三箇年、不レ収二大税之利一」とあり、同様に養老五年三月癸丑条の省略部分においても「今減二課役一、用助二産業一。其左右両京及畿内五国、並免二今歳之調一。自余七道諸国、亦停二当年之役一」とある。

第二に、賑給である。[1] 賑給とは、災害などに際し、老人や身寄りのない人々に対して、稲穀などが与えられることである。賑給については、養老戸令45賑給条に規定がある。「凡遭二水旱災蝗一、不熟之処、少レ粮応二須賑給一者、国郡検実、預申二太政官一奏聞」とあり、災害のため農耕が順調にいかず、その結果「不熟」の場合は、国・郡が実見を行い、場合によっては太政官・天皇にも報告して賑給を実施せよ、という規定である。この戸令条文では、「賑給」が具体的にどのような行為か判然としないが、実際に賑給が行われた事例をみることで、理解してみたい。次に掲げる史料は、『続日本紀』天平九年（七三七）五月壬辰条の詔である（以下「天平九年詔」と称す）。

詔曰、「四月以来、疫・旱並行、田苗燋萎。由是、祈二禱山川一、奠二祭神祇一、未レ得二効験一。至レ今猶苦。朕、以二不徳一、実致二玆災一。思下布二寛仁一以救中民患上。宜レ令下国郡、審録二寃獄一、掩レ骼埋レ胔、禁レ酒断上レ屠。高年之徒、鰥寡惸独、及京内僧尼・男女臥レ疾、不レ能二自存一者、量加二賑給一。又、普賜二文武職事以上物一。大二赦天下一。自二天平九年五月十九日昧爽一以前死罪以下、咸従二原免一。其八虐・劫賊、官人受レ財枉レ法、監臨守主自盗、盗レ所二監臨一、強盗・窃盗、故殺人、私鋳銭、常赦所レ不レ免者、不レ在二赦例一」。

この史料によれば、疫病・旱害のために「田苗燋萎」とあり、そのためさまざまな撫育政策が行われているが、そのなかで「高年之徒、鰥寡惸独、及京内僧尼・男女臥レ疾、不レ能二自存一者、量加二賑給一」とあり、賑給も行われていることがわかる。ここで、天平九年度和泉監正税帳に目を転じてみると、「依二五月十九日恩勅一、賑二給高年鰥寡惸独等人一、惣壱仟陸伯壱拾陸人、稲穀陸伯伍拾肆斛肆斗」とあるように(2)、一六一六人に対し、稲穀六五四斛四斗が与えられたとあり、『続日本紀』の記載通りに賑給が実際に行われたことが知られる(3)。

なお、これ以外にも、税免除のときと同様、即位や祥瑞などの慶事に際し、賑給が実施される場合もある。

第三に、恩赦がある(4)。天平九年詔にも「大二赦天下一」とあることから、恩赦が実施されていることが知られる。先学の研究によれば、恩赦が行われるのは賑給などと同様、災害や慶事のときであり、さらには、天皇などの病気平癒のときにも行われた。

第四に、写経・読経や奉幣など、仏教行事・神祇祭祀があげられる。天平九年詔においても「祈二禱山川一、奠二祭神祇一」とあって、神祇的な祈禱が行われたことが知られる(5)。これは、賑給のように何か物資を施す、もしくは、税金を免除するなどといった物質的なものではなく、人々の生活を安定させるための精神的な行為である。仏教的政策については、第二節であらためてふれよう。

以上、撫育の具体的なあり方について、主なものをみてきた。これらの政策を国家が実行することによって、人々の暮らしが向上・安定することがあったかもしれないが、ここで注意しなくてはならないのは、なぜ為政者がこの撫育政策を行ったかという点である。あらためて、先に掲げた天平九年詔をみてみよう。

この詔では、「朕、以二不徳一、実致二茲災一」とあり、天皇みずからの不徳が原因で災害が生じたとある。これは、中国儒教思想の一つである天命思想という考え方である。この天命思想によれば、天子は、天帝から地上の支配を委任されている存在であり、天子が徳を保ち良い政治を行えば、天帝が祥瑞を地上にもたらす。逆に天子が不徳で悪い政治を行った場合、天帝は災異を地上に下す。災異が生じたにもかかわらず、天子が政治を改善しない場合は、天帝は革命を地上にもたらし、天子を交代させようとする。天命思想を簡単に説明すれば、以上のようになる。この天命思想は、中国漢代、董仲舒が作りあげたものであり、それ以来、中国の為政者がこれを利用することが多かった[6]。実際に漢代・唐代の皇帝は、詔勅を発して撫育政策を行う場合があり[7]、日本の天皇はこれらを模倣・導入したのであろう[8]。

このような中国の思想・政策のあり方を導入したであろう日本の天皇・為政者も、しばしば祥瑞を喜び、災異に慄いた。特に災異の場合は、自らの執政・不徳を反省し、善政を行って天帝に認めてもらうため、上記のような政策に邁進したのであろうと考えられる。事実、天平九年詔では、「朕、以㆓不徳㆒、実致㆓茲災㆒」との記載ののち、「思㆘布㆓寛仁㆒以救㆗民患㆖」とある。

つまり律令国家の撫育政策は、中国から輸入された儒教理念にのっとって行われたのである。

第二節　天平年間の災害と仏教政策

前節では、主に儒教的な観点から律令国家の撫育政策について概観してきた。ただ、第一章でも論じたように、儒教的な撫育政策のみを律令国家が行っていたわけではなく、仏教的・神祇的な撫育政策を行うこともあった。神祇的政策については次章以降で論じるので、ここでは仏教的な政策について検討する。

先にみた天平九年詔で撫育政策が実施された背景には、この天平九年に、日本列島が猛威的な疫病に見舞われたことがあげられる。前々年の天平七年に疫病が発生したこともあり、これらの災害によって百万から百五十万の人々が死去したと推定する説もある[9]。この複数回の疫病を収束させようとして計画されたのが、国分寺・国分尼寺建立である。著名な史料であるが、国分寺・国分尼寺建立を命じた、天平十三年（七四一）三月十四日勅を検討しよう[10]。

　朕、以二薄徳一、忝承二重任一。未レ弘二政化一、寤寐多慚。古之明主、皆能二光業一。国泰人楽、災除福至。何脩何労、能臻二此道一。頃者、年穀不レ豊、疫癘頻至。慙懼交集、唯罪労レ己。是以、広為二蒼生一、遍求二景福一。（以下略）

特に傍線部にみえるように、疫病が頻発してしまったのは自分の責任であるため、みずからの責任を取るべく、「蒼生」（＝百姓）のために幸福を求めよう、と聖武天皇は述べている。引用の後には、神社の整備を指示したり、仏像を造り、大般若経を写すことを実際に行ったことが記されている。そして、さらなる安寧を求めて国分寺・国分尼寺の建立を計画したと考えられる。

　国分寺・国分尼寺の造営は、かなり大規模な事業であり、建立には相当の時間が必要であった。このような大規模な事業は特殊例であるが、律令国家はほかにも仏教・神祇政策を行うことで撫育を施していた。すなわち第一節で述べたように、写経・読経などを全国に命じ、また奉幣も行うことによって、撫育を実施していたようである。

　さらに、この時期の仏教政策として、東大寺大仏造営計画もあげねばならない。国分寺・国分尼寺建立計画といわば兄弟関係にある大仏造営計画は、この時期の聖武天皇（あるいは光明皇后）が強力に推進したものであった[11]。『続日本紀』天平十五年（七四三）十月辛巳条の大仏発願詔で、「朕、以二薄徳一恭承二大位一、志存二兼済一勤撫二人物一」とある。またこの詔で「知識」の参加を呼びかけていることから知られるように、日本列島の人々を巻き込んで大仏を造営することにより、列島の人々を救おうとしていたのだろう[12]。聖武天皇らは、仏教政策によって、百姓の精神的な安寧を求めていたと考えることも可能である。

　もちろん、聖武天皇らが百姓の安寧だけを願って、上記の仏教政策を行っていたわけではない。国分寺建立詔には、「願、太上天皇、皇太夫人藤原氏、及皇后藤原氏、皇太子已下親王、及正二位右大臣橘宿祢諸兄等、同資二此福一、倶向二彼岸一」などとあり、むしろ近親者の追悼や安寧を祈って上記政策を行った、というのが彼らの本音かもしれない。しかしながら、建前とはいえ、聖武天皇が「蒼生」のために国分寺建立を望み、「知識」を集めて東大寺大仏造営を企図したことは、撫育政策としてもっと評価されてもよいのではないだろうか。

第三節　撫育の成立

では、律令国家は、このような撫育政策をいつから始めたのであろうか。『続日本紀』には、文武天皇即位詔や天平九年詔などが引載されていることから、奈良時代に撫育政策が行われていることが知られる。それ以前の、撫育が行われ始めた時期に関しては、『日本書紀』を検討する必要がある。

そこで『日本書紀』を用い、撫育政策のもとになった考え方（以下、「撫育思想」と称す）が日本にいつ導入されたか、及び、為政者が税免除や賑給などの撫育政策を実際にいつ始めたのかについて、考えてみたいと思う。まずは「撫育思想」から考えてみよう。

次頁の表1は、『日本書紀』にみられる、人々を撫育することを表明した詔などを掲げたものである。「百姓」や「撫育」のみならず、それに類する語が含まれている史料を採択した。

『日本書紀』を検討するときは、史料批判が必要不可欠であるから、初見である崇神四年に「撫育思想」が日本に導入されたと単純に考えるわけにはいかず、「撫育思想」がいつ導入されたかを確定することは非常に困難である。たとえば、表1の(3)は、明らかに中国の史書『漢書』の引用であるといい[13]、『日本書紀』の編纂段階で付け加えられた文飾である可能性が高い。

ここで、(15)、推古天皇十六年（六〇八）八月壬子条を検討しよう。隋の使者がもたらした皇帝の書状である。

壬子、（中略）其書曰、「皇帝問二倭皇一。使人長吏大礼蘇因高等、至具レ懐。朕、欽二承宝命一、臨二仰区宇一。思下弘二徳化一、覃中被含霊上。愛育之情、無レ隔二遐迩一。知下皇介二居海表一、撫二寧民庶一、境内安楽、風俗融和、深気至誠、遠脩中朝

表1　日本書紀にみられる「撫育」

	年月日	史料字句	備　考
(1)	崇神4年10月	愛育黎元	
(2)	崇神10年7月	導民之本、在於教化	四道派遣
(3)	仁徳即位前紀	夫君天下、以治万民	『漢書』の引用
(4)	仁徳4年2月	今朕、臨億兆	
(5)	雄略4年2月	有徳天皇	
(6)	雄略23年8月	百姓乂安、欲寧区夏	遺詔
(7)	顕宗即位前紀	布徳施恵	
(8)	顕宗即位前紀	大王以社稷、百姓為心	
(9)	顕宗即位前紀	上当天心、下厭民望	
(10)	顕宗2年8月朔	共不可以莅国子民也	
(11)	継体元年3月朔	天生黎庶	芸文類聚の引用
(12)	欽明2年7月	撫養黎民	聖明王に撫育を推奨している
(13)	欽明23年6月	饗育万民	神功皇后の事績を顕彰している
(14)	敏達12年是年	要須護養黎民	日羅の政治論
(15)	推古16年8月壬子	撫寧民庶	隋からの書状
(16)	推古29年2月是月	恭敬三宝、救黎元之厄	帰国する慧慈への、上宮太子の発言
(17)	推古36年3月壬子	亭育黎元	死が近い推古の、田村皇子への発言
(18)	舒明元年正月丙午	光臨億兆	群臣が天皇に要求
(19)	皇極2年11月朔	豈煩労万民	襲撃された山背大兄王の発言
(20)	大化2年3月壬午	可牧万民	皇太子奏
(21)	天智6年2月戊午	憂恤万民之故、不起石槨之役	
(22)	天智8年8月己酉	仁愛之徳	高安城中止

貢。丹款之美、朕、有レ嘉焉。稍暄。比如レ常也。故、遣二鴻臚寺掌客裴世清等一、稍宣二往意一。幷送レ物、如レ別」。（以下略）

この史料は遣隋使に関係する史料であるため、この史料に関する研究は数多くある。[14] それらによれば、この隋皇帝からの文書は、多少の文飾はあるものの、[15] 基本的には当時のものである。信頼できない箇所も存在するように思えるが、さしあたり本論では先行研究に依拠し、少なくとも史料の傍線部、中国皇帝としての政治方針の部分は、実際の文書に記されていたと考えることとする。[16]

注目されるのは、「思下弘二徳化一、覃中被含霊上。愛育之情、無レ隔二遐迩一」と記されている部分である。この部分では、皇帝が人々に徳を施し、「愛育」を遠近へだてなく行っていることが表明されている。これは、「撫育思想」といえるだろう。ここで隋皇帝は、皇帝としてのあり方を倭に示したのである。

先学が指摘するように、これ以前の日隋の交流のなかで、倭の使者に謁見した隋皇帝は、倭に対して「太無二義理一」や「無礼者」と述べている。[17] この隋皇帝の発言をうけた倭の使者は、ヤマト政権の政治姿勢をあらためなくてはならないことを痛感したと推測される。[18] そこで、この文言の記された文書を見たヤマト政権の為政者たちは、倭の政治姿勢にも「撫育思想」を適用するため、この思想を取り入れたのではないだろうか。当時のヤマト政権は、礼制、あるいは礼制を含めた儒教思想を取り入れようと考え、さらに「撫育思想」も導入したのであろう。

礼制の導入が推古朝でなされたことについては、すでに指摘がある。[19] さらに、推古朝の宗教・思想的な施政をあらためて見直すと、興味深いことが知られる。儒教思想の導入だけでなく、国家的宗教政策が始まったのは、推古朝である。[20] さらに、あまり注目されていないが、推古十五年（六〇七）二月戊子条・甲午条によれば、神祇を祀ることを天皇が宣言したことをうけ、皇太子や大臣らが祭祀を行っていることは注目に値する。この記事についてふれる研究はあまりないが、興味深い史料ではないだろうか。[21] もちろん、この記事を根拠として、国家的神祇祭祀政策が推古朝に始まったと考えることはできない。しかし『日本書紀』編纂者が、国家的宗教政策を整えようとしたのが推古朝であるという考え方を持っていたことは、重要視されてもよいだろう。以上の検討により、推古朝において、隋使がもたらした国書を契機に「撫育思想」が導入されたとする推測も充分成り立つのではないか。

とはいえ、「撫育思想」が導入されたからといって、即刻撫育政策が行われたと考えるのは早計である。確かに、儒教的政策である税免除や恩赦は、『日本書紀』をみる限り古くから行われていたようにみえるが(22)、これを史実と考えることは難しく、恩赦も実質的には七世紀後半から行われたと推定されている(23)。また、奈良時代に確実に行われたであろう賑給は、天武九年（六八〇）の記事が初見である(24)。仏教的政策に目を転じれば、地方に寺院が増加し始めるのも天武年間であると考えられている(25)。以上から判断すれば、推古朝にもたらされた「撫育思想」をもとに、撫育政策が実際に行われるのは七世紀半ば以降、おそらくは天武朝前後であると考えるのが無難であろう。この時期は、律令国家の人民支配制度・官僚制度が次第に形成されていく時期である。このような時期に、撫育政策も行われるようになったということは、非常に重要なことである。国家の指標とされる人民支配・官僚制度と、撫育政策とは、密接な関係があると推測される。

おわりに

以上、本論では、古代の詔勅にみられる「撫育」という言葉に注目しつつ、律令国家の儒教・仏教政策について述べてきた。

撫育を人々に施すという考え方及び政策は、中国からもたらされたものであり、中国でも同様の政策が行われていたことは第一節でふれた。最後にあらためて、中国からの影響について言及しておきたい。

唐皇帝太宗が即位したときの詔をみると、[26] 文武天皇のときと同様、税免除・恩赦・賑給が行われている。また隋代の例であるが、「生民を撫育」することを掲げる皇帝が、全国の舎利塔に舎利を送っている。[27] このような例が多くみられるため、日本律令国家が、中国の詔勅を参照して自国の詔勅を作成した可能性は高い。

日中詔勅の類似性から、詔勅の字面のみを日本が模倣したにすぎず、日本の為政者が人々に撫育を施す意志はなかったと考えることもできる。[28] 確かに、日本が中国ほど撫育に熱心だったとはいえないだろう。また、人々を助けるためというよりも、大仏建立の場合のように、為政者の自己満足であったという方が事実に近いかもしれない。

しかしながら、賑給を実行し、また第一章で述べたように地方行政監察使・国司が人々に「親問」して撫育している点を考慮すれば、まったく律令国家が撫育を施さなかったとはいえないと思う。[29]

また、中世に至ると、領主による住民の苛政を、幕府が禁じるといった「撫民」が実際に行われていたという研究がある。[30] このような中世のあり方は、七・八世紀に流入・政策化された「撫育思想」に起因しているのではないか。さらに近年では、江戸時代の為政者が「牧民の思想」を所持していたことが論じられている。[31] もちろん中近世においては、その時代時代において最新の儒学が日本列島に流入し、それが為政者の政策に取り入れられた可能性が高い。だが、推古朝に流入した「撫育思想」も日本に根づき、それが土台となりつつ最新の儒学と混じり合った結果、中世や近世の治政において「撫民」や「牧民」が行われたのではないだろうか。

中国大陸から日本列島に流入してきた「撫育」は、大々的ではなかったかもしれないが、しかし、確実に日本列島に受け継がれていくのである。

注

(1)　賑給については、寺内浩「律令制支配と賑給」（『日本史研究』二四一、一九八五年）など参照。

（2）『大日本古文書』二、七六頁。
（3）医薬が給与される場合もある。『続日本紀』神亀三年（七二六）六月庚申条など参照。丸山裕美子「古代の天皇と病者」（『岩波講座　天皇と王権を考える8　コスモロジーと身体』岩波書店、二〇〇二年）も参照。
（4）恩赦については、佐竹昭『古代王権と恩赦』（雄山閣、一九九八年）など参照。
（5）ただしこのときは、「未得効験」とあることから、効果がなかったようである。
（6）古代中国における天命思想、及びその政治利用については、溝口雄三ほか『中国思想史』（東京大学出版会、二〇〇七年）など参照。
（7）『唐大詔令集』などに多くみられる。
（8）森本公誠「東大寺と華厳経」（『南都仏教』八三、二〇〇三年）は通説にとらわれず、日本にみられる「恵び賜ひ撫で賜はむ」の宣命・詔勅は、仏典である金光明経の説く理念を取り入れて作成されたものであると論じている。宣命などが仏教的影響により作成されたとする見解は、これまでにない斬新で重要な指摘であり、この見解を是とする論考もすでにみられる（大隅清陽「礼と儒教思想」〔『列島の古代史7　信仰と世界観』岩波書店、二〇〇六年〕）。確かに、天武朝で金光明経を重視した可能性が高く、また金光明経が護国法典であることは、広く認識されていたかもしれない。ただし、当該期の為政者たちが経典の内容を深く研究して内在的な信仰世界まで理解し、さらに宣命などを作成する際に経典を利用したのかという点に関して、やや疑問である。よって本論では通説のごとく、中国の詔勅を模倣しつつ、儒教的イデオロギーや撫育思想を律令国家が導入したとしておく。
（9）吉川真司「律令体制の展開と列島社会」（『列島の古代史8　古代史の流れ』岩波書店、二〇〇六年）、一五三頁。
（10）国分寺の研究については、角田文衛編『新修　国分寺の研究6　総括』（吉川弘文館、一九九六年）、『シンポジウム　国分寺の創建を読む　I』（国士舘大学、二〇〇八年）に多くをよっている。なおこの勅は、多くの問題点をはらみ、先学諸氏によって盛んに議論されてきた史料である。すなわち、この史料は天平十三年に発された勅であるが、天平十年（七三八）頃から勅の素案が作られていたようである。研究史は角田文衛「国分寺の創設」（『平城時代史論考』吉川弘文館、二〇〇七年、初出一九九六年）参照。また、国分寺建立の原因を、疫病以外の藤原広嗣の乱などに求める見解もある。確かに、唯一の原因が疫病であると断じてしまうのは難しいかもしれないが、疫病が原因の一つであることは確実であろう。またこの勅は、水野柳太郎「国分寺発願勅について」（『南都仏教』八六、二〇〇五年）から引用した。国分寺建立詔については、水野論文に多くをよっている。

(11) 東大寺創建及びその大仏建立に関しては、最新の成果として石上英一「コスモロジー」（『列島の古代史7　信仰と世界観』岩波書店、二〇〇六年）を参照。

(12) 石母田正「国家と行基と人民」（『石母田正著作集3　日本の古代国家』岩波書店、一九八九年、初出一九七三年）は、「「知識結」という形式は、国家権力にささえられた巨大なフィクション」と述べている（四四〇頁）。その可能性は高い。しかし同時に氏は、「フィクションは、それが擬制であり虚構であるがゆえに、かえってそれ独自の機能をはたすのである」と述べている（四四四頁）ことにも注目する必要があろう。本論では、聖武天皇が「知識」の参加を呼びかけたことを重視したい。知識については、竹内理三「上代に於ける知識に就いて」（『竹内理三著作集1　奈良朝時代に於ける寺院経済の研究』角川書店、一九九八年、初出一九三二年）以来の研究があり、近年では文字瓦の貢進をめぐって知識の研究が盛んである。近年までの研究については、古尾谷知浩「文字瓦と知識」（『テクスト布置の解釈学的研究と教育』一—二、二〇〇七年）を参照。

(13) 小島憲之『上代日本文学と中国文学　上』（塙書房、一九六二年）、三二九頁参照。

(14) 代表的なものに、井上光貞「推古朝外交政策の展開」（『井上光貞著作集5　古代の日本と東アジア』岩波書店、一九八六年、初出一九七一年）、田島公「外交と儀礼」（『日本の古代7　まつりごとの展開』中央公論社、一九八六年）、西嶋定生「遣隋使と国書」（『西嶋定生東アジア史論集4　東アジアと日本』岩波書店、二〇〇二年、初出一九八七年）、堀敏一「日本と隋・唐両王朝との間で交わされた文書」（『東アジアのなかの古代日本』研文出版、一九九八年、初出一九九四年）、川本芳昭「隋書倭国伝と日本書紀推古紀の記述をめぐって」（『史淵』一四一、二〇〇四年）などがある。

(15) 「倭皇」が「倭王」であった可能性が高いことはすでに指摘されている。前注諸論文など参照。

(16) 隋皇帝の倭王に対する評価の部分「知下皇介二居海表一、撫二寧民庶一、境内安楽、風俗融和、深気至誠、遠脩中朝貢上」は、潤色の可能性もあると考えているが、詳細な検討は今後の課題としたい。

(17) 『隋書』東夷伝倭国条。

(18) 石母田注(12)書（初出一九七一年）など参照。

(19) 石母田前注書。西本昌弘「畿内制の成立」（『日本古代儀礼成立史の研究』塙書房、一九九七年、初出一九八四年）も参照。

(20) 井上光貞「日本における仏教統制機関の確立過程」(『井上光貞著作集1　日本古代国家史の研究』岩波書店、一九八五年、初出一九六五年)。

(21) 本郷真紹『律令国家仏教の研究』(法蔵館、二〇〇五年)に指摘がある(三一三頁)。また、推古朝の神祇祭祀に注目するものとして、岡田精司「古代王権と太陽神」(『古代王権の祭祀と神話』塙書房、一九七〇年)も参照。

(22) 税免除については、『日本書紀』仁徳天皇四年三月己酉条、恩赦については、『日本書紀』顕宗天皇元年正月是月条参照。

(23) 佐竹注(4)書には、「具体的な恩赦制度導入の時期は確定できないが、上限は白雉元年赦であり、下限を天武朝に置くことができる」とある(二一五頁)。

(24) 『日本書紀』天武天皇九年十月乙巳条。

(25) 本郷注(21)書、上川通夫『日本中世仏教形成史論』(校倉書房、二〇〇七年)など。最近の研究として、川尻秋生「仏教の伝来と受容」(『古墳時代の日本列島』青木書店、二〇〇三年)も参照。

(26) 『唐大詔令集』(巻一、帝王)、武徳九年(六二六)八月九日甲子太宗即位冊文。

(27) 『続高僧伝』(巻二十一、洪遵伝)、仁寿四年(六〇四)詔。同時期における中国官寺制度については、塚本善隆「国分寺と隋唐の仏教政策並びに官寺」(『新修　国分寺の研究6　総括』吉川弘文館、一九九六年、初出一九三八年)参照。

(28) 渡辺信一郎「天下のイデオロギー構造」(『古代中国の王権と天下秩序』校倉書房、二〇〇三年、初出一九九九年)。渡辺信一郎氏は、「生民」という語がほとんど日本の史料にみられないと論じている。

(29) 石母田正注(12)論文は、「奈良時代の詔勅にみえる儒教的「徳治主義」も(中略)国家を媒介とする支配階級と被支配階級との現実の権力関係が、君主個人の「徳」という国家外的な人倫関係として擬制されるところに、フィクションとしての意義がある」と述べている(四四九頁。傍点は有富)。「徳治主義」を「国家外的」なものであるとは考えないが、示唆に富む見解である。

(30) 入間田宣夫『百姓申状と起請文の世界』(東京大学出版会、一九八六年)など参照。

(31) 小川和也『牧民の思想』(平凡社、二〇〇八年)参照。

第二章　神祇官の特質
——地方神社と国司・朝廷

はじめに——問題の所在

日本律令国家の官司機構は、唐の三省六部体制とは異なり、二官八省体制、すなわち、内外の官司を統轄する太政官と、主に神祇祭祀の執行を職掌とする神祇官とが官司機構の頂点に位置するというものであった。しかし、この体制はあくまでも形式上のことであって、神祇官が太政官に属する官司であることは、神祇伯の位階や文書形式を検討した先学によって明らかにされている。

一方、日本律令国家がこのような官司機構を採用した理由について、古くは延暦年間に成立した『令集解』令釈が「神祇者是人主之所レ重、臣下之所レ尊。祈二福祥一、求二永貞一。无レ所レ不レ帰二神祇之徳一。故以二神祇官一為二百官之首一」と述べ、また北畠親房も「以二当官一置二諸官之上一、是神国之風儀、重二天神地祇一故也」(1)と述べるなど、多くは「神祇の重要性」といった、マジカルなものを想定するにとどまり、現代に至ってもその想定は変化しない(2)。決して間違いではないだろうが、当時としては高度に発達している唐の律令官司機構に画期的といえるほど大きな変更を加えてまで神祇「官」を成立させなければならない理由が、呪術的なものを想定するのみでは不充分ではないだろうか。

ここで、律令官司機構における神祇官の地位に関する研究史をふりかえると、重要な論考がいくつか存在する。まず、中村直勝氏の研究を取り上げる必要がある。[3] 氏は、八省の長官よりも神祇伯の位階が低いこと、さらに神祇官から太政官へ解が出される諸例、また永保二年（一〇八二）十月十七日「神祇官移」[4] といった文書形式の考察により、神祇官の地位は太政官の地位よりも低く、「国衙」と同等の位置にあったと論証された。中村氏は、的確に神祇官の地位について考察しており、氏の研究は貴重な業績といえよう。

中村氏の研究以後、石尾芳久・岡田荘司・渡辺寛の三氏が注目すべき論考を発表されている。石尾芳久氏は、天平十七年（七四五）十月「神祇官移」[5] の検討から、神祇官が民部省に移を発していることを根拠に、八世紀において神祇官は八省と同等で、次第にその地位が低下して平安後期には「国衙」と対等となったと論じた。[6] 岡田荘司氏は、嘉祥三年（八五〇）二月九日「神祇官移」[7] から、平安後期に地位低下という石尾氏の見解を修正して、平安前期に神祇官の地位が低落すると述べている。[8] 一方渡辺寛氏は、現存する移を広く集め検討した結果、移は、あくまでも上下関係のない官司間で取り交わされる文書であり、決して同等の官司間で取り交わされるものではないとし、よって神祇官の地位を移から論じることは不可能であると結論づけた。[9]

これらの論考は、いずれも神祇官の地位に論及するものの、おそらく無意識に「神祇の重要性」を前提として論述を行っているためか、神祇官が二官のうちの一つにもかかわらず、なぜ太政官よりも地位が低いのかという理由について、考察を加えるものではない。

その理由を明らかにするためには、神祇官自体の研究が必要であると思われる。すなわち、神祇官が二官のうちの一つになったのはなぜかを根本的に解明するためには、神祇官が日本の律令国家、もしくはその官司機構内において、どのような役割を果たしているのかを論じなければならないと考える。

しかし、太政官や各省についてはすぐれた研究が蓄積されているものの、神祇官がどのような官司であるかは、自明のものとしてあまり研究が盛んではない状況である。「天神地祇＝日本中の神々の祭祀を管理することが、律令制下の神祇官の任務であり、〈諸神〉を祭ることが天皇の祭祀行為の基本であった」という岡田精司氏の見解が、神祇官についての一般的な定説となっていよう。(10) 妥当な見解であり、本章もこれを継承するものである。だが、神祇官がどのように「日本中の神々の祭祀」を管理しているのか、たとえば神社は、神祇官による直接的な管理なのか、それとも国司を介した間接統制なのか、また太政官は神社行政にまったく関与しなかったのかなど、まだ論ずるべき点が残っているように思われる。このような課題を設定した専論は、管見の限りにおいてほとんどみられず(11)、古代神社・祭祀を論ずる論考において多少ふれられているにすぎない(12)。

以上のような研究史整理・課題設定のもとに、本章では神社・国司・太政官・神祇官の関係を探ることで、神祇官の特質、つまりなぜ神祇官が「官」であるのかについて、明らかにしようと思う。

第一節　神祇官の職掌

まず本節では、律令神祇官の基本的な職掌について論じてみたい。神祇官の職掌を理解できる史料は多くないが、ここでは、律令及び『令集解』（以下、集解と略称）を基本史料として、神祇官について考えていく。

はじめに検討すべき史料は、養老職員令1神祇官条である。

神祇官。伯一人。掌、神祇祭祀。祝部神戸名籍。大嘗。鎮魂。御巫。卜兆。惣二判官事一。（以下略）

ここでは、神祇伯の職掌のなかで「神祇祭祀」、「祝部神戸名籍」を検討する。(13)

まず「神祇祭祀」について。集解諸説の多くは、中国古典書を引用して「神」や「祇」の説明をする。その一方、「祭祀謂下載二於神祇令一諸祭上。但班二諸国社幣帛一亦在末《（耳カ）》」と述べる跡記は注目すべき解釈である。後半部がやや難解であるが、讃説所引跡記に「神祇令所レ謂、仲春年祈祭以下、季冬道饗祭以上、諸祭是也。不レ及二諸国祭祀一。但班二諸国社幣帛一之日、亦掌行耳」とある。これは、おそらく讃説が跡記を独自に解釈したものであろう。(14)この見解を参考にすれば、以下のように跡記が述べていると理解できよう。すなわち、「祭祀」とは神祇令に記された祭祀のことであって「諸国祭祀」は含まない。諸国の祭祀は神祇官と関係せず執り行われるものであるが、諸国の社に幣帛を班つことは神祇官の職掌の一部である、と。朱説所引貞説も「掌二社名帳一耳。但祭祀之事不レ可レ掌」とあり、神祇官は「社名帳」を掌るのみで、諸国の祭祀には関係しないと論じている。

これらは明法家の一解釈にすぎないけれども、実際に神祇官は神祇令に掲載されている祭祀を掌るのみで、それ以外の諸国の祭祀に関与しなかったと思われる。たとえば、下野国府跡において、八世紀前半と目される遺構から出土した、「鎮火祭」と記された木簡の削り屑や、祭祀の際に使用されたと思われる人形が出土している事例が知られており、(15)また『続日本紀』天平七年（七三五）八月乙未条では、「又其長門以還諸国守、若介、専斎戒、道饗祭祀」とあって、国司が道饗祭を行っている。これらの史料から、諸国における祭祀に神祇官が関与することなく、国司が祭祀を執り行っていたと推測できる。

続いて、集解古記の問答を検討しよう。

問、神祇諸祭。(16)答、疏祭、与二令祭一義異也。天神者、伊勢・山代鴨・住吉・出雲国造斎神等是也。地祇者、大神・大倭・葛木鴨・出雲大汝神等是。

おそらく古記は、「疏祭」（職制律疏の記された「祭」）と、「令祭」（令文に記された「祭」）が異なることを確認し、さらに「令祭」について説明するため、「天神」及び「地祇」を解釈している。

この「天神」及び「地祇」の解釈と同様の見解が、集解の別の個所でも示されている。神祇令1天神地祇条に目を移すと、「凡天神地祇者、神祇官皆依二常典一祭之」とある。ここに付されている義解及び集解古記・令釈はいずれも、右に掲げた神祇官条古記と同様、ある特定の神社祭祀を行うとの見解を示している。天神地祇条における古記の見解を令釈・義解が受け継ぐということは、あながち信を置かないわけにもいくまい。つまり集解各説の見解を信頼すれば、神祇官は、伊勢・賀茂・住吉・出雲・大神・大和などの特定神社の祭祀を掌っていた、と理解できよう(17)。

特定神社以外の神社についてはどうだろうか。『続日本紀』天平元年（七二九）八月癸亥条には「又諸国天神地祇者、宜㆑令㆓長官致㆑祭。若有㆓限外応㆑祭山川㆒者聴㆑祭。即免㆓祝部今年田租㆒」とあることから、国守が天神地祇の祭祀を執り行うべきであることが知られる。この『続日本紀』から、「天神地祇」が神祇官のみによって祭られるものではなかったことが読み取れよう。

以上の検討から、神祇官は神祇令に掲載されている祭祀、及び特定神社の祭祀を掌っていた。それ以外の神社に関して、神祇官は班幣を行っていたものの、地方における祭祀などに関与しておらず、その責務は少なくとも天平年間以降、国司に委ねられていたと思われる。

次に「祝部神戸名籍」をみてみよう(18)。近年の研究によれば、祝部とは、神社における祭祀を掌ることで律令国家に奉仕していた者たちを指し、神戸とは、国家的要請に連なる験を強く示すと認定された神に与えられる戸を指す(19)。「名籍」について義解が「謂、祝部名帳、神戸戸籍也。案㆓戸令㆒、雑戸戸籍、更写㆓一通㆒、各送㆓本司㆒。即神戸籍亦須㆑准㆑此也」と述べるように、神祇官が祝部の名帳と神戸の戸籍を管理している。そして、神戸の戸籍は地方で作成され(20)、その後戸籍は神祇官へ送られるようである。ここで義解が引用していると思われる戸令19造戸籍条によれば、戸籍は里ごとに三通作成されたのち、二通は太政官、一通は国に留め置かれ、そして太政官へ送られた二通の戸籍は中務省と民部省へ送られた(21)。日本の律令国家において一般戸籍の場合、戸籍を管轄する官司は特定の一官司でなく、国・中務省・民部省がいわば重なり合って戸籍を管理している。これは、神戸の戸籍についても同様である。戸令19造戸籍条「二通申㆓送太政官㆒。一通留㆑国。其雑戸陵戸籍、則更写㆓一通㆒、各送㆓本司㆒」について令釈は「神戸籍亦同也。神祇官職掌名籍故」と解釈しており、先の神祇官条義解とあわせて考えれば、神戸の戸籍は各地で四通作成され、一通は国が管理し、三通はそれぞれ中務省・民部省・神祇官へ送られたと思われる。

なお、神祇官条集解、「名籍」の讃説によれば、神戸の戸籍が直接神祇官へ送られたわけではなく、太政官、つまり弁官[22]を経由したようである。すなわち、讃説が「問、送方如何。答、作㆓謹解㆒、送㆓太政官㆒。官受取分付、一如㆓公戸帳籍㆒也」と述べることから、国司が神戸の戸籍三通を弁官へ送ったのち、弁官が一通を中務省、一通を民部省、一通を神祇官へ送ったと思われる。

以上の神戸の戸籍の理解は、令本文及び集解諸説から導き出された仮説であるが、神戸の戸籍の作成に国司が実際に関与していたことは、鹿の子C遺跡から出土した漆紙文書（一九四号）から明らかであろう[23]。この文書は、神戸・封戸・官戸とにわけて、一国及び各郡の戸数・口数を集計したもので、国府作成文書であると考えられている[24]。国府において神戸の戸籍の文書が作成されるということは、神戸の戸籍を国司が管理していたという事実を知ることができよう。この文書は奈良時代末から平安初期のものである可能性が高いため、律令制定当初から国司が関与していたかどうか確言できないことは惜しまれるものの、令本文及び集解諸説からの検討を補強する一材料にはなりうるだろう。

行論に必要でないため、「大嘗」以下を検討することは控えるが、令本文及び集解諸説から神祇官の職掌をまとめれば、

1　神祇令祭祀及び一部神社祭祀の実施
2　祈年祭などにおける班幣
3　全国の神祇職及び神戸の中央における管理
4　卜占

となる。だが、これらだけが神祇官の職掌のすべてでないことは、「惣㆓判官事㆒」に付された義解に「謂、卜兆以上、皆既大事。是故別注㆓供神之人㆒耳。自外諸事不㆑可㆓具顕㆒。故称㆑総而兼之」とあることから理解できる。そのため、令

文から神祇官の職掌を考察することは必要であっても充分でないが、いったん以上のように規定しておく。

以上検討したように、国司が、諸国の祭祀を実施し、神戸戸籍を作成したという事実は、大いに注目すべきことであろう。[25] したがって、国司などの地方行政官がどの程度神社を管理し、また、していないかを検討すれば、おのずと神祇官が神社行政にどの程度関わっていたかも明らかになると考える。次節では、神戸戸籍や祝部名籍以外にみられる、国司と神社との関係について詳しく述べていきたい。

第二節　国司と神社

1　国司と神社の基本的関係

国司と神社とがどのような関係にあるかを理解するため、まずは前節と同様、令文においてその関係が示される条文を検討する。職員令70大国条には「守一人。掌、祠社（中略）介一人。掌、同レ守。余介准レ此」とある。「祠社」を、職員令68摂津職条の義解は「謂、祠者祭二百神一也。社者検二校諸社一也。凡称二祠社一者、皆准二此例一」と説明している。これらの史料をみれば、国司の長官と次官が神社を「検校」することが知られる。[26]

次に、六国史を中心に国司と神社との関係について検討する。神社祭祀の例ではないが、前節でふれた、①『続日本紀』天平元年八月癸亥条、②「鎮火祭」と記された木簡、③祭祀の際に使用されたと思われる人形、以上の三点の資料から、国司によって国内の祭祀が執り行われていたことを推測できよう。さらに、『続日本紀』天平宝字七年（七六三）九月朔条に「勅曰、疫死多レ数、水旱不レ時。神火屢至、徒損二官物一。此者、国郡司等不レ恭二於国神一之咎也」とあることは興味深い。「国郡司等不レ恭二於国神一之咎也」とあるように、朝廷は、神火の原因を国司や郡司が神を敬わないことに求めている。つまり国司や郡司は、神火を起こさぬよう神々を祭る必要があった。

続いて『続日本紀』神護景雲元年（七六七）四月癸卯条を検討する。

勅、夫農者天下之本也。吏者民之父母也。勧二課農桑一、令レ有二常制一。比来諸国頻年不レ登。匪三唯天道乖レ宜、抑亦人事怠慢。宜レ令三天下勧二事農桑一。仍択二差国司恪勤尤異者一人、并郡司及民中良謹有レ誠者郡別一人一、専当二其事一、録レ名申上。先以二粛敬一祷二祀境内有レ験神祇一、次以二存心一勧二課部下百姓産業一。若其所レ祈有レ応、所レ催見レ益、則専当之人別加二褒賞一。

この史料から、近年の不作のため、国司から一人、郡司もしくは郡内から特に選ばれた者一人が勧農に従事すべきことが知られる。彼らはまず、国内で霊験のある神を祭ることを行っていることから、勧農のためには神を祭るべきであるとの考え方が八世紀後半に存在したことを理解でき、さらには農業生産と祭祀の関連性の強さを窺い知ることができよう。このようなあり方は、『類聚国史』弘仁七年（八一六）七月癸未条(27)にもみられることから、少なくとも八世紀半ばから九世紀にかけて、その国に存する神を敬い、祭祀を行えば豊作になる、という考え方が当時の社会に存在したのである。律令制当初の国司がどの程度神社を「検校」していたかは不明であるものの、八世紀中葉以降の国司は、豊作などのため神を敬い奉幣を行うことがあったといえよう(28)。

2　国司と「神社修理・清掃」

本項及び次項では、律令国家・国司が行う神社の修理(29)・清掃について論じていく。神社修理・清掃に関して、これまでもその重要性を指摘する論考がいくつかあったけれども(30)、あらためて詳しく取り上げてみたい。

まずは八世紀の史料を検討しよう。『続日本紀』神亀二年（七二五）七月戊戌条には、

詔二七道諸国一、除レ冤祈レ祥、必憑二幽冥一、敬レ神尊レ仏、清浄為レ先。今聞、諸国神祇社内、多有二穢臭一、及放二雑畜一。

敬神之礼、豈如レ是乎。宜下国司長官、自執二幣帛一、慎致二清掃一、常為中歳事上。又諸寺院限、勃加二掃浄一。仍令三僧尼読二金光明経一。若無二此経一者、便転二最勝王経一。令二国家平安一也。

とある。諸国の神社には穢臭がただよい、雑畜が放たれている状態である。そこで敬神のため、国守がみずから幣帛を執り神社を清浄にすべきであるとこの詔は規定している。

右の史料は、国司が神社清掃を行うべきであるという規定である。その一方、天平九年（七三七）十一月癸酉条に「遣二使于畿内七道一、令レ造二諸神社一」、天平神護元年（七六五）十一月壬戌条に「遣レ使修二造神社於天下諸国一」とあり、使者の派遣によって神社の修造が行われている例もある。「遣使」とあることから、国司は関与せず、中央が使者を派遣して神社修理を行ったと考えることもできるが、天平九年十一月癸酉条に対応する記載が天平十年（七三八）度周防国正税帳にみられることを注意しなければならない(31)。この正税帳をみると、神社「改造」のために頴稲が用いられており(32)、また別の部分では玉祖神社で六百二十一束八把が「改造」のため使用されている(33)。国司が作成する正税帳において、神社修理に関する記載がみられることから、中央から派遣された使者が単独で神社修理を行ったとは考えがたく、天平九年も国司が神社修理に関わっていた可能性が高い。おそらく使者と国司らが共同で、神社修理を行ったと思われる。さらに、天平四年（七三二）度隠伎国正税帳の記載から、智夫郡及び周吉郡においても雑用として「神社造用頴」がそれぞれ六十六束四把、二百九十八束使用されていることが知られる(34)。この史料も、国司が神社修理や造営に関与していた証拠となるだろう。

国司が行う神社修理については、宝亀年間に注目すべき史料が三つある。やや冗長となるが、詳しく考察しようと思う。まず、『類聚三代格』所収、宝亀八年（七七七）三月十日太政官符を検討したい。

太政官符

督二課諸祝一掃二修神社一事

右検二案内一、太政官去年四月十二日下二諸国一符偁、掃二修神社一、潔二斎祭事一、国司一人専当、検二校其掃修一之状、毎年申上。若有二違犯一、必科二違勅之罪一者。今改建レ例。更重二督責一。若諸社祝等不レ勤二掃修一、神社損穢、宜下収二其位記一、差替還レ本。即録二由状一、附レ便令中申上上。自今以後、立為二恒例一。

宝亀八年三月十日

この史料には、宝亀七年四月十二日太政官符が引かれている。その官符は『続日本紀』宝亀七年（七七六）四月己巳条に勅で引載されており、「勅、祭二祀神祇一、国之大典。若不二誠敬一、何以致レ福。如聞、諸社不レ脩、人畜損穢、春秋之祀、亦多怠慢。因レ茲嘉祥弗レ降、災異荐臻。言念二於斯一、情深慙惕。宜下仰二諸国一、莫上レ令二更然一」とある。これを参考にしつつ宝亀八年の太政官符を解釈すれば、神社を清め修理し、祭祀をつつがなく行うのは専当の国司一人の責任で行われるべきという規定した太政官符を宝亀七年に発したが、この宝亀七年官符でも効果は表れなかったためか、その責任を神社の祝などにも課し、怠慢の場合は位記を奪うなどの罰則を定めた、となるだろう。さらに『続日本紀』宝亀七年（七七六）八月朔条に、奉幣使の派遣にあたり「其天下諸社之祝、不レ勤二洒掃一、以致二蕪穢一者、収二其位記一、与替」とあり、祝が神社を清掃せず、もし穢れた状態に陥ってしまった場合、位記を奪って祝を解任する、と規定されている。

この三史料についての私見は以下のごとくである。中央はまず、宝亀七年四月に神社清掃の命令を国司に下し、さらに宝亀七年八月に同様の指示を祝にも与えた。だがおそらく宝亀八年三月に至って、怠った祝を監督する者を明確に規定していないことに朝廷が気づき、国司に対して「今改建レ例。更重二督責一」として、官符の事書にあるごとく、あらためて国司に祝らを管理・監督することを命じたのである。つまり宝亀八年三月に朝廷の指示により、国司は祝に対する刑の執行権を所持し、彼らを統制するようになったといえよう[35]。

さて、以上のように宝亀年間の三史料の関係を整理したうえで、あらためて宝亀八年三月十日太政官符を検討してみたい。この太政官符は示唆に富むものであり、ここからいくつかのことを導き出すことができる。すなわち、①国司は神社修理・清掃の義務を負わねばならない、②同時に、宝亀八年（七七七）から各神社の祝もその責任を共同で負うことになる、③先の検討のごとく、国司はみずからの責務を果たすため祝の管理・監督を行い、刑の執行権を保持した、という以上三つのことが理解できる。これまで存在しなかった神祇職に対する刑執行権が国司に付与されるということは、国家によって国司の神社統制権が強化されたことを意味していると考えてよいだろう。

　宝亀年間以降、日本律令国家による神祇行政が大きな転換をとげたことはすでに指摘がある。[36] これは、先に検討した宝亀年間の太政官符などから、国司による神祇職への統制が大きく変化するという点からも理解でき[37]、私見においても、神社・神祇職に対する国司の権限が宝亀年間に強化されたことについて異存はない。ただし、このことから八世紀の国司は神社行政にさほど関与しなかった、と位置づける先行研究があるけれども[38]、『日本書紀』欽明紀十六年二月条及び神祇令20神戸条を検討すれば、別の見方を提示することも可能だと思う。

　まず欽明紀を検討しよう。ここには、百済王聖明王が殺され、その父の死を日本へ報告に来た百済王子恵と蘇我卿が、どのように国を治めるべきかについて議論する場面が記されている。王子恵の質問に対して蘇我卿は、百済は神を祭ればよいのに軽んじて祭っていないからそれを改めるべきだ、と述べ、続けて「修㆓理神宮㆒、奉㆑祭㆓神霊㆒、国可㆓昌盛㆒」と述べている。

　もちろん、これが欽明朝に王子恵と蘇我卿が議論した内容をそのまま記しているかどうかは疑問であり、この欽明紀の史料が史実である可能性は低い。だが『日本書紀』編纂時点において、編纂者が「神社の造営・修造＝神を祭り奉る」という考え方を持ち、さらに神社の造営・修造を行えば国は栄えると考えていた可能性は充分にある。つまり『日本書紀』の編纂者は、国の繁栄には神社の修理が欠かせないという認識を所持していたことが、欽明紀から読み取れるのである。

以上のように考えることが可能ならば、神祇令20神戸条、「凡神戸調庸及田租者、並充下造二神宮一、及供レ神調度上。其税者、一准二義倉一。皆国司検校、申二送所司一」は大変興味深く読むことができよう(39)。神戸の調庸及び田租は、神社を造ることと神に供える物とに充てられている。ここでは、神戸の租税を神社の造営に充てることが令本文のなかで明文化されていることに注目すべきであろう。要するに律令国家はその当初から、欽明紀に記された「国可二昌盛一」となるよう、神社の造営に対して並々ならぬ意欲を持っていたことが理解できる。さらに、神戸からの租税は国司の検校によって運営されていることから、国司がそれらを用いて神社修理をしていたことが知られる。つまり、八世紀初頭からすでに国司は、神社修理に大きく関与していたと考えられよう(40)。

以上、八世紀及び九世紀初頭において、律令国家が重視した神社の修理・清掃は、中央から使者が派遣されることがあるものの、基本的には国司が中心となって行われてきたと指摘した(41)。このような律令国家の政策は、九世紀以降も継続して行われており、律令国家は少なくとも貞観年間まで、神社修理・清掃を督促する官符などを発していた(42)。細かな改変はあるものの、律令制当初(43)から貞観期に至るまで、国司はその国の神社行政、特に神社修理・清掃に大きく関与すべき存在だったのである。

3　神祇官と「神社修理・清掃」

本項では、神祇官がどの程度神社修理・清掃に関わっていたかを考察する。

前項で検討した、『類聚三代格』所収、宝亀八年（七七七）三月十日太政官符には宝亀七年四月十二日の太政官符が引用されている。あらためてこれをみると、四月の官符は神祇官を経由せず、太政官から直接「諸国」に下されている。また、『続日本紀』神亀二年（七二五）七月戊戌条においても、神祇官を経ることなく詔が「七道諸国」へと発せられている。この二つの史料から、神社修理を命じる官符に神祇官は関与せず、太政官と諸国の間で文書が取り交わされており、そのため、神祇官が神社修理などを地方に命じることはなかったと考えられる。

もちろん、神祇官が太政官へ神社修理などの官符を全国へ下してほしいと願う解を出し、それによって太政官が諸国へ官符を下すという過程を経て上記の官符が諸国に下されたものの、「神祇官解」は太政官符作成の際に省略されたと考えることも不可能ではない[44]。しかし神祇官が、太政官を介して神社修理・清掃を地方社会に命じていないことは、次の史料、『類聚三代格』所収、貞観十年六月二十八日太政官符の検討から明らかであろう。

太政官符

応下以二大社封戸一修中理小社上事

右撰格所起請偁、太政官去弘仁十三年四月四日下二大和国一符偁、得二彼国解一偁、検二案内一、太政官去弘仁三年五月三日符偁、有封之社、令二神戸百姓修造一、無封之社、令三祢宜祝部等永加二修理一。国司不レ存二検校一、有レ致二破壊一者、遷替之日、拘二其解由一者。国依二符旨一行来尚矣。而今有封神社已有二治力一、無封神社全無二修料一。仍貪レ幣祝部無レ由レ修レ社。吏加二検責一各規二遁隠一。推二其苦跡一誠有二所以一。仍検二神苗裔一本枝相分、其祖神則貴而有レ封、其裔神則微而無レ封。仮令飛鳥神之裔天太玉・臼滝・賀屋鳴比女神《(ママ)》四社、此等類是也。望請、以二無封苗裔之神一、分二付有封始祖之社一、則令三有封神主鎮二無封祝部一。然則社有二修掃之勤一、国無二祟咎之兆一者。右大臣宣、奉レ勅、依レ請者。事施二一国一、遵行有レ便。伏望、下二知四畿内及七道諸国一者。中納言兼左近衛大将従三位藤原朝臣基経宣、奉レ勅、依レ請。

貞観十年六月廿八日

弘仁三年（八一二）官符通りに神社修理を行うと、無封の神社の修理を祝らが行わないため、祖神の封によって末神の修理・清掃を行えるようにして欲しい、と大和国が弘仁十三年（八二二）に願い、太政官によってその請求を認められる。そして貞観十年（八六八）に至り、撰格所が全国的にこの官符を下知して欲しいと太政官に願い、それを太政官は認めている。以上のごとく、この官符は引用関係が複雑である。そのため、もし神祇官がこれらの法制に関与しているならば、官符中に神祇官が登場してもよいはずであるが、弘仁十三年（八二二）・貞観十年（八六八）のいずれの官符も、大和国と太政官、撰格所と太政官で問題が解決されており、その中間に神祇官の関与はまったくみられない。よって右の太政官符から、神祇官による神社修理の関与が基本的にみられないと考えるべきだろう[45]。

だがその一方、『類聚三代格』所収、貞観五年（八六三）九月二十五日太政官符を検討すれば、神祇官が神社修理・清掃に関わっていることが知られる。この官符は、国司の交替政のため神社の破損状況を式部省に提出せよと規定した官符であるが、ここで注目すべきは、勘解由使が神祇官に神社の破損状況を確認しようとしたとき、神祇官が「或国雖レ進二社帳一不レ具二色目一、或国不レ進二其帳一無レ由二抛勘一」と述べていることである。つまりここから、「社帳」の最終的な提出先が神祇官であること、またその「社帳」は神社の破損状況が記されるべきものであること、以上二点を理解できよう。

神社修造に関係する国司作成公文の提出先が神祇官であることから、神祇官は神社修造にまったく関係しない、とは断言できない。しかし右で検討した貞観五年の官符から、神祇官が国司に神社修造を催促したわけではないようである。すなわち、この官符に引用されている弘仁十一年（八二〇）三月十九日格に、「官舎帳」が「進レ官之日即下二二寮一」とあることから推測すれば、「官舎帳」に準ずるべき「社帳」も国司から太政官に進められて、さらに神祇官へもたらされることになっていたと思われる[46]。先述したように、神戸の戸籍は、国司から弁官を経由しつつ神祇官へ送られる。ここで検討した「社帳」は、神戸戸籍と同じ経路をたどり中央へ送られているのであろう。

つまり神祇官は、「神戸帳」や「祢宜祝帳」によって神戸や神祇職を間接的に把握していたのと同様、神社の修理・清掃についても、「社帳」によって間接的に把握しており、地方に神社修理・清掃の命令を直接発していたわけではないと思われる。神社の修理・清掃を国司に督促するのは、神祇官ではなく、太政官であった。

4　神戸の租税

本項では、神戸から進められる庸調・神税について論ずる。これらについては多くのすぐれた論考がすでに存在する。[47] しかし、神戸から供出される租税、あるいは、神税が記録された文書はどのような経路を経て中央へ上申されるかに関しては、いまだ議論の余地があると思われる。

神戸から供出される租税を論ずるとき、まず参照しなければならない史料は、神祇令20神戸条である（前掲）。ここでは、「皆国司検校、申㆓送所司㆒」に付された集解古記の見解にも注目したい。古記は、「所司何司。答、依㆑文、神祇官。但今行状者、自㆓大弁㆒至㆓民部㆒、々々至㆓神祇官㆒。給至所在故、云㆓所司㆒耳。又問、義倉文、至㆓神祇官㆒以不。答、調庸幷田租義倉等文、又神戸戸籍、更各写㆓一通㆒、送㆓神祇官㆒耳」と述べている。神祇令20神戸条によれば、国司が神戸の庸調などを検査し、その検査内容を所司に報告することが知られる。ここで問題とすべきは、「所司」に関する見解である。古記によれば、「今行状」、つまり古記の成立した天平十年（七三八）頃、神戸の租庸調に関する帳簿は国司から弁官へと送られ、さらに民部省を経て最終的には神祇官へ進んでいく、というシステムになっていた。以上のように古記は考えているようである。[48] 実際に、神戸からの貢進物が神祇官祭祀の重要な財源になっていたということは、すでに林陸朗、小倉慈司両氏によって明らかにされている。[49] 現物を帳簿で確認するためにも「調庸幷田租義倉等文」は神祇官に送られるはずであるから、この古記の見解に問題はないと思う。

さらに、神祇官だけではなく、民部省にも神税に関する帳簿が送られていたことが以下の史料から知られる。天平九年（七三七）度和泉監正税帳[50]によれば、神戸の調及び租を正税で代納すべきであると命じた民部省符が和泉に達していることが窺える。おそらく、このように神戸の租調を正税によって補塡する場合があったため、民部省も神戸の租庸調などに関する報告を受けていたのであろう。[51] また、国司が民部・中務二省へ提出する正税帳[52]のなかに、神税の記載がある正税帳（以下、「正税幷神税帳」と称する）が天平二年（七三〇）度大和国、天平九年度和泉監、同長門国、天平十年度周防国、天平十一年度伊豆国各正税帳にみられる。「正税幷神税帳」が天平年間において国司から民部省に提出されているということは、民部省と神戸の租庸調との関係を大きく示唆するものだと考えられよう(53)。

以上を要するに、神戸の租庸調などに関する国司作成公文も、一般公戸と同様、弁官を通じ、民部省へ送られていた。古記によれば、公戸と相異する点は、公文がさらに民部省から神祇官へ至るという点のみである(54)。

本節では、主に国司と神社の関係について検討を行った。以下、簡単にまとめておこう。国司は、神を敬い、臨時に幣帛を奉り、「正税帳幷神税帳」などの作成にも大きく関与していた。さらに、日本の律令国家が重要視していた神社修理・清掃に関しては、律令制初期は中央から使者を派遣していたものの、大部分を国司に頼っていたと思われる。一方で神祇官は、神社修理・清掃に直接は関与せず、神社帳を管理するのみであった。神社修理・清掃に関する法制は、太政官から直接諸国へ下っている。第一節の検討結果とあわせて考えれば、八世紀においてすべての神社行政を神祇官が行っていたとはいえず、むしろ国司が重要な役割を果たしていた、と結論づけることができよう。

第三節　神祇官の特質

本節では、これまでの検討をふまえたうえで、神祇官の特質、すなわち神祇官がなぜ「官」になったのかについて論じようと思う。

まず、地方で作成された神戸戸籍や「正税幷神税帳」などが、弁官を経由して神祇官へ送られる点に注目しよう。職員令2太政官条には弁官の職掌として「受二付庶事一」とあり、集解跡記は「謂、受二諸司諸国事一、而付二諸司一」と注釈していることから知られるように、弁官は狭義の太政官から独立して諸司・諸国を管隷することを本来の職務としている。[55] 神社行政に関しても、国司から弁官を通じて神祇官へ公文などが送られるあり方になっていることから、弁官が大きく関与していたことがわかる。たとえば、地方で作成された神戸戸籍は、弁官に進上されたのちに中務省・民部省・神祇官へ送られていく。これは、一般の戸籍が国司から弁官を通して中務省・民部省に送られるあり方と同じであり、律令国家が弁官を介して地方行政を行っているという観点からすれば、神祇官は民部省などの八省と同等の位置に存在していることがわかる。すなわち、神祇官は職員令2太政官条「左大弁一人。掌、事管二中務・式部・治部・民部一」に付された集解令釈の「神祇官・春宮坊、左弁官管」という見解のごとく、実質上、弁官に管隷していたのである。[56] 先学が文書様式・長官の位階から明らかにしたように、神祇官は、八省と同じく弁官に管隷しているという点で、太政官と同等の官司ではない。

だが一方、神祇官と地方神社とが国司や弁官を介さず、直接的に関係する場合がある。職員令1神祇官条「神祇祭祀」に付された集解跡記及び讃説に従えば、神祇官は諸国の祭祀に関与しないが、「班幣」を職掌としている、と読み取れる。『類聚国史』延暦十七年（七九八）九月癸丑条に、「定下可レ奉二祈年幣帛一神社上。先レ是、諸国祝等毎年入京、各受二幣帛一。而道路僻遠、往還多レ難。今便用二当国物一」とあることからよく知られているように、少なくとも延暦十七年以前において、臨時の場合を除けば、神社は国司とではなく神祇官と幣帛の授受を直接行っていた可能性が高い。[57] 神祇官は、大部分の在地神社に関する事を国司に任せる、もしくは国司を介して間接的に管理しているが、通常の班幣に関してのみは、諸国神社の神祇職とじかに幣帛の受け渡しを行っていたと思われる。

事実、神祇官が各神社の神祇職に直接幣帛の授与を行ったことは、『儀式』（巻一、二月四日祈年祭儀）によって知ることができる。[58] 以下、検討しよう。

神祇官へ大臣・群官・神祇官人などが参入して所定の座に着し、準備が整ったのち、儀式が始まる。舍前座に大臣以下諸司が降りて祝詞を聞き、本座に戻ったあと、幣帛の授受が行われる。このとき、大臣以下諸司がいるにもかかわらず、神祇伯の命令に従った史が、忌部や神部の協力のもとに祝らに幣帛を頒布している。すなわち、ここでは神祇官人と諸神社の祝らが直接的に幣帛の受け渡しを行っており、弁官や国司の関与はまったくみられない。以上のようなあり方が祈年祭のときのみならず、月次祭のときも同様であったことは、『儀式』に「六月・十二月十一日、月次祭儀亦同」と記されている点から明らかであろう。(59)

『儀式』は貞観年間に作成されたと考えられており、その記載が八世紀にまでさかのぼりうるかは定かでない。しかし祈年祭祝詞において、「集わり侍る神主・祝部ら、諸聞き食えよと宣う神主・祝部ら、共に称唯せよ。（中略）辞別きて、忌部の弱肩に太だすき取り挂けて、持ちゆまはり仕へ奉れる幣帛を、神主・祝部ら受け賜わりて、事過たず捧げ持ちて奉れと宣う」とあり、神主・祝部の参入が期待されていることから、少なくとも大宝令制定直後には、彼らの参入が中央によって望まれ、実際いくつかの神社の神祇職は直接幣帛を受け取っていた、と考えてよいだろう。つまり、神祇官が神社に直接幣帛を授ける儀式は、八世紀初頭においても行われていたと思われる。

このような国司・弁官を介さない幣帛授受のあり方をどのように捉えればよいだろうか。この問題を解くためには、律令官司制全体から神祇官を見直す必要があると思う。吉川真司氏は、律令太政官制度とは「通常の官司間階統制はすべて「管隷」関係として一括できる単純明瞭なものであった」と論じている。(60)このような太政官制度の概念は、神祇官・弁官・国司らが重層的に行っている神社行政においても適用されうることであろう。しかしながら神祇官は、令制当初から幣帛の授与のみにおいて、太政官制度内における「管隷」関係を逸脱することが許されていたのであり、そしてこの逸脱が逆に神祇官の特質だと思われる。

つまり神祇官が八省と大きく異なり、「神祇省」(61)とならなかった最大の理由は、幣帛の授受を弁官・国司の介在なしに個々の神社と直接行う官司であったからである。神祇官は、律令太政官制度から逸脱し、直接神社とのあいだで幣帛の授受を行うというあり方を採用することによって、形式的には八省と区別された官司であった。(62)

本節の最後に、八世紀における神祇官と地方神社との関係について私見をまとめておこう。神祇官の特質は、全国の神社へ幣帛を直接授けるというあり方にある。だが小倉慈司氏が論じたごとく、実態としての官社制度は国家による天神地祇奉斎という理念・建前に基づいたものであって実効性に乏しく、おそらく官幣国幣社制を採用することによって律令国家による地方神社行政の強化はなしえたのであろう(63)。言い換えれば、律令国家は当初、神祇官から幣帛を直接授与するあり方によって全国の官社を直接把握し、またその他の神社修造、神祇職、神戸などの管理を国司によって掌握しようという理念を所持し、かつ試みていた。しかしながら、実際に各神社の祝らが京に参集して幣帛を受けるという方法に無理があったため、延暦十七年（七九八）に至って官幣国幣社制度の導入を行い、主に畿内以外の神社は国司が幣帛を授与するというあり方へと変更することになる。これ以後、律令国家は神祇官によって神社を直接把握するという理念を捨て、神社行政の大半を国司に任せてしまう。

神祇官の特質は、延暦十七年に消滅してしまったといえよう。

おわりに

本章は、神祇官が二官のうちの一つであるにもかかわらず、太政官に属する官司であったのはなぜか、という疑問から出発し、神祇官の特質について探ってきた。その結果、神祇官から地方の各神社に授与される幣帛、及びその授受が重要であることを明らかにした。以上のような本章の結論を是とすれば、律令神祇制度、ひいては律令国家イデオロギー支配(64)にとって、幣帛及び幣帛の授受はどのような意味があったのかをあらためて論ずる必要があるだろう(65)。次章で検討したい。

古代神祇史研究は、少ない史料を用いて議論を組み立てるため、多くを推測に頼らざるをえない分野である。本章も、推測に過ぎる部分があろう。そのほかにも、史料の解釈における誤りなど、問題点を多く残していると思う。諸賢の厳しいご批判を頂戴したい。

注

（1）『職原鈔』（神道大系『北畠親房　下』所収）。古代から中世の変革期において、神国思想の変容があることから、親房の言を信じるわけにはいかない。
（2）たとえば、吉田孝『律令国家と古代の社会』（岩波書店、一九八三年）、三九頁など。
（3）中村直勝「文書の形式より観たる神祇官の地位」（『寧楽』七、一九二七年）。
（4）『朝野群載』（巻六、神祇官）。この移については、加瀬直弥「平安時代後期の神職補任に関する一考察」（『国學院大学研究開発推進センター研究紀要』一、二〇〇七年）が論じている。加瀬氏は、「ただ実際のところ、諸社の神職補任の決定プロセスに神祇官移が発給される例がどれほどあったかは疑問である」と述べている（一一一頁）。また加瀬氏も示唆しているように、院政期の神祇官は検討すべきことが多い。よって本章では、律令期と院政期の神祇官を同等に扱うことを控える。この移も、検討の対象からはずす。
（5）『大日本古文書』二、四八〇頁。以下、「大日古二―四八〇」と略す。
（6）石尾芳久「太政官と神祇官」（『日本古代天皇制の研究』法律文化社、一九六九年、初出一九六二年）。
（7）熱田神宮古文書（『平安遺文』九四号）。当文書については、西宮秀紀「「熱田神宮古文書」に関する基礎的考察」（『奈良古代史論集』一、一九八五年）参照。西宮秀紀氏は、熱田神宮古文書は信頼に足る史料と結論づけるものの、西宮氏自身も述べておられるように熱田神宮古文書には疑わしい部分も多い。よって本章では熱田神宮古文書を用いず、議論を進めたい。
（8）岡田荘司「平安前期　神社祭祀の公祭化・下」（『平安時代の国家と祭祀』続群書類従完成会、一九九四年。初出一九八六年）、一四六―一四八頁。
（9）渡辺寛「「移」について」（『皇学館論叢』二一―三、一九八八年）。太政官より神祇官の地位が低いことは中村直勝氏の検討から認められても、渡辺氏が述べるごとく、「移」の検討のみで神祇官の地位の高低を論じることはできないだろう。

(10) 岡田精司「律令的祭祀形態の成立」（『古代王権の祭祀と神話』塙書房、一九七〇年）、一七〇頁。神祇官に関するより具体的な岡田精司氏の見解は、「律令制祭祀の特質」（『律令制祭祀論考』塙書房、一九九一年）に示されている。

(11) 「神祇の重要性」といった通説にとらわれず神祇官を検討している論考に、武光誠「神祇官と太政官との関係」（『律令太政官制の研究』吉川弘文館、一九九九年）がある。武光氏は、地方で神祇祭祀を掌る国造を神祇官が支配したため、二官のうちの一つとなったと結論づけている。

(12) 川原秀夫a「律令官社制の成立過程と特質」（『日本古代の政治と制度』続群書類従完成会、一九八五年）、西宮秀紀「律令国家の神祇祭祀の構造とその歴史的特質」（『律令国家と神祇祭祀制度の研究』塙書房、二〇〇四年、初出一九八六年）、小倉慈司「八・九世紀における地方神社行政の展開」（『史学雑誌』一〇三―三、一九九四年）、川原秀夫b「国司と神社行政」（『日本古代の国家と祭儀』雄山閣出版、一九九六年）、丸山裕美子「天皇祭祀の変容」（『日本の歴史08　古代天皇制を考える』講談社、二〇〇一年）など。

(13) 岡田精司「律令制祭祀の特質」（注(10)前掲、七頁）による、神祇官の職掌の研究は、簡潔であるものの的を射ており、すぐれたものである。やや重複するが、あえて論じてみたい。なお、職員令1神祇官条は、細かな字句の相違はあるが、大宝令もほぼ同文であったと思われる。

(14) 集解には、この直後に細字双行で「此云無㆓於跡記㆒」と記しており、ここからも讃説の跡記解釈である可能性が高いと思われる。

(15) 『下野国府跡Ⅶ』（栃木県教育委員会、一九八七年）参照。神祇官人が下野国府にいき、そこで鎮火祭を行ったと考えることもできるが、その可能性はほとんどないだろう。平川南「下野国府跡出土の木簡について」（『下野国府跡Ⅳ』栃木県教育委員会、一九八二年）、加藤友康「国・郡の行政と木簡」（『木簡研究』一五、一九九三年）なども参照。

(16) 問が発問の形式になっていない（「神祇諸祭を問う」とでも訓ずるべきか）点、やや不審である。後考を俟ちたい。

(17) もちろん、令にみられる「天神地祇」がこのように解釈されても、六国史などにみられる「天神地祇」という語のすべてが特定大社を指すわけではない。「天神地祇」という語に多くの意があってもよいからである。

(18) 西宮秀紀「祝・祝部に関する基礎考察」（前掲注(12)書、初出一九七八年）、大関邦男「律令制と神職」（『日本古代の国家と祭儀』雄山閣出版、一九九六年）など参照。

(19) 大関邦男「神戸についての試論」(『国学院雑誌』九五―一一、一九九四年)、小倉慈司「神戸と律令神祇行政」(『続日本紀研究』二九七、一九九五年)など参照。

(20) 一般の戸籍に関して、実質的には郡司が作成主体であったとの見解が現在では通説であり、神戸も同様の可能性がある。郡司が戸籍作成の主体であったことについては、南部曻「籍帳研究史の二つの問題」(『日本古代戸籍の研究』吉川弘文館、一九九二年、初出一九八四年)、渡辺晃宏「籍帳制の構造」(『日本歴史』五二五、一九九二年)など参照。

(21) 造戸籍条義解・集解古記においても中務省と民部省を想定している。なお職員令70大国条では、国守の職掌の一つとして「戸口簿帳」があげられている。

(22) 広義の太政官に弁官が含まれることについては、早川庄八「律令太政官制の成立」(『日本古代官僚制の研究』岩波書店、一九八六年、初出一九七二年)、大隅清陽「弁官の変質と律令太政官制」(『史学雑誌』一〇〇―一一、一九九一年)を参照。

(23) 『鹿の子C遺跡漆紙文書』(茨城県教育財団、一九八三年)、一〇五頁。

(24) 以上、前注書、一〇五―一一〇頁、及び平川南「漆紙文書と地方行政」(『岩波講座日本通史4　古代3』岩波書店、一九九四年)、三三五―三三九頁、参照。

(25) 『政事要略』(巻五十七、交替雑事十七、雑公文上)によれば、国司は多くの公文を進上することになっている。そのなかで神祇に関係するものだけ拾い上げると、神社帳、祢宜祝帳、神戸帳、神戸調庸帳、神封租帳、神税帳がみられている。ここからも、神戸戸籍・神祇職名籍の管理に国司が大きく関わったことがわかる。

(26) 摂津職条集解古記には、「祠、百神集処也。廟也」とのみあることから、「社」を大宝令として復原することは不可能であるものの、「祠社」と同様な字句が存在していたと思われる。よって、大宝令段階にも国司が神社を「検校」していたことを推測できよう。なお、集解諸説を検討すべきであるが、他説も諸社を検校することに関して特に異論を述べているわけではないので、ここでは考察の対象からはずす。

(27) 「勅、風雨不レ時、田園被レ害。此則国宰不レ恭二祭祀一之所レ致也。今聞、今茲青苗滋茂。宜下敬二神道一大致中豊稔上。庶俾二嘉穀盈レ畝黎元殷富一。宜下仰二畿内七道諸国一、其官長清慎斎戒、奉二幣名神一。禱レ止二風雨一、莫上レ致二漏失一」。

(28) 祭祀と勧農との関係については、戸田芳実「中世文化形成の前提」(『日本領主制成立史の研究』岩波書店、一九六七年、初出一九六二年)参照。大津透「農業と日本の王権」(『岩波講座天皇と王権を考える3　生産と流通』岩波書店、二〇〇二年)

も、祭祀と農業の関連性について論及されている。

(29) 古代日本における「修理」の語義について述べておく。神祇令10即位条「其大幣者、三月之内令二修理訖一」に義解は、「修理者此言二新造一也」と述べ、集解古記・令釈も同様の見解を示している。一方、営繕令3私第宅条「宮内有二営造及修理一、皆令二陰陽寮択レ日一」に集解古記は「営造、謂新作也。修理、旧作也」と注釈し、修理を現代と同様の意味で用いる場合もあったようである。しかし、営繕令16近大水条「差二人夫一修理」に集解令釈は、「諸條、営繕、営造、々作、修理、料修、理営、義同一種无レ別。通二新旧作一。随二事便一耳」と述べ、古記も同様の見解をとる。また、『古事記』における「修理」の語も新作・旧作両方の意味で使用されており（神野志隆光「「国作り」の文脈」〔『古代天皇神話論』若草書房、一九九九年、初出一九八九年〕、同『古事記と日本書紀』〔講談社、一九九九年〕七七―七九頁）、古代社会において「修理」という語を、何かを新たに造作する場合にも用いたことは間違いなかろう。そこで本章で「修理」と用いるとき、営繕令16近大水条集解古記・令釈に従い、新作・旧作を問わないことにする。なお、西宮一民「修理固成」（『古事記の研究』おうふう、一九九三年、初出一九七五年）も参照。

(30) 律令国家が神社修理・清掃を重視したことを論じているものに、祝宮静「律令時代に於ける神戸と社殿修造との関係に就て」（『国学院雑誌』三七―一二、一九三一年）、熊谷保孝『律令国家と神祇』（第一書房、一九八二年）、川原秀夫注(12)a・b論文、大関邦男「古代神社経済の構造」（『国史学』一五一、一九九三年）、荊木美行「天皇の祭祀と神祇」（『続日本紀の世界』思文閣出版、一九九九年）、丸山茂「神社建築の形成過程における官社制の意義について」（『神社建築史論』中央公論美術出版、二〇〇一年、初出一九九九年）、山本信吉「神社修造と社司の成立」（『社寺造営の政治史』思文閣出版、二〇〇〇年）などがある。

(31) 井上辰雄「周防国正税帳をめぐる諸問題」（『正税帳の研究』塙書房、一九六七年、初出一九六六年）、二七五頁参照。

(32) 大日古二―一三五・一三七。

(33) 大日古二―一四五。

(34) 大日古一―四五四・四五七。

(35) やや後の史料であるが、『類聚三代格』所収、弘仁八年（八一七）十二月二十五日太政官符「一、応二修理一神社玖拾参前」所引伊勢国解に、弘仁三（八一二）年五月三日太政官符を引用した直後、「国司依レ格決罰、猶多二闕怠一」とあることから、神祇職に対して伊勢国司が刑罰を執行していたと考えられる。伊勢神宮という特殊性は気になるが、弘仁三年の官符では伊勢を特殊なものとして扱っているわけではないことから、ほかの国司も弘仁三年の官符に従って決罰を行っていたと考えられよう。

（36）小倉注(12)論文、川原秀夫注(12)b論文など。

（37）小倉注(12)論文、八〇―八一頁参照。また『類聚三代格』所収、貞観十年（八六八）六月二十八日太政官符所引宝亀六年（七七五）六月十三日太政官符では、「右大臣宣、頒幣之日祝部不レ参。自今以後不レ得二更然一。若不レ悛者宜二早解替一」とあり、ここでも祝らに罰則規定が設けられている。ここからも宝亀年間において、祝らに対する国家規制が増大したと考えられる。

（38）川原注(12)b論文。川原氏は、「神社の修造・清修は、国司が持つ神祇行政の中では最も重視されていたもの」（四五三頁）と論じる一方、八世紀においてはそれを否定しているようである（四三七頁）。

（39）これは養老令であるが、大宝令もほぼ同文であったと思われる。

（40）ただし先にも述べたように、中央から派遣される使者も国司とともに神社の造営・修理に携わっていた場合がある。だが天平神護元年（七六五）以降、使者派遣の記事はみられなくなる。これは、その約十年後の宝亀年間に国司・神祇職に対する神社修理・清掃の義務が強化・付与されることから推測すれば、天平神護年間以降、中央からの遣使はなく、国司や神祇職によってのみ神社修理・清掃が行われていたといえるのではないだろうか。

（41）本文中では指摘しなかったが、実は、郡司も神社修理に関与している可能性が高い。伊勢の例ではあるものの、『皇太神宮儀式帳』に神宮修造に関して、「発二役夫、伊勢・美濃・尾張・参河・遠江等五国一。国別国司一人・郡司一人、率二役夫一参向、造奉」とあり、国司と郡司が役民を率いて造宮に奉仕していたことが理解できる。

さらに、屋代木簡のなかに存在する郡符木簡（一一四号）からも、郡司の神社修理関与を窺い知ることができる。

・「　　　　敷席二枚　鱒□一升　芹□
符　屋代郷長里正等　匠丁粮代布五段勘（ママ）夫一人馬十二疋
□（神カ）宮室造人夫又殿造人十人
・「□持令火急召□□者罪科　　少領
（392）×55×4　019形式

この木簡から、神社造営のために郡司が人夫を差発していることが知られ、郡司が神社造営に関与していたことがわかる。なお、右木簡及び屋代木簡の全体像については、『長野県屋代遺跡群出土木簡』（長野県埋蔵文化財センター、一九九六年）参照。釈文は、『日本古代木簡集成』（東京大学出版会、二〇〇三年）、一一頁。

(42)　貞観年間に神社修理・清掃を奨励する官符などは、『日本三代実録』貞観元年（八五九）二月二十七日癸丑条・『類聚三代格』所収、貞観五年（八六三）九月二十五日太政官符・『日本三代実録』貞観六年（八六四）七月二十七日辛亥条がある。ここで、貞観年間以降の神社修理・清掃について簡単に述べておきたい。公家新制のなかに神社修理を督促するものがある（『類聚符宣抄』長保四年十月九日宣旨など）ことから、実は、平安中期から中世初期に至るまで、八世紀・九世紀前半と同様、神社修理・清掃は朝廷の関心事になっていたと思われる。さらに、現地に下向した近江守源経頼が「令成神社可修理符遣諸郡已了」（『左経記』寛仁四年（一〇二〇）三月十九日条）と日記に記していること、因幡に下向した平時範が国務始に際し「令成諸郡神社修理符幷池溝修理符令捺印了」（『時範記』承徳三年（一〇九九）三月二日条）という行動をとっていることは興味深い。下向した受領がこのような符を作成しているということは、受領にとって神社修理が重要だったことを示唆しているだろう。事実、受領功過定において、受領が神社を修造しなかったことが問題となっている（『小右記』長和五年（一〇一六）正月十二日条など。大津透「受領功過定覚書」〔『律令国家支配構造の研究』岩波書店、一九九三年、初出一九八九年〕、三六一頁に指摘がある）。なお、天徳元年（九五七）、正税を用いた神社修理が出雲国で行われていることが、承暦二年（一〇七八）十二月三十日「主税寮出雲国正税返却帳」（九条家本延喜式裏文書、『平安遺文』一一六一号）から知られる。

(43)　このような神社修造が、いつから制度化されはじめたのかは不明である。大宝律令が制定される以前において信頼可能であろう史料は、『日本書紀』斉明五年（六五九）是歳条に「命出雲国造闕名、修厳神之宮」、『常陸国風土記』香島郡条に「淡海大津朝。初遣使人、造神之宮」、『日本書紀』天武十年（六八一）正月己丑条に「詔畿内及諸国、修理天社地社神宮」と三つあり、出雲では斉明朝、鹿島では天智朝から、また全国的には天武朝のころからすでに神社を修理しているようにみえる。しかし、律令国家が全国的に在地神社を掌握するのは大宝年間に入ってからである（加藤優「律令制祭祀と天神地祇の惣祭」〔『研究論集〈奈良国立文化財研究所〉』四、一九七八年〕、六六―六七頁など参照）と推測されるため、一部の例外はあるものの、大宝年間までは国造に対して神社修理を命じただけであり、その強制力はほとんどなかったと思われる。なお、大関邦男「官社制の再検討」（『歴史学研究』七〇二、一九九七年）は、上記の史料から斉明・天智朝において社殿造営が「国家的事業」として行われるようになったと考えられているが（二一頁）、出雲や鹿島の例をたやすく一般化することは躊躇される。

(44)　『類聚三代格』編纂時に省略された可能性は低い。吉田孝「類聚三代格」（『国史大系書目解題　上』、吉川弘文館、一九七一年）、三五三頁参照。

(45)　のちの史料ではあるものの、『政事要略』所収、延長四年（九二六）五月二十七日太政官符に、「太政官符神祇宮内等官省／応㆑修㆓理神社㆒事」とあり、太政官から神祇官に神社修理の官符が下されている。この史料からも、神祇官ではなく太政官が神社修理・清掃の督促を行っていたと理解すべきだろう。

(46)　職員令1神祇官条、集解朱説所引貞説に「掌㆓社名帳㆒耳」とあることと合致する。第一節参照。

(47)　神戸の研究史については、とりあえず小倉注(19)論文を参照。また神税については、大関注(30)論文、佐々田悠「律令国家の地方祭祀構造」（『日本史研究』五一六、二〇〇五年）も参照。

(48)　他の明法家（朱説、貞説）も、法意としては神祇官だが、実態は太政官を介している、と論じている。

(49)　林陸朗「大倭国正税帳」（『復元　天平諸国正税帳』現代思潮社、一九八五年）、三〇九頁。小倉注(19)論文。

(50)　大日古二―七七。

(51)　同様な記載は、天平九年（七三七）度長門国正税帳（大日古二―三三）・天平九年度但馬国正税帳（大日古二―六五）にもみられる。

(52)　正税帳が中務省と民部省に送られたことに関しては、岸俊男「籍帳備考」（『宮都と木簡』吉川弘文館、一九七七年、初出一九五九年）、東野治之「金光明寺写経所における反故文書の利用について」（『正倉院文書と木簡の研究』塙書房、一九七七年）参照。正税帳が二通中央へ送進されたことに関しては、早川庄八「正税帳覚書」（『日本古代の文書と典籍』吉川弘文館、一九九七年、初出一九五八年）。なお、早川氏は著書補注で初出時の記載（民部省と主税寮）を改めている。

(53)　さらに、神亀六年（七二九）志摩国輸庸帳（大日古一―三八五・三八六）によれば、神戸三ヵ所の庸が国司によって輸されていることがわかる。

(54)　「正税幷神税帳」が正倉院文書として現存していることから、「正税幷神税帳」のすべてが神祇官へ送られたとは考えにくく、やはり民部省にとどまったと考えるのが妥当だろう。このような実態と古記の議論はかみ合わない点もあることから、神税帳や「正税幷神税帳」についてはより深く検討する必要があるだろう。

(55)　『延喜太政官式』庶務条に、「凡内外諸司所㆑申庶務、弁官惣勘㆓申太政官㆒」とあることからも、諸司諸国の上申案件を弁官が受理・審議していることがわかる。このような弁官のあり方については、早川及び大隅注(22)論文、鐘江宏之「公文目録と「弁官―国司」制」(『続日本紀研究』二八三、一九九二年)など参照。

(56)　渡辺注(9)論文、七頁にすでに指摘がある。

(57)　森田悌「律令班幣制度考」(『日本古代の政治と宗教』雄山閣出版、一九九七年、初出一九九五年)は、天平十年(七三八)度駿河国正税帳の記載(「幣帛奉国司史生一口、従二口、六郡別一日食為単壱拾弐日史生六口、従六口」〔大日古二―一一六〕)から、天平期において祈年祭の幣帛は国司が代理受納していた、と考えている(二五〇頁)。しかし正税帳には祈年祭の幣帛とは記しておらず、どのようなたぐいの奉幣であるか定言できないと思われる。

(58)　『延喜四時祭式』祈年祭条からも、ほぼ同様な儀式が行われていることがわかる。

(59)　新嘗祭に関しては、『延喜四時祭式』新嘗祭条において「右、中卯日於二此官斎院一、官人行事。(中略)但頒幣及造二供神物一料度、中臣祝詞料准二月次祭一」とあることから、おそらく月次祭、すなわち祈年祭に準じていたと推測して大過なかろう。

(60)　吉川真司「律令官司制論」(『日本歴史』五七七、一九九六年)、九頁。同「律令官僚制の基本構造」(『律令官僚制の研究』塙書房、一九九八年、初出一九八九年)、三五―三九頁も参照。

(61)　丸山裕美子氏も、詳細な論証は省いておられるが、「地方の国つ神を統制するには、「神祇官」という装置が必要であり、「班幣」という大がかりな儀礼が必要であった」と述べており、筆者の見解に近似する(注(12)論文、二一〇頁)。

(62)　これまでの神社行政研究は、国司の職掌であるはずのもの――たとえば神社修理――と、神祇官が直接神社と関係する幣帛の授受とを同じ枠組みのなかで処理しようとしていたことに大きな問題がある。すなわち、延暦十七年(七九八)に始まる官幣国幣社制度に引きずられて、大枠として、これ以降を国司、それ以前を神祇官が神社を掌握した、と論ずるため、たとえば神亀二年(七二五)詔の解釈を無理に行ってしまう傾向があったように思う。だがこれまで論じてきたように、国司職掌と幣帛の授受とを二つに分けて考えれば、無理なく理解できるのである。

(63)　小倉注(12)論文、七五―七八頁。

(64)　律令国家のイデオロギー支配については、儒教的政策を中心に本書第一部第一章で論じた。本章の見解、すなわち八世紀における律令国家は、神祇官・国司・使者などを用いて地方神社の掌握に努めたが、九世紀以降、主に国司を用いて神社掌握に努めることとなる、と論じた見解と、第一章とは大きく関係する。九世紀以降の律令国家は、複数の官司を用いてイデオロギー支配を体現しようとしていた八世紀のあり方をやめ、主に国司のみを用いて体現するようになるのである。つまり、律令国家イデオロギー支配のあり方は、九世紀に大きく変貌を遂げたと考えられる。

(65)　幣帛の重要性を論ずるものに、西宮注(12)書、大津透『古代の天皇制』(岩波書店、一九九九年)などがある。

第三章　神社社殿の成立と律令国家

はじめに

本章の目的は、第一に、神社もしくは神社社殿の成立時期に関するこれまでの研究について、文献史・建築史の論考を中心に整理すること、第二に、その整理をもとに、律令国家と神社の関係がいかなるものであったかをできる限り明らかにすることである。

まず、神社の条件について、岡田精司氏の研究によりつつ、確認しておこう。(1) 氏は、三つの条件を提示する。すなわち第一に、一定の祭場と祭祀対象の存在、第二に、祭る人が組織されていること、第三に、祭りのための常設の建造物が成立していること、である。岡田氏は、この三つのうち決定的な要因として、常設の建造物の存在をあげている。つまり岡田氏の定義によれば、神社と神社建造物は、密接な関係にあったといえよう。

岡田氏は、神社建造物（以下、「社殿」と称する）に関して、その起源は多元的であり、それぞれの土地において、神祭りの形にふさわしい社殿の形が生み出されたと論じ、そのうえで氏は、神社の成立年代を、どんなに早くても六・七世紀頃と想定している。

神社あるいは社殿の成立については、岡田氏の見解以外にもさまざまな見解があり、百家争鳴の状況にあるといえる。岡田氏をはじめとする文献史学だけでなく、考古学、建築史学、国語学、民俗学など、多くの分野から「神社はどのように成立したのか」という問題について、議論がなされてきた。これらの研究はいずれも、確かに神社あるいは社殿の成立を明らかにするうえで重要な研究であるものの、先行研究を充分に消化することなく、議論を進めているものも少なくない。以上のような研究史の状況のなかで、あらためて先行研究のなかで取り入れるべき見解を着実に消化し、また、問題点を把握したうえで、今後議論を積み重ねる必要があると思われる。

そのためにまず、研究史の整理が必要であろう。そこで第一節では、ひとまず岡田氏による神社の定義に従いつつ、文献史学及び建築史学を中心に、次の二つの論点を念頭において研究史整理を行いたい。すなわち、第一に、社殿はいつ成立したのか、第二に、社殿はなぜ出現したのか。以上二点に焦点をあてて研究史整理を行う。社殿成立の研究を把握することによって、あらためて古代神社の成立はいつか、さらには、古代神社とは何か、という点に迫ってみたい(2)。

第一節　社殿成立に関する研究史

1　直木孝次郎「森と社と宮(3)」

直木孝次郎氏は、『万葉集』などの和訓に注目したうえで、「村落や氏族などの公共の神は、（中略）多く野外において祭祀され、その原初の形態においては、社殿の儲けはなかったものと推定してよいであろう。そして社会生活の発展とともに祭祀の儀礼に変化が生じ、その結果、社殿が作られるようになった(4)」と述べている。さらに直木氏は、社殿の存在しない「もり」から、存在する「やしろ」へ転換したと述べ、その背景に、神観念の変化、すなわち自然崇拝から人格神へ変わったことを論じる。

社殿のない「もり」から社殿のある「やしろ」への変化があったことは認められ、現在でも参照されるべき重要な見解といえる。ただし、神観念の変化によって、「やしろ」が設置されたとする点に関しては、あくまでも仮説であり、明確に論証されたものではないと思われる。

加えて直木氏は、「みや」についても言及している。「やしろ」のなかで、皇室と関係のある神に対してのみ、神宮または宮の称号を与えられたものを「みや」と定義されつつ、神宮の語の成立を、天武朝よりそれほど古くない時期と論じている(5)。

2　稲垣栄三「本殿形式の起源(6)」

この論文では、なぜ神社建築が誕生したのかということについて論じられている点で注目される。稲垣栄三氏は、七世紀後半に神社建築が成立したという推測のもとに、ちょうど同時期に仏教が導入され、寺院が建立されたことを重視する。つまり稲垣氏は、七世紀後半に寺院建築が増加したために、神社建築が成立していったと考えている。ただし稲垣氏は、寺院建立が神社建築成立に刺激を与えたことを指摘するものの、仏教建築の手法が神社建築に取り入れられることは基本的になかった、と論じている。

仏教の影響で神社が成立したとする見解は非常に興味深い説であり、現在でもこの見解を支持する研究者は少なくない(7)。しかしこの説はあくまでも仮説であり、寺院建築と神社建築との関係についての論証は、現在でもなされていないように思う。

3　桜井敏雄「神殿の諸形式とその特質」、「伊勢神宮の創始と原像(8)」

桜井敏雄氏の見解は、神社の原初形態を神籬（ヒモロギ）系と神庫（ホクラ）系に分離した点で注目される。神籬系は常設の建築物を持たず、神の憑坐として一本の御柱に象徴される形態、あるいは、常緑樹の垣根によって一定の区画を区切り、外からみえないようにした施設であると論じた。一方、神庫系は常設の建築物を持ち、武器や貢納物を保管する空間であったとされた。

4　木村徳国「ヤシロの基礎的考察」(9)

木村徳国氏は、直木氏同様に和訓を重視し、①ヤシロ、②モリ、③ホクラ、④ミヤ（カミノミヤ）などについて詳細な検討を行い、それぞれ以下のように定義する。まず、①ヤシロとは、人間側が主体的に参加して、ある神のために、神のいますところとして「定め立て」た施設、②モリとは、きわめて自然的な成り立ちと姿を示す宗教空間で、中国古代の「社」と類似する施設。モリはヤシロと比較して古くから存在するものと指摘した(10)。また、③ホクラとは、きわめて人工的な高床建造物で、武器などの倉庫として用いられる施設。ホクラと「神殿」とは換言可能であると木村氏は論じた。このホクラもモリと同様、ヤシロ成立以前にすでに存在したもののようである。④ミヤ、もしくはカミノミヤは、「「ヤシロ」の発展形・完成形(11)」で、カキ・カドで囲まれている空間。神殿を中心とし、神庫などを付属建物とする建築コンプレックスとして把握できる、と論じた。木村氏はミヤの成立年代について、『日本書紀』斉明天皇五年是歳条にみられる「修厳神之宮」を史料上の初見とし、七世紀をさかのぼらないと考えている。

木村氏は、和訓を重視して、それぞれ、七世紀以前の宗教儀礼の場や宗教空間・施設の名称について考察している。いくつか問題点はあるものの(12)、直木氏のように〝「もり」から「やしろ」へ〟といった単線的な流れで常設の建築物が成立したわけではなく、ヤシロ以前にさまざまな宗教空間・施設が存在しており、そのなかで特にホクラとよばれる常設建築物が存在していたことを明らかにした点は、評価されるべきであると思われる(13)。この点は桜井説も同様で、氏もモリとホクラを分けて考えており、木村説と近いものであると思われるが、桜井氏の見解は、『日本書紀』などの和訓などとともに、現在の神社建築のあり方を視野に入れつつ考察している点が注目されよう。ほとんど国語学的研究といっても過言ではない木村説を、建築史学的に桜井氏が補強していると評価することも可能である。

5 西宮一民「ヤシロ（社）考」、「かむなび・みもろ・みむろ」(14)

国語学が専門である西宮氏が、ヤシロやモリなどの宗教的施設を分析した論考は、傾聴に値する。簡単にみておこう。

ヤシロは、ヤ＝建物、シロ＝特別な地と論じられ、総じてヤシロ＝屋を建てるために設けられた特別地と定義され、さらに上代文献を精査することで、ヤシロとは神を祀ってあるところであると論じられた。それに対してモリは、中国における宗教施設・空間のあり方に近いもので、土地神に「社樹」を植えることから、神と〝木＝森〟が連想され、モリを「神の降臨し宿ります処」と定義された。

ヤシロとよばれる施設は、常設の建築物であり、一方、モリは建築物が存在しないと想定されることが、国語学的な見地からも確認できたという点で、西宮氏の見解は非常に重要であろう。

6 丸山茂「神社建築の形成過程における官社制の意義について」(15)

この論文の注目すべき点は、なぜ神社が生まれたのかということについて論じている点である。すなわち、丸山茂氏は在地の信仰によって神社が成立したという、これまで誰もが疑問に思わなかった(16)通説的な考えに対し、異論を唱えた。丸山氏は、川原秀夫氏の見解に依拠しつつ(17)、在地の信仰よりもむしろ、国家が官社を設定する上で神社社殿が必要不可欠になったと論じている。

確かに、在地の信仰によってすべての神社が成立したと考える通説は再検討が必要であると思われ、今後、丸山氏の視点は継承されるべきだと思う。しかし、丸山氏の見解にも問題がいくつかあり、(18)すべての神社が律令国家によって建築された、と考えることは躊躇せざるをえない。律令国家によって社殿建設が進められた神社が多い、と考えるのが妥当だろう。(19)

以上、六本の論文の内容を紹介し、それに対する私見も適宜付け加えてきた。これまでの神社社殿成立の研究史から得るべき成果及び課題をまとめると、以下の三点になるだろう。

第一に、文献史・建築史学者のあいだでは、律令国家形成期に社殿が成立していったことはほぼ共通認識となっている。モリやホクラといった空間・施設の多くが、律令国家の成立にあたって、建築物を有する「神社」に変化したと考えられよう。誤解を恐れずにいえば、律令国家の成立と社殿あるいは神社の成立が対応しているとの仮説が立てられるだろう。

第二に、第一の仮説が認められるとすると、神社成立以前の宗教施設として、常設社殿が存在しないモリなどの空間、及び、神のクラ（ホクラ）といった武器や貢納物を納める空間・建築物の二つを想定できる。

第三に、なぜ社殿が出現したかという問題については、いまだ定説をみていない。ⅰ神観念変化説、ⅱ仏教建築影響説、ⅲ国家要請説があげられるけれども、(20)これらのうち、いずれの説が正しいか論証することは、現在の段階では非常に難しいだろう。

第二節　神社社殿とホクラ

第一節での研究史整理から、律令国家の成立と社殿の成立とが対応している側面が大きいと仮定すれば、律令制が大陸から移入されたのと同様、「社」のあり方も中国から移入されたものかもしれない。つまり中国における「社」のあり方が、日本の神社に影響を及ぼした可能性を指摘できるだろう。そこで以下では、中国の「社」について、それが建築物を付随するものかどうか、先行研究によりながら[21]、簡単に検討したい。

中国で社といった場合、多様な概念がある。石を社と認定する場合、木を社と認定する場合、土を社と認定する場合などがあるが、これまでの研究によれば、「社」は建築物のことではない、と指摘されている。『礼記』（郊特牲、第十二）を検討しよう。

天子大社、必受二霜露風雨一、以達二天地之気一也。是故喪国之社、屋之不レ受二天陽一也。（以下略）

右の史料の大意は、「天子の大社は、必ず霜露風雨を受けるようにし、天と地との気を通じさせるべきである。そのため、逆に喪国の社には屋根をかけて、天の陽を受けることはない」となる。王朝交替があったのち、天の「気」を通じさせないように、前王朝の社に屋根をかけるとあることから、正当な社であればむしろ屋根が存在していては都合が悪いことになる。つまりこの記載から、中国の社は本来、屋根のないものであることが知られる。この史料を含めいくつかの史料から、正式な中国の社であれば、建築物が主要な構成要素ではなかったようである。

中国の「社」の場合、建築物が主要な構成要素として存在しなかったのであれば、八世紀以降における日本の「社」に社殿が中心的構成要素であった理由を、中国の「社」のあり方に求めることは不可能であろう。つまり、日本の社殿は中国の影響で成立した可能性は低い、と考えられよう。

ではなぜ、八世紀以降の日本の神社に社殿が付随するようになったのだろうか。中国の影響により、社殿が成立したのではないのであれば、律令制が導入される以前の、つまり神社成立以前の宗教施設のあり方が影響していたと考えるべきであろう。ここで第一節での研究史整理から得られた仮説を確認すれば、神社成立以前の宗教施設のあり方は、モリなどとよばれた建築物のない宗教施設と、ホクラとよばれた武器や貢納物を保管するための建築物を有する施設の二つに分類された。ホクラの存在から理解されるように、もともと日本列島における宗教施設は、建築物を有する場合があった。その点、中国とは異なる。以上のように考えることが可能ならば、律令制が導入される以前のホクラが、社殿の原型だったのではないか、という推論が成り立つだろう。

　ホクラが神社社殿の起源であるという推論は、やや時代は下るが、平安後期の史料からも補強することが可能である。『百練抄』応徳二年（一〇八五）七月条をみよう。

　自二朔日一、東西二京諸条、毎レ辻造二立宝倉一。鳥居打レ額、其銘福徳神、或長福神、或白朱神云々。洛中上下群集、盃酌無レ算。可二破却一之由、被レ仰二検非違使一。為二淫祀一有二格制一之故也。

この史料には、京内で生じた「淫祀」の状況が簡潔に記されているが、「淫祀」が行われるときに成立する宗教施設も記されている。ここでは、朝廷が「淫祀」と認定したため、この宗教施設は検非違使によって「破却」されてしまった。この宗教施設は、簡単に「破却」できるような仮設のものであったと思われる。しかしここから、「淫祀」や仮設であるからこそ、逆に日本における宗教に最低限必要な建築物の具体的なあり方を知ることができると思う。すなわち右の史料によれば、この「淫祀」の場合、「宝倉」と、「銘」のある「額」が打たれている「鳥居」の二つが必要であったことが知られる。[22]鳥居は遅くとも八世紀以前の史料にみられないことから、ここでは考察の対象から除外してもよいだろう。[23]とすれば、問題は「宝倉」になる。

　岡田氏が神社の条件を三つあげた際、特に決定的な要因として常設の建築物をあげている。岡田氏は、具体的にどのような建築物であるかを詳しく論じていないが、以上の考察から、その建築物とは、右の史料でいう「宝倉《ホクラ》」にあたるのではないか。つまり、日本の神社は、ホクラ（宝倉）に由来する社殿を有したという特徴を持つのである。

　ホクラは武器や貢納物を保管するための建築物であると先に述べたが、ここでもう一度、ホクラに保管されるものについて考えてみたい。『日本書紀』垂仁天皇八十七年二月辛卯条によれば、ホクラのなかには剣などの「神宝」が収められていたことが知られる。律令制以前において、全国にホクラが点在していたわけではなく、ごく一部の地域にのみ存在したと推測されるが、律令制形成期になると、祈年祭を中心とする班幣制度の創出により、ホクラを含めた在来の宗教施設は、大きく変化することとなる。

班幣とは、朝廷が全国の神祇職を神祇官に集め、彼らに幣帛を授けることをいい、幣帛を受け取った神祇職は神社に戻り、幣帛を神に捧げたと考えられる(24)。この班幣制度の創出により、祈年祭などの祭祀のとき、律令国家は幣帛や神宝を全国の神社に分与することを理想とするようになる(25)。まさにそのとき、各地域社会において、幣帛や神宝を受納するために建築物が必要となってくる。そこで、もともと建築物を有しなかった在来の宗教空間は、幣帛や神宝を受納するため、建造物を有する社殿に変化し、律令国家が制定した「神社」として班幣制度に組み入れられていったのではないだろうか。

幣帛の授受を国家支配理念として重視した朝廷は、幣帛・神宝を納めるための保管施設として、ホクラの流れを汲む宗教施設を創造したと考えられる(26)。その宗教施設が、社殿なのではないだろうか。このようにして、律令制下における神社は成立していったと考えられる。

第三節　十世紀以降の神社と国司・国家

以上、研究史整理から、社殿の成立と律令国家の成立が対応しているという仮説を得、その仮説を検討してきたが、次に、この仮説が正しいかをさらに検証するために、別の視点から論じてみたい。すなわち、律令国家が転換する時期に、神社がどのように変化するのか、もしくはしないのか、考えてみたいと思う。仮に、律令国家が新たな体制へと転換する十世紀前中期において、神社も同様に変化することがあれば、律令国家と古代神社との関係が密接であることを論証できるのではないだろうか。以上のような問題意識から、律令国家のあり方が大きく変化する十世紀以降の神社について、ここで考えていきたい。

十世紀以降の神社のあり方を知るうえで、まず検討したい史料は『今昔物語集』（巻十九、陸奥国神、報守平維叙恩語第卅二）である。この史料は、国司神拝の資料として必ず用いられるものであるが、社殿と国司の関係を理解するうえでも興味深い知見を与えてくれる。長文であるが、本節で非常に重要な史料であるので、必要な箇所を引載しておきたい。

> 今昔、陸奥ノ守トシテ平ノ維叙ト云フ者有ケリ。貞盛ノ朝臣ノ子也。任国ニ始テ下テ神拝ト云フ事ストテ、国ノ内ノ所々ノ祇ニ参リ行キケルニ、□ノ郡ニ道辺ニ木三四本許有ル所ニ、小サキ仁祠有リ、人ノ寄着タル気无シ。守此レヲ見テ、共ニ有ル国ノ人々ニ、「此ニハ神ノ御スルカ」ト問ケルニ、国ノ人ノ中ニ年老テ「旧キ事ナド思ユラムカシ」ト見ユル庁官ノ云ク、「『此ニハ止事无キ神ノ御マシケルヲ、昔シ田村ノ将軍ノ此ノ国ノ守ニテ在シケル時ニ、社ノ祢宜・祝ノ中ヨリ思ヒ不懸ヌ事出来テ、事大ニ罷成テ、公ケニ被奏ナドシテ、神拝モ浮カシ、朔弊（ママ）ナドモ被止テ後、社モ倒レ失テ、人参ル事モ絶テ久ク罷成ニタル也』ト、祖父ニ侍シ者ノ、八十許ニテ侍シガ、『然ナム聞シ』ト申シ侍シ也。此ヲ思フニ、二百年許ニ罷成タル事ニコソ侍メレ」ト語レバ、守此レヲ聞キテ、「極テ不便也ケル事カナ、神ノ御錯ニハ非ジ物ヲ。此ノ神、本ノ如ク崇メ奉ラム」ト云テ、其ニ暫ク留テ、藪切リ揮ハセナドシテ、其ノ郡ニ仰セテ、忽ニ社ヲ大キニ造ラセテ、朔弊（ママ）ニ参リ、神名帳ニ入レ奉リナドシケリ。「此様ニ被宗レバ神定メテ喜ビ給ラム」ト思テ過レドモ、任ノ程、其ノ事ト云フ験モ不見エズ、夢ナドニモ見ユル事モ无カリケリ。（以下略）

まず、平維叙のことを確認しておきたい。『北山抄』（巻十、吏途指南）によれば、維叙は、実際に正暦五年（九九四）頃、陸奥守に任官している。ここから、『今昔物語集』が説話集であるとはいえ、この説話が十世紀最末頃の実態をある程度示していると考えられるだろう。

さて、ここで注目したいのは、維叙が神拝のときに発見した「小サキ仁祠」である。右の史料から、この「小サキ仁祠」の盛衰をまとめると、以下のようになるだろう。

「小サキ仁祠」は、そもそも「社」であり、「田村ノ将軍」、つまり坂上田村麻呂が蝦夷征討を行っているころに退転する。その時期は、田村麻呂の蝦夷征討の時期であるから、八・九世紀の交であろう。さらに、「小サキ仁祠」になってから「二百年許ニ罷成」と記されていることからも、退転した時期が八世紀最末期であったと推測される。それ以前は、国司が神拝すべき社であり、朔幣を受けるべき神社であったことが記されていることから、国司が管理・把握すべき神社であったことが知られる(27)。

その後、「祢宜・祝ノ中ヨリ思ヒ不懸ヌ事出来」たため、約二百年ものあいだ、「道辺ニ木三四本許」しかない場所に存在する、「小サキ仁祠」となってしまう。この「仁祠」は、「社モ倒レ失テ、人参ル事モ絶テ久ク罷成タル」といった状況にある。国司が把握することがなくなった神社は、建築物が消失してしまい、参拝する人々もいなくなってしまうようである。逆にいえば、「社モ倒レ失テ」と記されていることから、八世紀以前は建築物としての「社」も存在していたことが知られる。

しかし、十世紀最末期に至り、陸奥守平維叙がこの「仁祠」を再発見し、郡司に「忽ニ社ヲ大キニ造ラセ」たため、この「小サキ仁祠」はあらためて社殿を伴う神社へ変化する。さらにこの「社」は、朔幣を受け、神名帳に登録されるなど、国司の管理のもとに置かれることとなる。

以上の検討から、十世紀最末期における神社は、少なくとも二つの形態があることを確認できると思う。ひとつは国司に把握され、幣帛を受け取り、社殿が存在する神社。ひとつは国司に把握されず、幣帛も受け取らず、社殿が存在しない神社である。

この二つのあり方は、それほど乖離しているものではない。『今昔物語集』の説話からも理解できるように、国司の関与の有無によって、すぐにどちらかへ変化してしまうようである。つまり、もし国司が神拝を行わず、朔幣を停止してしまうなど、その管理・把握を行わなくなった場合、建築物である「社」は崩壊し、退転してしまう性質のものであった。このことから、「社」を建築物として成り立たせるには、国司の掌握が必要不可欠だったということができるのではないだろうか。古代の神社社殿は、国司の関わりが非常に重要だったと思われる。

ただし、八・九世紀において、国司が神社社殿を独自に維持しようと考えていたわけではなく、朝廷の関与があったようである。律令国家は、八世紀から頻繁に国司らに社殿の維持、すなわち社殿の修理・清掃を命じる官符を出していた(28)。律令国家にとって神社の修理や清掃は、非常に重要だったと思われる。

さらに十世紀以降も、朝廷は国司らに社殿修造を命じている。形式的で、実効性がない法令であった可能性もあるが、ここで十世紀末期の『新抄格勅符抄』所収、長保元年（九九九）七月二十七日太政官符（いわゆる長保元年新制）を検討しよう。この官符には、弘仁・延長年間の官符が引用されたのち、国司らが怠慢であるために、神社が「或指㆓枯木之下㆒称㆑社、或排㆓荒野之中㆒称㆑祠」されるような状態であることが記されている。このような神社の荒廃状況は、『今昔物語集』における「小サキ仁祠」に対応すると考えてよいだろう。国司が神拝を行うなど、掌握している神社を除けば、このような神社が多かったのではないだろうか(29)。

ここまで、朝廷が国司に社殿修造を命じていることから、朝廷・国司の関与が神社社殿の存否に欠かせなかったことを論じてきた。しかし、八・九世紀の律令国家・国司の神社把握のあり方と、摂関期の受領の神社把握のあり方とはやや異なる点があると予想される。以下、その点をできる限り明らかにするため、因幡守平時範が行った神拝を取り上げたいと思う。

時範は、承徳元年二月二十六日に神拝を行った。まず、どの神社に参拝したか確認しておく。『時範記』によれば、宇部宮・坂本社・三嶋社・賀呂社・服社・美歎社の計六社に時範は参詣したことが知られる。[30]

すでに水谷類氏が指摘されているが、ここで興味深いのは、時範が神拝を行った神社のうち、坂本社と三嶋社は官社ではなく、また神階にも預かっていない点である。[31]つまり、八・九世紀に律令国家に官社などに認定されていない神社であっても、摂関期に受領の神拝が行われる場合があることが知られる。ここから、律令国家による神社掌握のあり方と、摂関期の受領による神社掌握のあり方とは、連続していたものではなかったと考えられる。おそらく摂関期の神社は、官社であることや神階を預かることはさほど重要ではなくなり、むしろ受領の神拝を受ける神社であるかどうかが、大きな問題となるのだろう。国内で作成される神名帳も、『延喜神名式』とまったく同一のものではなく、少なからず異なる部分もあったと推測されよう。[32]

任国支配を行う国司にとっても、神拝は重要なものであったようである。『吉記』養和元年（一一八一）八月一日条によれば、勧修寺八講に参加していた肥後守藤原時経に対し、「未二神拝一者也。雖レ可レ憚之、無二人数一之上、先例不レ同。任二近例一勤之」と記されている。ここから、受領が神拝を行っていない場合、本来はさまざまな儀式に参列することに「憚り」があったようである。この史料から、受領にとって、任国に入り、神拝を行うことが重要だったと理解できる。

ただし、十二世紀以降になると、受領本人が神拝をせず、目代が代理で行うこともできたようである。『中右記』元永二年（一一一九）七月十四日条によれば、藤原宗忠の息子である藤原宗成は因幡守であり、この年に任終であったが、[33]任期中にまったく下向していなかった。藤原宗成が元永二年に至って初めて下向するとき、「於二神拝一者、先日以二目代一令レ遂了。然而一度未レ参二一宮一。是有レ恐之故也。仍俄令二下向一也。今度可レ令レ行二臨時祭一也」とある。宗成が因幡守に任ぜられたのは天永二年（一一一一）であるから、[34]任中の九年間、宗成本人が神拝を行っていなくても問題なかったことが知られる。しかしその一方で十二世紀に入っても、受領は任中に必ず一宮へ参拝しなければならなかったようであり、受領にとって任国の特定神社に参拝することは、依然重要なことであったと思われる。

ここで再び神社社殿について検討しよう。『今昔物語集』にみられたように、社殿の存否は受領の意向に大きく左右するようであるが、『時範記』からも同様なことが窺える。『時範記』承徳元年三月二日条によれば、時範は因幡での政務の際、「諸郡神社修理符」の作成を命じており、また、『朝野群載』（巻二十二、諸国雑事）にも、政務始のときに行うこととして、「神寺及池溝堰堤官舎、修理等」と記されている。[35] 以上の史料から、受領は特定の神社社殿を維持する必要があることが知られる。

これまで本節では、摂関期の神社社殿のあり方と、神社社殿と国司神拝の関係について述べてきた。簡単にまとめておくと以下のようになる。摂関期における神社社殿のあり方から、国司が神拝を行う神社には社殿が存在し、逆に国司が神拝を行わない神社は「小サキ仁祠」となってしまうことが窺われる。以上から、神社社殿は、国司や国家などの支配者の影響のもとに形成された可能性が高いといえよう。このように考えれば、七世紀以降に社殿が成立したきっかけも、支配者側——具体的には律令国家——による働きかけが大きいのではないか、という見解が導き出せると思う。やはり、神社社殿の成立と律令国家の成立とは、密接な関係を持っていたと考えられるのである。[36]

以上のように、神社社殿成立と律令国家成立が密接な関係を持っていたとすれば、律令国家が国司に対し、社殿の修造・清掃を頻繁に命じたことも、たやすく理解できるのではないだろうか。班幣制度、もしくは国家支配の正当化のために、律令国家は神社社殿を維持し、社殿に神宝・幣帛を納入する必要があったのである。そして摂関期に至っては、国司神拝のため、やはり社殿が維持されるべきだったのであろう。[37]

おわりに

以上、三節にわたり神社社殿の成立、及び神社社殿と律令国家の関係について論じてきた。本章の検討は、小規模な一般神社を検討の対象としており、基本的には伊勢神宮や出雲大社などの大規模な神社を考察の対象とはしていない。したがって大規模な神社社殿もその起源をホクラと考えるべきかどうかについては、今後の課題としたい。

注

(1) 岡田精司『神社の古代史』(大阪書籍、一九八五年)、一七頁。
(2) 近年、弥生神殿論争に関する一九八〇年代以降の研究史に関し、神社成立の問題も含めて、錦田剛志「「古代神殿論」をめぐる近年の研究動向と課題」(『古代出雲大社の祭儀と神殿』学生社、二〇〇五年、初出二〇〇二・二〇〇三年)が整理を行っている。錦田論文は、網羅的・悉皆的に研究史整理を行っており、有益である。ここでは錦田論文をふまえつつ、これまでの成果や今後の課題をえぐりだすため、筆者の関心にひきつけて整理を行う。
(3) 直木孝次郎『古代史の窓』(学生社、一九八二年、初出一九五八年)。
(4) 直木注(3)論文、五五頁。
(5) 「みや」に関しては、木村徳国氏の論考を検討する際、再びふれる。
(6) 稲垣栄三『稲垣栄三著作集1　神社建築史研究』(中央公論美術出版、二〇〇六年、初出一九六八年)。
(7) 近年でも、井上寛司「古代・中世の神社と「神道」」(『日本の神社と「神道」』校倉書房、二〇〇六年)は、基本的には仏教の影響により神社社殿が成立したとする説を採っている。
(8) 桜井敏雄『名宝日本の美術18　伊勢と日光』(小学館、一九八二年)。
(9) 木村徳国『上代語にもとづく日本建築史の研究』(中央公論美術出版、一九八八年、初出一九八二―一九八四年)。木村徳国

『古代建築のイメージ』（日本放送出版協会、一九七九年）も参照。

(10) なお木村氏は、モリに類似するものとして、ミモロやヒモロキを取り上げているが、ここではモリに類似するものとして一括して取り扱う。

(11) 木村注(9)書、四五七頁。

(12) これまでの研究史にあまりふれていない点、「「ヤシロ」の発展形・完成形」など、やや意図を解しにくい言葉を用いている点、「いつ」「なぜ」神社が成立したのかについてさほど関心を示さない点など。

(13) ミヤを皇室との関係で捉える直木説の訂正を迫っている点でも、有益である。

(14) 西宮一民『上代祭祀と言語』（桜楓社、一九九〇年、初出一九八七年、一九八四年）。

(15) 丸山茂『神社建築史論』（中央公論美術出版、二〇〇一年、初出一九九九年）。

(16) 丸山氏は、福山敏男氏以来の通説であると論じているが、この点については黒田龍二「福山敏男の神社建築研究の一端」（『古代文化』五六―九、二〇〇四年）による批判がある。なお文献史学においても、直木氏、岡田精司氏ともに在地の信仰によって神社が成立したと考えているようである。

(17) 川原秀夫「律令官社制の成立過程と特質」（『日本古代の政治と制度』続群書類従完成会、一九八五年）。

(18) たとえば、丸山氏の論文によれば、神社社殿は律令国家によって作られたものであるということを大前提として議論が出発しているが、そのような前提のもとでは、結論も同様になることは当然であろう。また丸山氏は、律令制成立以前の宗教施設――丸山氏は「在地の宗教施設」あるいは「祭殿」と称する――の存在を認めるものの、それを決して神社と認めない。しかし、なぜ律令制成立以前の宗教施設が神社ではないのかについて一切ふれていない。

(19) たとえば、著名な夜刀神の説話（『常陸国風土記』行方郡）では、社殿の存立に国家が関わっているように読み取れない。やはり、国家がすべての社殿を建築したと考えるのには無理があると思われる。なお、この論文に対する評価は、林一馬「書評　丸山茂著『神社建築史論』」（『建築史学』三九、二〇〇二年）、黒田龍二「書評と紹介　丸山茂著『神社建築史論』」（『古文書研究』五七、二〇〇三年）も参照。

(20) 林一馬「神社神殿の成立とその契機」（『伊勢神宮・大嘗宮建築史論』中央公論美術出版、二〇〇一年、初出一九八一年）、三八一―三八二頁が同様の整理をされている。

(21) 守屋美都雄「社の研究」(『中国古代の家族と国家』東洋史研究会、一九六八年、初出一九五〇年)、池田雄一「中国古代の社制」(『中国古代の聚落と地方行政』汲古書院、二〇〇二年)、小南一郎「社の祭祀の諸形態とその起源」(『古史春秋』四、一九八七年)。

(22) なお、具体的にこのときの宝倉と鳥居がどのようなものであったか、正確なことはわからない。鎌倉時代初期に成立した『直幹申文絵詞』の一部分に、小規模ながら朱塗りの鳥居と祠が描かれている場面があり、参考になる。さらに、『直幹申文絵詞』よりも規模の大きいものが『年中行事絵巻』(巻三、闘鶏)に示されている。

(23) ただし八世紀以前も、神域とそれ以外を区切るなんらかの建築的指標があったことは否定できないだろう。鳥居に関しては民俗学的な立場から、根岸栄隆『鳥居の研究』(厚生閣、一九四三年)がある。

(24) 大津透『古代の天皇制』(岩波書店、一九九九年)、西宮秀紀『律令国家と神祇祭祀制度の研究』(塙書房、二〇〇四年)など。

(25) 小倉慈司「八・九世紀における地方神社行政の展開」(『史学雑誌』一〇三―三、一九九四年)、七八頁。本書第一部第二章も参照。

(26) ホクラの流れを汲む、とはいっても、一部の考古学者が述べているように、それが、稲が納められるような「稲倉」であったかどうかは現在のところ判断できない。後考を期したい。八幡一郎「日本古代の稲倉」(『稲倉考』慶友社、一九七八年、初出一九六六年)四七頁、金関恕「弥生土器絵画における家屋の表現」(『国立歴史民俗博物館研究報告』七、一九八五年)七三頁、広瀬和雄「弥生時代の「神殿」」(『都市と神殿の誕生』新人物往来社、一九九八年)など参照。

(27) 国司の神拝や朔幣が八世紀以前に実際に行われていたか否かは議論が分かれるところであるが、ここではさしあたり、この「社」が国司の幣帛を受けるなど、国司が把握している神社であったことを確認できればよい。

(28) この点に関しては、第一部第二章でもふれた。神社修理・清掃の研究史については、本書八五頁を参照。

(29) もちろん、すべての神社が『今昔物語集』でみられた神社のように、興廃を繰り返したわけではないと推測される。八世紀以来平安時代に至るまで、国家・国司の掌握のもと、社殿を維持しつづけた神社も存在したと考えられ、また、奈良時代も平安時代も「小サキ仁祠」といった社殿のない宗教施設も存在したであろう。

(30) 時範自身が神拝した神社は六社だけであるけれども、本来受領が神拝すべき神社は六社のみではなかったようである。時範は、神拝に向かうのに先立ち、「舘侍十人」を使者として幣帛・神宝を持たせ、「遠社」に派遣している。時範は、神拝すべき神社すべてに参拝できないため、部下に代理で神拝をさせているのであろう。舘侍がそれぞれ、何社に参詣したか判明すれば、受領が神拝すべき神社の数が正確に把握できるが、詳細は不明である。しかし舘侍の人数から、少なくとも、代理派遣される神社が十社以上であったことは確かである。

(31)　水谷類「国司神拝の歴史的意義」(『日本歴史』四二七、一九八三年)、二七頁。

(32)　『延喜神名式』と、現存する『尾張国神名帳』とを比較すると、『尾張国神名帳』は『延喜式』をふまえて下位の神社を増補したものと考えられている。井後政晏「尾張国の総社と一宮以下の諸大社」(『皇學館大学神道研究所紀要』二〇、二〇〇四年)を参照。『神名帳』全般に関しては三橋健『国内神名帳の研究　論考編』(おうふう、一九九九年)参照。

(33)　『中右記』元永二年(一一一九)七月三日条参照。

(34)　『公卿補任』保延二年(一一三六)条参照。

(35)　『左経記』寛仁四年(一〇二〇)三月十九日条も参照。この史料を含め、摂関期の神社修理の問題については第一部第二章でふれた。

(36)　もちろん、国家とは関係なく、在地社会には常設の建造物なしで祭祀を行う場合があることを注意しておきたい。たとえば八世紀以降平安時代に至るまで、モリのような空間があり、そこで在地祭祀を継続的に民衆が行っていたことを否定はできないだろう。

(37)　八・九世紀と比較したとき、摂関期の朝廷にとって神社修理・清掃が重要でなくなってしまったのならば、なぜ朝廷は「長保新制」を発したのか。その点については、本書終章で検討する。

第二部　社会・国家の変転過程

第一章　九世紀後期における地方社会の変転過程

はじめに

本章は、古代の地方社会がどのような過程を経て中世社会へと変貌を遂げたのかについて、坂東地域を中心に検討するものである。

序章で述べたように、古代から中世に至る過渡期の国家・社会をどのように捉えるのかについて、特に十世紀後半以降の国家を、律令制が存続した「後期律令国家」とよぶべきなのか(1)、中世的な「初期権門体制」とよぶべきなのか(2)、近年の学界において議論がある。この議論に結論を見出すためには、古代―中世の過渡期における国家や社会のありかたについて、多面的な検討を進めていく必要があると思われるが、そのなかで、古代地方社会がいかに変化し、中世社会へと至ったかを明らかにすることも重要であると考える。

しかしながら、当該期における地方社会の実情を探ることは、やや困難である。なぜなら、現存する史料の多くは朝廷によって記述・編纂されたものであり、そこで地方の状況が詳述されることは比較的少ないためである(3)。ただし、朝廷の編纂史料からも、断片的な記載ながら地方の状況を垣間見ることができる場合がある。また、考古学的な立場から、当該期における地方社会の状況を示してくれる発掘報告も存在する。本章は、そのような文献史料と考古資料を用い、律令制が変転を始める時期、特に九世紀後半の坂東地域の状況をできる限り把握することを目的とする。

律令国家が新たな国制へ変化した際に、大きな役割を果たした事件として、坂東で起きた平将門の乱や瀬戸内海で起きた藤原純友の乱がしばしば取り上げられる[4]。純友の乱の前提として、九世紀中葉の瀬戸内海地域の状況を論ずる研究が近年もいくつかみられるが[5]、一方で坂東の九世紀中葉の状況に関する専論はほとんどない。さらに、坂東では将門の乱のあと、平維良の乱[6]、平忠常の乱など、平安時代中・後期を通じて断続的に戦乱が生じた地域でもあった。このような戦乱が生じた原因を探ることは、古代社会から中世社会への変転過程を明らかにする上で、必要不可欠のことであると考える。そこで以下、古代における地方社会がいかに変貌を遂げたのかについて、坂東における争乱・戦乱状況に注目しながら、検討していきたい。

第一節　九世紀後半における坂東地域の争乱状況

1　帯剣について

本節では、坂東地域の争乱状態を探るために、地方官人の武装化について検討することから出発したい。まず、養老公式令に次のような規定を見出すことができる。

〔史料1〕公式令52内外諸司条

凡内外諸司、有㆓執掌㆒者、為㆓職事官㆒。無㆓執掌㆒者、為㆓散官㆒。五衛府・軍団及諸帯仗者、為㆑武。大宰府・三関国及内舎人、不㆑在㆓武限㆒。自余並為㆑文。

この条の後半で、官人の文武の区分が示されている。五衛府や軍団、及び武器を帯びる者を武官に、それ以外を文官にすることが規定されている。さらに本注部分及び『令義解』などによれば、大宰府や三関国の官人は武官でないものの、武器を帯びることが許されているようである。八世紀においては、大宰府・伊勢・美濃・越前といった、一部の国の官人のみ、武装が許可されていたことが知られる[7]。つまり、多くの地方官人は武装を許されていなかったと推測される。

次に、九世紀の状況を『延喜兵部式』により検討しよう。

〔史料2〕『延喜兵部式』国司帯仗条

凡太宰府官幷品官・史生・使部・得考書生、及所部国嶋・武蔵・安房・上総・下総・常陸・上野・下野・陸奥・出羽・越後・佐渡・因幡・伯耆・出雲・石見・隠岐・長門等国郡司・書生等、並聴㆓帯仗㆒。

この史料から、東北・坂東諸国や、日本海諸国の国司・郡司・雑任らの帯仗が認められていることが知られる。八世紀と比較すると、数多くの国々の官人が帯仗を許されている。さらに正史の記載から、一部の国々では、帯剣が許可された時期を特定できる。すなわち、「勅、賜㆓長門国司帯剣㆒」（『日本三代実録』貞観五年〔八六三〕十二月二十一日己卯条）、「是日、勅、令㆓出雲国吏・郡司幷雑色人等帯剣㆒」（『日本三代実録』貞観九年〔八六七〕四月八日丁丑条）、「勅、上総国置㆓検非違使一員・主典一員㆒、帯剣把笏」（『日本三代実録』貞観九年〔八六七〕十二月四日己巳条）、「令㆓下総国検非違使帯剣把笏㆒」（『日本三代実録』貞観十一年〔八六九〕三月二十二日庚辰条）、「勅、因幡国守已下雑任已上並帯剣」（『日本三代実録』貞観十二年〔八七〇〕六月二日癸未条）などとあることから、貞観期にこれらの国司たちは帯剣を許可されたようである。

九世紀半ばにおける地方官人の帯剣・帯仗については、西山良平氏が簡潔にふれている程度で[8]、詳しく論じられたことはないようである。そこで、帯剣（仗）にいかなる意味があるのか、あらためて検討してみたいと思う。当然、武装を意味すると予想されるが、そのことを確認できる史料が存在する。

〔史料3〕『朝野群載』所収、天暦十年（九五六）六月二十一日駿河国解(9)

国司以下申帯剣。

駿河国司解　申請　官裁事。

請下因二准諸国例一、被上レ令二国司幷郡司・雑任帯剣一状。

右、謹検二案内一、当国西作二遠江国榛原郡一、東承二相模国足柄関一。況復国内帯二清見・横走両関一。坂東暴戻之類、得レ地往反。隣国奸猾之徒、占レ境栖集。侵害屢聞、奪撃発、百姓不レ安、境内无レ静。国宰、守二符旨一、勘二糺奸犯之輩一、不レ帯二弓箭一、無レ便二追捕一。近則管益頭郡司伴成正・判官代永原忠藤等、去天暦八年被二殺害一。介橘朝臣忠幹、去年被二殺害一。是或拒二捍公事一、或忽結二私怨一。往々所レ侵也。重検二傍例一、甲斐・信濃等国、雖レ云レ不レ置二関門一、去承平・天慶之間、任二国申請一、已被二裁許一。此国已帯二両関一、何不二申請一。加以、可丙捕下糺私帯二兵仗一之輩上、及勤乙行警固甲之状、官符重畳。若無二弓矢之儲一、何禦二非常之危一。望請　官裁、准二諸国例一、被レ裁二許件帯剣一、将レ為二不虞之備一。仍録二事状一、謹請二　官裁一。謹解。

天暦十年六月廿一日

十世紀半ばの史料である右の解によれば、駿河国は、国司・郡司が殺害されたことをうけて、悪事を犯す人々や勝手に武装する者などに対し、彼らを捕らえ糺す必要があることを論じ、太政官に「帯剣」の申請を行っていることが知られる。「不レ帯二弓箭一、無レ便二追捕一」、「若無二弓矢之儲一、何禦二非常之危一」とあることから、「帯剣」は、弓矢などを含めた、個人用の武器を装備することを指すようである。やはり帯剣は、国郡司を殺害するような「奸犯之輩」などに対抗するための、武装を意味したのである。

翻って、貞観年間に、多くの地方官人が帯剣を許された理由について考えよう。貞観期において地方社会で武装が必要となる事例があったのだろうか。まず想起されるのは、新羅との関係悪化であろう。貞観十一年（八六九）六月には、新羅の海賊船が博多津に来航し、豊前国の「年貢絹綿」を略奪し、逃亡する事件が起きた。『日本三代実録』貞観十一年六月十五日辛丑条によれば、大宰府は即時に兵を発したものの、船を捕らえることができなかったようである。

これは、著名な新羅海賊襲撃事件であるが、この事件が起こる以前に、すでに日本と新羅の関係は悪化していた。石上英一氏は、九世紀における新羅に対しての敵視・賊視は、承和年間の後半八四〇年代初頭から生じ始めていたことを論じ、さらに石上氏は、「日本は八六六年ごろから（中略）大宰府と能登以西の日本海沿岸諸国に警戒を命じていた」と述べている(10)。

石上氏の見解に依拠すれば、貞観期において、長門・出雲・因幡など、日本海側の諸国官人が武装したことの背景を理解することが可能であろう。すなわち、新羅との関係悪化、及び悪化による海岸警護のために、国司たちの武装が許されたと考えられる(11)。

新羅海賊が襲撃するような深刻な事件に備えて、朝廷が諸国の官人に帯剣を許可したと考えれば、日本海沿岸諸国以外も同様に、何らかの深刻な事件――〔史料3〕を参考にすれば、国郡司が殺害されるような事件――に備えるため、帯剣を許された可能性を指摘できよう。『日本三代実録』によれば、上総と下総の官人が帯剣したことが知られ、また〔史料2〕によれば、それ以外にも武蔵など、坂東・東北地域で国司たちの帯剣が許されていたことが窺われる。

詳しい史料が存在しないため、あまり注目されていないが、実は九世紀半ばの承和十五年（八四八）・貞観十七年（八七五）・元慶七年（八八三）において、坂東諸国では争乱が生じている(12)。今、問題としている貞観期の史料を以下に掲げる。

〔史料4〕『日本三代実録』貞観十七年五月十日辛卯条

従五位下守下総守文室朝臣甘楽麻呂飛駅奏言、俘囚叛乱、故焼二官寺一、殺二略良民一。勅符曰、省二奏状一、知二俘虜怨乱一。須下発二官兵一、以遏中鋒鋭上。又令下二武蔵・上総・常陸・下野等国一、各発二兵三百人一、以為中援助上。宜下各合レ勢迭
相追討、早令中和解莫上レ擾二農民一。

ここでは、下総国の要請をうけた朝廷が、武蔵・上総・常陸・下野の諸国に対し、俘囚の反乱を追討するために発兵を命じていることが知られる(13)。これらの国々と〔史料2〕の坂東諸国を比べてみると、安房国が〔史料4〕にないものの、それ以外が一致することは興味深い。新羅襲撃と同様に、〔史料3〕にみられるような「奸犯之輩」などが生み出す深刻な混乱が東国で生じていたからこそ、「奸犯之輩」らに対抗するため、坂東諸国の国司たちが帯剣を許されたと考えられるのではないだろうか。

さらに、貞観十二年（八七〇）十二月に上総国に下された太政官符には、俘囚が騒擾を起こした場合、「宜下勤加二捉搦一改中其賊心上」とあり、また、彼らがもし国家に従順な姿勢をとった場合は「殊加二優恤一」と記されている(14)。坂東に居住する浮囚に対し、朝廷は対話と圧力の姿勢を打ち出しており、また、この時期の上総国では、群盗が放火・略奪を繰り返していたこと、その対策に上総国・朝廷が苦慮していたことを太政官符から読み取れる。

先述したように、このような争乱が生じた史料は、承和十五年（八四八）からみられ、また、帯剣の史料を含め、争乱に関する史料が貞観期に増加する(15)。以上の検討から、坂東における混乱状態は九世紀半ばに端緒を発し、貞観年間になると、想像以上に激しいものであったと推測することが可能であるように思う(16)。

2　九世紀後期における神階勲位

出雲国司・郡司らに帯剣が許されたことが記されている『日本三代実録』貞観九年（八六七）四月八日丁丑条には、次のようにある。

〔史料5〕『日本三代実録』貞観九年（八六七）四月八日丁丑条

出雲国従二位勲七等熊野神・従二位勲八等杵築神並授二正二位一。正五位下佐陀神正五位上。伯耆国正五位下伯耆神・訓坂神・大山神並正五位上。正六位上湊神・賀茂神並従五位下。備後国従五位上甘南備神・高諸神並正五位下。是日、勅、令二出雲国吏・郡司幷雑色人等帯剣一。

ここでは神階の昇叙が決定されているが、出雲国で帯剣が許された同日、同じく出雲国で神階昇叙が決定されていることは興味深い。同じく、日本海沿岸の伯耆国でも神階昇叙が定められていることにも、留意しておきたい。新羅来襲といった混乱が予想される地域の神社に対し、なぜ神階の昇叙が行われたのであろうか。

さて、この時期における日本海沿岸諸国の神社に注目すると、次の史料も興味深い史料である。

〔史料6〕『日本三代実録』貞観八年（八六六）十一月十七日戊午条

（前略）勅曰、廼者怪異頻見。求二之蓍亀一、新羅賊兵、常窺二間隙一。災変之発、唯縁二斯事一。夫攘二災未兆一、遏二賊将来一、唯是神明之冥助、豈云二人力之所為一。宜レ令下能登・因幡・伯耆・出雲・石見・隠岐・長門・大宰等国府、班二幣於邑境諸神一、以祈中鎮護之殊効上。又如聞、所レ差健児・統領・選士等、苟預二人流一、曽無二才器一。徒称二爪牙之備一、不レ異二蟷螂之衛一。況復可レ教之民、何禦二非常之敵一。亦夫十歩之中必有二芳草一、百城之内寧乏二精兵一。宜レ令下同国府等勤加二試練一必得中其人上。

怪異がしばしばみられたため、占いを行ってみると、新羅賊兵が常に間隙を窺っている。万が一の災変を未然に防ぎ、賊の襲来をとどめるため、日本海沿岸諸国の神社に班幣を行い、神々の鎮護を求め祈っていることが知られる。ここから、異変をとどめるためには、神々の助けを恃み、神社に班幣を行う場合があったことが窺える。

〔史料6〕にみられるように、班幣が海防を担う諸国で行われていることにここでは注目したい。朝廷は新羅襲撃の当事国になると予想される日本海沿岸諸国の神社に対し、班幣を命じているのである。その国の「鎮護之殊効」を祈るためには、その国の神社に幣帛を班ち、祭ることが必要であったと理解できよう。

さらに戦乱の際、諸神に神階勲位が授けられることがあった。神階勲位については、主に六国史を精査された渡辺直彦氏の専論がある。[17] 氏は、神階勲位が藤原仲麻呂の乱において授けられたことを嚆矢とし、その後の蝦夷征討・新羅入寇の際などに勲位が神社に授けられた、すなわち軍功行賞として、もしくは戦勝祈願として、勲位が授けられたことを論じた。たとえば、次の史料が参考になる。

〔史料7〕『日本三代実録』元慶二年（八七八）八月四日丁卯条

（前略）是日、彼国正三位勲五等大物忌神進㆓勲三等㆒、正三位勲六等月山神四等、従五位下勲九等袁物忌神七等。先㆑是、右中弁兼権守藤原朝臣保則奏言、此三神自㆓上古時㆒、方有㆓征戦㆒、殊標㆓奇験㆒。去五月賊徒襲来、挑㆓戦官軍㆒。当㆓此之時㆒、雲霧晦合、対坐不㆓相見㆒。営中擾乱、官軍敗績。求㆓之蓍亀㆒、神気帰㆑賊、我祈無㆑感。増㆓其爵級㆒、必有㆓霊応㆒。国宰斎戒、祈請慇懃。望請加㆓進位階㆒、将㆑答㆓神望㆒。仍増㆓此等級㆒。（以下略）

出羽権守藤原保則は、蝦夷らとの戦いに敗れた原因を占いによって求めたところ、神の加護が自軍ではなく、敵に向かっているとのことであった。そこで保則は三神の「霊応」が次戦で自軍に与するように、位階の増加を朝廷に申請したのである。国司が、戦勝祈願のために神社の勲位を昇叙させる場合があったことが、右の史料から理解できる。[18]

次に注目したいのは、元慶四年（八八〇）において、上野国数社が叙位した事例である。『日本三代実録』元慶四年五月廿五日戊寅条によれば、「正五位下小祝神、波己曽神、並正五位上・勲十二等」を授けられていることが知られる。さらに同日条に、賀茂神社・美和神社・稲裏地神も勲十二等が授けられていることが記されている。これらの授位は、渡辺氏も述べているごとく、元慶の乱における報賽と考えてよいだろう。のちの一宮となる貫前神社も同様に、八等から七等へと昇っている。ほかの神社と同様、元慶の乱における軍功行賞であると思われる。[19]

ここで、元慶四年以前の貫前神社の勲位についてみてみよう。『続日本後紀』承和六年（八三九）六月甲申（ママ）条によれば、「奉㆑授㆓上野国无位抜鋒神（中略）従五位下㆒」とあり、この時点で貫前神社は神階勲位を所持していなかったようである。だが『日本三代実録』貞観元年（八五九）正月二十七日甲申条では、「上野国正五位下勲八等貫前神、従四位下」とあることから、承和六年から貞観元年のあいだの二十年間において、勲位が授けられた可能性が高い。[20]

次に、常陸国薩都神社に注目したい。薩都神社は、承和十三年（八四六）において、勲十等であったものの、貞観八年（八六六）において勲七等となっている。[21] 承和十三年から貞観八年のあいだに勲位が昇ったと考えてよいだろう。

これら上野国貫前神社・常陸国薩都神社の二例から、九世紀中葉において、上野国及び常陸国、もしくは両国周辺において、神社へ勲位を授けなければならない事態、すなわち軍功行賞もしくは戦勝祈願が行われる事態が生じたと考えてよいだろう。〔史料2〕によれば、上野・常陸両国ともに帯剣が許された国であることから、九世紀中葉において、当該地域が混乱状態にあった可能性は充分にある。やや幅を取り、承和六年から貞観八年までのあいだで、このような混乱状況が史料上窺うことができるのは、「上総国馳伝、奏二浮囚丸子廻毛等叛逆之状一。登時勅符二道発遣。一道賜二上総国一、一道賜二相摸・上総・下総等五国一。令二相共討伐一」（『続日本後紀』承和十五年（八四八）二月庚子条）であると思われる。だが、この事件は上総で起きた事件であり、上野国及び常陸国とはやや関係が薄い。「相共討伐」する五国のうちに入っている可能性もあるが、未詳といわざるをえない。

このように、明確な史料から判断することができないものの、神階勲位の検討から、九世紀中葉において、上野・常陸両国周辺が少なくとも平穏な状態ではなかった、といえそうである。[22]

前項で、九世紀中葉において坂東が混乱状態であった可能性を指摘したが、本項における神社、特に神階勲位の検討によって、その可能性はより高まったのではないだろうか。

3　九世紀後期における地方陰陽師

次に、新羅の襲撃を予想して、その対策のために奉幣、及び兵員整備を日本海沿岸諸国に命じた〔史料6〕をあらため検討しよう。対策を行おうとした契機は、①「恠異」がしきりにみられたため、②これを「蓍亀」、つまり占ってみると、③「新羅賊兵」が隙を窺っている、とのことであった。ここで、「新羅賊兵」が来襲してくることを、②の「蓍亀」によって朝廷が知ることとなる点が注目される。占いは、中央では神祇官・陰陽寮で行われるはずであるから、〔史料6〕の場合も神祇官・陰陽寮で占われた可能性が高いと思われる。[23]

一方、異変の予知と「蓍亀」の関係は、次の史料からも窺うことができる。

〔史料8〕『類聚三代格』所収、元慶六年（八八二）九月二十九日太政官符

太政官符

応レ置二鎮守府陰陽師一事

右、得二陸奥国解一偁、鎮守府牒偁、軍団之用、卜筮尤要。漏刻之調、亦在二其人一。而自レ昔此府、無二陰陽師一。毎レ有二恠異一、向レ国令レ占。往還十日僅決二吉凶一。若有二機急一、何知二物変一。請被二言上一、将レ置二件職一者。（以下略）

以下、鎮守府牒は陸奥国を経て太政官へ上申されている。つまりこの官符は、太政官によって鎮守府の陰陽師設置が認められる官符である。ここで鎮守府が、陰陽師を設置せねばならない理由の一つに、「軍団之用」をあげている。ここから、戦乱のときに陰陽師が必要であることを示唆していると思われる。この官符が発されたのは、元慶の乱が出羽国で発生した四年後のことであり、隣国である陸奥国が騒然としていた可能性がある。[24]すでに松本政春氏による指摘もあるが、戦乱の予知など軍政のために陰陽師が重要な役割を果たしていたようである。[25]なお、国司の公廨稲割り当てを規定した『弘仁主税式』の条文に、「陸奥国博士・医師・陰陽師並准レ目」とあることから、すでに弘仁年間において陸奥国では陰陽師が存在していたらしい。[26]

さらに、地方での陰陽師設置は陸奥・鎮守府だけではない。嘉祥三年（八五〇）六月十一日に出羽国で、貞観十四年（八七二）五月二日に武蔵国で、貞観十八年（八七六）七月二十一日に下総国で、寛平三年（八九一）七月二十日に常陸

国で陰陽師が設置されているようである。[27] ここで検討してきたように、戦乱の予知などのために陰陽師が設置されたと考えられるのであれば、貞観―寛平期において、坂東地域でも東北地方と同様に、争乱、もしくはそれに近い状況となっていた可能性が指摘できるのではないだろうか。[28]

4　小結

これまで、主に貞観期以降において、坂東地域がいかに混乱した状況であったかを論じてきた。いずれも、直接的に混乱状況を示す史料から論じたものではないので、推測に過ぎる部分が多かったと思う。しかし、帯剣・神階勲位・陰陽師という、三つの異なる素材を用いたところ、貞観期の坂東における混乱状態が窺えることから、これまでの推測は蓋然性の高いものであると考えたい。

このように、九世紀半ばを端緒として、貞観年間に活発化した坂東における争乱は、今まで考えられてきた以上に、激しいものであったと思われる。本節の最後に、その後における坂東の状況を確認しておきたい。東北で生じた元慶の乱において兵員を派遣し、元慶七年（八八三）には上総国市原郡において俘囚が反乱を起こしている。[29] 仁和二年（八八六）八月にも、朝廷は安房・上総・下総などの国に、重ねて不慮の事態に対する警戒を怠らぬよう、勅を発している。[30] さらに、寛平七年（八九五）から延喜年間にかけて、「未曾有の乱」が生じていたことは、すでに戸田芳実氏・下向井龍彦氏らによって詳論されている。[31] そして将門の乱が、承平・天慶年間に勃発する。天暦年間には〔史料3〕でみたように、国郡司の殺害事件が発生している。

このような坂東における争乱の歴史をふりかえってみると、九世紀半ばから十世紀前半まで、坂東では断続的に争乱状態が続いていたことが窺える。その端緒が承和末年に生じた俘囚の乱であったけれども、争乱がより深刻化したのは、多くの国で地方官人に武装が許され、神社の神階勲位が昇叙し、陰陽師が設置される貞観年間であったのではないだろうか。近年の研究では、貞観年間の争乱はあまり注目されておらず、寛平・延喜の乱が、平将門の乱の前提にあるとする見解が主流のように思う[32]。しかし本節で検討したように、九・十世紀の交よりも早く、九世紀中葉から、坂東での混乱状態はすでに始まっていたのである[33]。

第二節　九世紀半ばにおける坂東社会の変転——考古学の成果から

第一節では、主に断片的な六国史及び『類聚三代格』などの記載から、坂東における争乱状況を推測した。坂東が争乱状態へと突入する九世紀中葉は、集落の居住形態も大きく変化を始める時期であった。そこで本節では、考古学の研究成果を用い、九世紀半ばにおける坂東地域の集落のあり方をみておきたい。

まず、主に新潟の発掘調査をもとに、東国の集落にふれられた坂井秀弥氏の見解を紹介しよう[34]。坂井氏は、集落を①台地上の集落（聖籠町山三賀Ⅱ遺跡など）と、②沖積地に形成された集落（上越市一之口遺跡など）とに大きく分類した上で、それが千葉県や東京都などの関東の遺跡にもあてはまる、と考えている。さらに氏は、①は八世紀から九世紀半ばまでのあいだに存在するものの、それ以降は①の集落は消滅し、代わって②が九世紀中葉—後半から登場し、十世紀末まで存在する、と述べている。

千葉県の事例に関して、坂井氏は笹生衛氏のかつての見解を用いて論じているが[35]、近年笹生氏は旧説を改め、新たな見解を精力的に発表している[36]。すなわち坂井氏は、千葉県小糸川中・下流域や北幸谷川水系の集落遺跡における調査成果をもとに、いくつかの興味深い指摘をしている。ここでは三つの指摘に注目したい。α弥生時代中期から平安時代後期に至るまで、沖積地にも集落が存在したこと、β台地上にも沖積地にも古代集落は存するものの、九世紀半ば〜十世紀において、近接して数世代にわたり継続的に営む居住形態から、分散して一世代程度の短期間で移動する居住形態に変化したこと、γ墨書土器の記載から、末端行政組織も九世紀半ばに移動し、集落を統べる支配者もそれまでの氏族から異なる新興の氏族へと変化した可能性があること。以上三点が注目される。

また笹生氏はかつて、発掘報告から判断すると、集落のあり方などが十世紀前半に変化することから、文献史学の王朝国家体制論に依拠してその変化を論じていたが(37)、近年では九世紀半ばから集落のあり方などが変化する事例もみられることから、十世紀前半に固執することなく、やや幅広く、九世紀半ばから十世紀初頭に変化の画期を見出されているようである。もちろん、九世紀半ばよりも、十世紀初頭を変化の画期と考えざるをえない遺跡も坂東地域に存在するが(38)、上記以外にも埼玉県東部で九世紀後半を変化の画期として旧来の集落遺跡が後退、新興の集落遺跡が登場する例が報告されるなど(39)、九世紀半ばに変化の画期を見出すことのできる考古学的知見が積み重ねられていることは、非常に重要である。

坂井氏の見解と笹生氏の近年の見解とはいくつかの点で異なっているけれども、古代集落の特徴である各住居が密接する形態が変化したこと、その画期が九世紀半ばであることに関しては意見が一致している。以上の考古学的成果から、九世紀半ば、坂東社会のいくつかの地域において、集落のあり方が少なからず変化したと考えて大過ないだろう。

ところで、第一節と関連する考古学的成果もみられる。坂井氏は、東京都の事例として多摩地方に存在する落川遺跡に言及されているが、この遺跡に関しては居住形態以外にも興味深いことが明らかになっている。すなわち鶴間正昭氏の研究によれば、九世紀以降、それ以前と比べて、農具がそれほどの増加をみせないのに対して、工具や武器類の増加が著しいことが指摘されている（図1も参照）。特に武器に関しては、八世紀の遺構ではほとんどみられないものの、九世紀の遺構から出土するようになり、十世紀になるとさらに出土量が増加するようである(40)。さらに十世紀には、製鉄遺跡も登場するという。

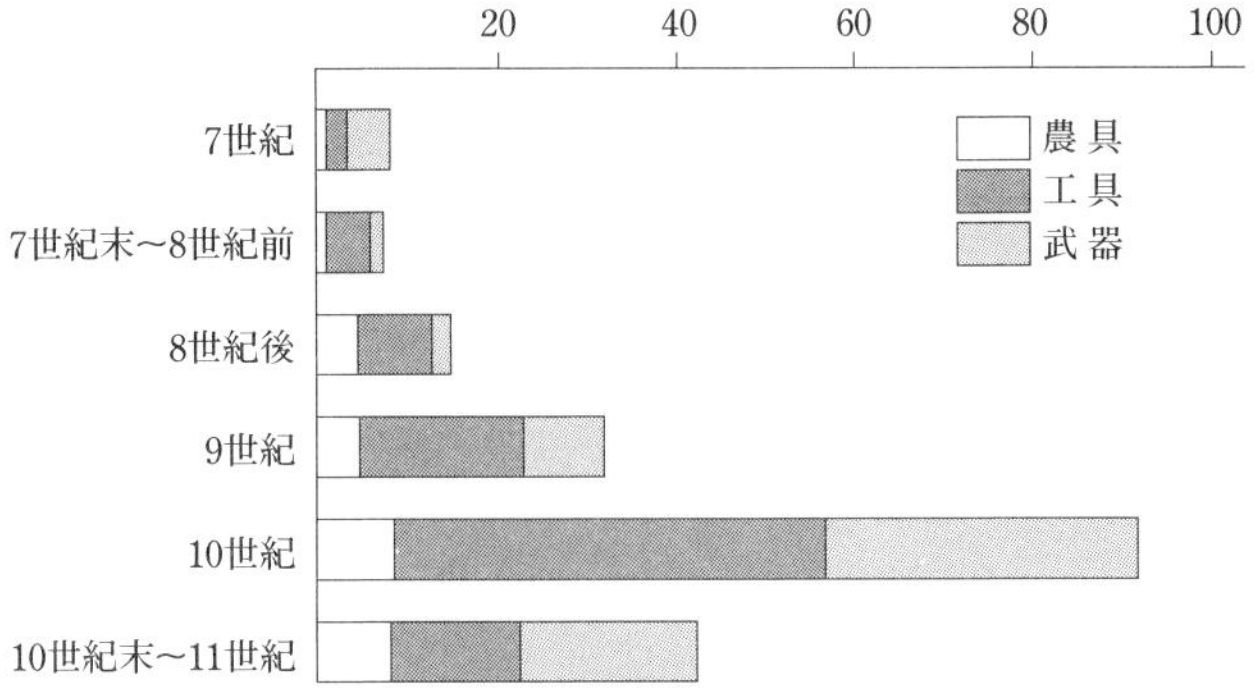

図1　農具・工具・武器出土量（鶴間正昭注(40)論文より）

鶴間氏の見解、及びその後に発表された先学諸氏の研究[41]は、武器類が急増する十世紀に東国村落の変化の画期を見いだしている。考古学的成果を正確に受け止めた先学の見解は、首肯しうるものであり、本章でも、その画期性を否定するべきではないと考える。だが、八世紀にほとんど出土していない武器類が、九世紀になり出土しはじめることにも、注目すべきであろう。また、埼玉県中堀遺跡では九世紀前半にほとんど出土していなかった武器類が、九世紀後半・十世紀前半になると出土するようになる[42]。

　さらに、古代の鉄鏃を精査された津野仁氏によれば、古代鉄鏃の画期は、柳葉I式が明確に出現・定着する九世紀後半に大きく変化する。その変化を津野氏は、「茨城を含め群馬・長野県域を中心に一部神奈川県域も包括した地域で、新しい武器の技術革新が行われ、これらの地域に政治権力かその対抗勢力を支える武力の基盤（軍事基盤）を共有する勢力が存在したことが推測される。そして、その範囲は国を超えた交流であったことが理解できる。この新しい鉄鏃は、国府域や国府周辺のみならず、集落遺跡でも出土することから民間でも使用されていたようで、国衙軍制下で技術革新されたとみるより、群党などが開発主体であったものと推測される」と評価した[43]。

　以上の知見から、九世紀のある時期以降、坂東地域では武器が多く生産される状況になったことが知られる。武器が生産されたということは、武器を使う状況、つまり争乱状態が生じていたと推測できよう。今後さらなる成果報告や、他地域の武器出土状況の調査を含めて、多様な集落や武器使用のあり方を考慮しなければならないが、第一節での考察を是とすれば、九世紀半ばの坂東社会に混乱状況が生じたため、八世紀にはほとんどみられなかった武器生産が行われはじめると考えてもよいのではないだろうか。九世紀の混乱状況を前提として、十世紀に入り、より大規模な騒乱が坂東地域で生じたと考えるべきであろう。

以上本節では、考古学的な知見から、九世紀坂東地域における集落の居住形態や、武器出土の増加傾向について検討してきた。居住形態は九世紀半ばに変化する遺跡が多くみられ、武器に関しては、九世紀になると武器が使用される状況へと変化していくことをみてきた。以上の考古学的成果から、九世紀の坂東地域において、何らかの変化が生じたと考えられる。

おわりに――律令国家と地方社会の変転

本章では、九世紀後期における坂東地域の社会のあり方について、文献史料・考古資料の両面から述べてきた。偶然にも変転の嚆矢が九世紀半ばにあることは興味深いと思われるが、最後に、第一節・第二節で述べたような変化が九世紀半ばになってなぜみられるようになるのか、坂東以外の地域も視野に入れつつ、総括的に論じておきたい。

まず、同時期における他地域について、先行研究に依拠しながら、簡単に確認しておこう。まず畿内についてみよう。承和五年（八三八）に「群盗」がみられ、それ以後、断続的に「奸盗」や「盗賊」が畿内で活動していることが、国史の記事から知られる(44)。次に、瀬戸内海地域について確認する。承和五年（八三八）の「令㆔山陽・南海道等諸国司補㆓糺海賊㆒」とあることを嚆矢とし(45)、貞観年間、瀬戸内海の海賊に対する追捕令が、何度か出され、元慶五年（八八一）にも追捕令が出されている(46)。九世紀半ば以降の畿内・瀬戸内海地域において、八世紀や九世紀初期にはみられなかった、盗賊・海賊の類が活発な動きをみせているようである。

つまり、本章で述べてきた坂東地域のみならず、畿内における盗賊問題、瀬戸内海地域における海賊問題、さらに第一節で述べたような日本海沿岸地域における対新羅緊張状態、及び陸奥・出羽における対蝦夷緊張関係をあわせて考えれば、日本列島の多くの地域で、九世紀半ばに混乱状況へ変化したと考えられる。古代日本列島における各地方社会は、十世紀前中期における律令国家の転換よりも一足早く、九世紀半ばに変化を始める。「地域ブロック化」(47)の萌芽が九世紀半ばにみえはじめてくると評価することも、可能かもしれない。

ではなぜ、九世紀半ばに、このような盗賊などの活動が活発化するのだろうか。盗賊などを史料用語から「党」と定義した戸田芳実氏によれば、「党」の「核となるものは、富豪層の組織する家父長制集団」(48)という。戸田氏の見解を是とすると、九世紀半ばにおける争乱は、富豪層の成長が起因であるということになるだろう。

戸田氏の見解は卓見であり、多くの古代・中世史研究者は、九世紀の地方社会を論ずるとき、富豪層論に依拠する場合が多い。しかし戸田氏が述べている富豪浪人が国家に注目され、問題化するのは八世紀末期からすでに始まっている(49)。にもかかわらず、富豪浪人が登場して約五十年後の九世紀半ばに、なぜ彼らが「党」となり、各地で群盗・海賊行為や国家に対する反抗を行うのか、戸田氏の議論では簡単に説明できないように思う。あるいは、八世紀末に登場した富豪浪人が、九世紀前半には群盗化・海賊化するほどの勢力はなかったけれども、九世紀半ばになると国家に抗する勢力に拡大した、と考えることも可能である。戸田氏も右のように考えていたのかもしれない。とすれば、やはり富豪浪人がなぜ九世紀半ばになって勢力を拡大することができたのか、その要因を探る必要がある。

ここで、九世紀の政治改革について論じた笹山晴生氏の見解に注目したいと思う(50)。笹山氏は、延暦—天長年間において諸改革がなされたものの、「承和の変後、仁明朝から文徳朝にかけては、土地・農民政策の面で、とくに新たな方策はうち出されなかった」ことをうけ、貞観年間に諸種の政策が行われたが、それらの政策は「地方政治に対する確固たる指針がないままに、地方国司の個人的な力量にすべてを依存していく」ものであったことを論じている。つまり、貞観年間には、「中央・地方を通じて各種の社会的矛盾が露呈するが、政府はそれに対して的確な対応をなしえ」ていない状況であった。

さらに、このような朝廷の統制の弱体化にともなって、文徳朝以後、国司に対する郡司の武力蜂起が起こるようになると笹山氏は論じている。笹山氏は、このような貞観年間における朝廷の地方政治への無関心化が地方社会にも影響を与え、郡司の武力蜂起が生じることを示唆されている。本章の検討結果を合わせて考えれば、郡司の武力蜂起のみでなく、坂東における混乱状況も、朝廷による地方統制の弱体化が原因であると推定することが可能なのではないだろうか。

また、九世紀半ばの日本列島において、天候不順のため自然災害が多かったこと、その増加が要因となって、古代集落が消滅し、新たな集落のあり方が誕生していったことが近年の研究によって明らかにされている(51)。自然災害の増加により、第二節で述べたような集落のあり方が変化したと推測されるが、ともかく貞観年間、このような慢性的な天災といった社会秩序の変化に対し、前代と比べて朝廷が対策を講じることが少なくなる(52)。このような朝廷による政策のあり方からも、朝廷の地方統制弱体化が指摘できる。

朝廷は、自然災害によって集落のあり方が変化した地方社会を統制することにさほど関心を示さなくなる。一方地方社会は、自然災害に対する方策を講じない朝廷に対抗する動きを示す。この動きが、九世紀半ば以降の坂東における混乱状態であり、そのような混乱が、将門の乱やその後断続的に続く戦乱を引き起こす原因になるのではないだろうか。

以上、本章では、文献史料・考古資料の二点から、古代社会の変転過程について考えてきた。ここでは九世紀半ばの画期性を論じてきたが、律令国家や古代社会がどのような変化を遂げるかについては、本章の考察のみでは不充分であり、多面的な検討を要する。次章以降で論じたい。さらに、古代集落のあり方の変化と争乱との因果関係など、議論の余地は多くある。先学諸氏、特に考古学を専門とする方々からの厳しいご叱正を頂戴したい。

注

(1) 大津透『律令国家支配構造の研究』(岩波書店、一九九三年)。
(2) 吉川真司「摂関政治の転成」(『律令官僚制の研究』塙書房、一九九八年、初出一九九五年)、「院宮王臣家」(『日本の時代史5　平安京』吉川弘文館、二〇〇二年)。
(3) 近年、古代史の立場においても、史料的制約を乗り越え、地域の歴史を考える研究が次第に増えている。川尻秋生『古代東国史の基礎的研究』(塙書房、二〇〇三年)、西別府元日『日本古代地域史研究序説』(思文閣出版、二〇〇三年)など。
(4) 最近でも、上島享「中世国家と寺社」(『日本史講座3　中世の形成』東京大学出版会、二〇〇四年)などが、平将門の乱・藤原純友の乱が古代国家の変質に重要な役割を果たしたと論じている。
(5) 松原弘宣「漁民・海賊、純友の乱」(『古代の地方豪族』吉川弘文館、一九八八年、初出一九八七年)、「海賊と応天門の変」(『古代国家と瀬戸内海交通』吉川弘文館、二〇〇四年、初出一九九八年)、西別府元日「平安時代初期の瀬戸内海地域」(注(3)書、初出一九九五年)、下向井龍彦・稲葉靖司「九世紀の海賊について」(『海と風土』雄山閣出版、二〇〇二年)など参照。
(6) 川尻秋生「平維良の乱」(注(3)書、原型初出一九九二年)。
(7) 公式令52内外諸司条に関しては、近藤好和『弓矢と刀剣』(吉川弘文館、一九九七年)などに言及がある。
(8) 西山良平「古代国家と地域社会」(『日本の古代15　古代国家と日本』中央公論社、一九八八年)、一三九頁。
(9) 『朝野群載』は葉室本を底本とし、各種諸本で改めた部分もある。『朝野群載』の諸本については、高田義人「『朝野群載』写本系統についての試論」(『書陵部紀要』五四、二〇〇二年)参照。
(10) 石上英一「古代国家と対外関係」(『講座日本歴史2　古代2』東京大学出版会、一九八四年)、二八一頁。近年の研究として、山崎雅稔「貞観十一年新羅海賊来寇事件の諸相」(『国学院大学大学院紀要　文学研究科』三二、二〇〇一年)、渡邊誠「承

和・貞観期の貿易政策と大宰府」（『ヒストリア』一八四、二〇〇三年）などがある。

(11) なお石上氏は、『日本三代実録』貞観八年（八六六）十一月十七日戊午条（後掲〔史料6〕）を根拠に、「八六六年ごろから（中略）能登以西の日本海沿岸諸国に警戒を命じていた」と論じている。だが帯剣の記事を参考にすれば、少なくとも長門が帯剣を許される貞観五年（八六三）から警戒を命じていたようである。また〔史料2〕を参考にすれば、越後・佐渡にも警戒を命じた可能性がある。

(12) 戸田芳実「中世成立期の国家と農民」（『初期中世社会史の研究』東京大学出版会、一九九一年、初出一九六八年）、二三―二四頁など参照。

(13) 『日本三代実録』貞観十七年六月十九日庚午条・七月五日乙酉条によれば、下野でも争乱が生じていたことが知られる。

(14) 『日本三代実録』貞観十二年十二月二日己卯条。

(15) 付言すれば、①貞観三年十一月十六日丙戌に武蔵国で検非違使が設置されたこと、②貞観四年正月十三日壬午に、軍事官僚であった坂上瀧守が武蔵介に任じられたこと（元木泰雄『武士の成立』〔吉川弘文館、一九九四年〕、一一頁に指摘がある）、③『日本文徳天皇実録』仁寿三年（八五三）三月壬子条所引、丹墀門成卒伝に、彼が武蔵権守（承和十二年六月―）のとき、武蔵国が「盗賊充レ阡」との状態であったことから、坂東において、貞観四年以前から何らかの争乱が生じていた可能性が高い。

(16) ここでは、帯剣を許可する事例を取り上げてきたが、逆に武装を禁止する宣旨もある。『法曹至要抄』中、兵仗事所引、貞観九年（八六七）六月二十日宣旨によれば、「非色之輩」が「兵仗」を帯びることを禁じている。ここから、許可なく武装した者は、罰せられることが知られる。このような宣旨が出るということは、「兵仗」を帯びる「非色之輩」が増加したことを示唆していると思われる。貞観期に武器を帯びる者が増加したということは、争乱が増えたことを意味しているのかもしれない。

(17) 渡辺直彦「神階勲位の研究」（『日本古代官位制度の基礎的研究　増訂版』吉川弘文館、一九七八年、初出一九六八年）。

(18) 『続日本紀』延暦元年（七八二）五月壬寅条に「陸奥国言、祈二禱鹿島神一、討二揆兇賊一。神験非レ虚。望賽二位封一。勅、奉レ授二勲五等・封二戸一」とあることからも、神勲昇叙と争乱との関係が知られる。

(19) 元慶の乱においては、上野国から発兵を行っている。『日本三代実録』元慶二年（八七八）四月二十八日癸巳条も参照。

(20)『続日本後紀』承和十三年九月丙午条。

(21)『日本三代実録』貞観八年五月二十七日庚午条。

(22)以上のように考えることが許されれば、〔史料5〕において出雲国などの神社の神階が昇叙されたことは、新羅襲来を予防することを目的としたものと推測することができるのではないだろうか。なお、西別府注(5)論文も、貞観七年において諸社に神階が授与されたことを、「対外的緊張のたかまりのなかでの、国内平安の祈請」と推測している（二二九頁）。

(23)なお貞観期には、戦乱予知を卜占によって行うことが多い。たとえば、『日本三代実録』貞観十一年十二月五日戊子条にも、「今大鳥示二其恠異一、亀巫告以二兵寇一」とあり、卜占によって新羅の来襲を予想していることが知られる。

(24)九世紀における東北地方の情勢については、熊谷公男「九世紀奥郡騒乱の歴史的意義」（『律令国家の地方支配』吉川弘文館、一九九五年）、田中聡「民夷を論ぜず」（『立命館史学』一八、一九九七年）、鈴木拓也「九世紀陸奥国の軍制と支配構造」（『古代東北の支配構造』吉川弘文館、一九九八年）参照。

(25)松本政春「奈良朝陰陽師考」（『律令兵制史の研究』清文堂出版、二〇〇二年）。

(26)松本前注論文、二六九頁。

(27)いずれも、『類聚三代格』所収太政官符を参照。出羽国に関しては、『日本文徳天皇実録』嘉祥三年六月甲戌条を参照。

(28)では、具体的に陰陽師は戦乱のなかでどのようなことを行っていたのであろうか。詳細は未詳であるが、平安後期の状況をある程度知ることができる史料が存在する。『陸奥話記』によれば、康平五年（一〇六二）八月十七日、源頼義が攻撃日の日次を気にかけ、攻撃延期を決定していることが知られる。また、平安後期に活躍した賀茂家栄が撰した『陰陽雑書』によれば、「兵仗吉日」「忌日」とあり、戦に際して吉日・忌日の区別があったようである。この二つの例はいずれも平安後期の史料であるから、確言はできないが、九世紀においても日の吉凶を調べるために、陰陽師が戦乱に必要だったのかもしれない。なお右の二つの史料は、小和田哲男『呪術と占星の戦国史』（新潮社、一九九八年）、五五—五六頁から知った。

(29)『日本三代実録』元慶七年二月九日丙午条。

(30)『日本三代実録』仁和二年八月四日庚戌条。

(31)戸田「国衙軍制の形成過程」（注(12)書、初出一九七〇年）、注(12)論文、下向井龍彦「王朝国家国衙軍制の成立」（『史学研究』一四四、一九七九年）など参照。

(32)　前注に同じ。
(33)　管見の限り、西山注(8)論文が、九世紀半ばに坂東で騒乱が生じたことに注目する唯一の論考である。
(34)　坂井秀弥「庁と館、集落と屋敷」、「律令以後の古代集落」(『古代地域社会の考古学』同成社、二〇〇八年、初出一九九四年・一九九六年)参照。
(35)　笹生衛a「千葉県の古代末期集落遺跡」(『千葉史学』一七、一九九〇年)。
(36)　笹生b「古代集落の変化と中世的景観の形成」(『千葉県史研究』一一別冊、二〇〇一年)、c「集落遺跡の地域動態と墨書土器の出土量変化」(『史館』三二、二〇〇三年)、d「東国の集落遺跡に見る古代の終焉」(『原始・古代日本の集落』同成社、二〇〇四年)。
(37)　笹生注(35)a論文、二七―二八頁。
(38)　橋本澄朗「奈良・平安時代集落へのアプローチ」(『栃木史学』一七、二〇〇三年)によれば、栃木県芳賀町免の内台遺跡の竪穴住居は、七世紀末から九世紀後期に存したが、十世紀になると忽然として消滅するらしい。
(39)　田中広明「古代集落の再編と終焉」(『中世東国の世界1　北関東』高志書院、二〇〇三年)によれば、武蔵国東部の地域的交易圏に営まれた多くの集落は、八世紀後半から九世紀前半にかけて集落数、竪穴住居数とも最大に上昇したものの、九世紀後半になると伊奈町大山遺跡などいくつかの集落にまとまってしまうようである。なお、十世紀前半になると、さらに縮小してしまうらしい。
(40)　鶴間正昭「古代の丘陵開発」(『東京都埋蔵文化財センター研究論集』一〇、一九九一年)。
(41)　松崎元樹「古代村落の生産基盤」(『東京考古』二二、二〇〇四年)、橋口定志「中世前期居館の展開と戦争」(『戦争Ⅰ　中世戦争論の現在』青木書店、二〇〇四年)なども参照。
(42)　ただし中堀遺跡では、十世紀後半になると、鉄器生産自体が少なくなる。松崎前注論文、五一頁参照。
(43)　津野仁「古代鉄鏃からみた武器所有と武器政策」(『栃木史学』一六、二〇〇二年)、六〇頁。十世紀前半になると、埼玉・千葉県域にも柳葉Ⅰ式が使用されるようになる。
(44)　市大樹「九世紀畿内地域の富豪層と院宮王臣家・諸司」(『ヒストリア』一六三、一九九九年)、四五頁。
(45)　『続日本後紀』承和五年(八三八)二月戊戌条。

(46) 注(4)諸論文。
(47) 吉川真司「平安京」(『日本の時代史5　平安京』吉川弘文館、二〇〇二年)、九五―九八頁。
(48) 戸田注(12)論文、二二頁。
(49) 戸田芳実『日本領主制成立史の研究』(岩波書店、一九六七年)。
(50) 笹山「平安初期の政治改革」(『平安の朝廷』吉川弘文館、一九九三年、初出一九七六年)、一〇七―一一一頁。
(51) 坂上康俊『日本の歴史05　律令国家の転換と「日本」』(講談社、二〇〇一年)、二九〇―二九一頁。
(52) たとえば承和年間の朝廷は、天災に際して毎年のように撫育政策を行っているものの、貞観年間以降には数回しか行われていない。本書第一部第一章、表1を参照。そこでは推問使に注目することで、朝廷が国司に撫育を完全に委任するのは九・十世紀の交であると述べたが、その契機はすでに貞観年間にあったようである。

第二章　九・十世紀の不堪佃田・損田と律令官人給与制

はじめに

本章は、第一に、九・十世紀の地方社会における不堪佃田・損田の状況と、それらの増加に対し朝廷がどのように対応したのかについて考察すること、第二に、それらの考察をもとに、律令国家の変転過程を具体的に明らかにすることを目的とする。

まず、不堪佃田と損田について、先行研究により確認しておこう。不堪佃田は、「租・地子を輸すべき田でありながらその年には播種されなかった田地」(1)のことをいい、損田は「水旱虫損によって収穫の減少した水田」(2)のことをいう。律令国家は収穫可能な田地の減少を防ぐため、これら不堪佃田・損田の減少に努め、また国司が不正に不堪佃田数・損田数を報告していないかどうか、監察していた。これまで、特に不堪佃田に関しては、不堪佃田奏といった儀式のあり方を検討するなど、すぐれた研究が蓄積されている(3)。

ところで、律令国家は国司が不堪佃田数・損田数を虚偽報告していないか監察するため、使者を派遣する場合がある。その使者は史料上、「不堪佃田使」「損田使」とよばれることがある。

第一部第一章で論じたように、律令国家が地方へ派遣する使者（地方行政監察使）は、九・十世紀の交にほとんどみられなくなるが、実は、例外がいくつかある。『別聚符宣抄』所収、延長三年（九二五）十二月二十八日太政官符は、地方行政監察使の乱行を譴責する官符であるが、この史料には「諸国、頻以言二上損・不堪佃田一。事不レ獲レ已分二遣使者一」とあることから、損田使・不堪佃田使が延長年間に派遣されていることが知られる。また、使者が早く任地に赴かないことを譴責する『政事要略』所収、承平七年（九三七）九月八日宣旨には、「年来検諸国交替・不堪佃田・損田使等、或称二身痾一、或陳二親病一」とある。ここで取り上げられているのは、前司卒去の場合に特例で派遣される交替使[4]、及び不堪佃田使、損田使である。

以上から、不堪佃田使・損田使は、十世紀前半にもしばしば派遣され、後述するように、十世紀半ばまで存続した可能性が高い。とすれば、十世紀前半には派遣されなくなるほかの地方行政監察使と異なり、なぜ不堪佃田使・損田使は十世紀半ばまで派遣されたのかという疑問が生じる。

序章でも述べたように、一九九〇年代以降、律令国家が転換する時期を、十世紀半ばもしくは後期に求める傾向にあるものの（後期律令国家論、初期権門体制論）、いまだ九世紀末期から十世紀初頭に求める論者もおり（王朝国家体制論）、議論が分かれている[5]。さらにごく最近、川尻秋生氏[6]や佐藤全敏氏[7]など、王朝国家体制論に依拠せず、九・十世紀の交に画期を求める新たな研究も現れていることから、いまだ、律令制がいつ変化するのかという議論は、必要である。律令国家転換の時期を探り、この時期の国家のあり方を解明するために、十世紀前期で派遣がみられなくなるほかの使者とは異なり、十世紀半ばまで派遣される不堪佃田使・損田使の実態を検討するべきだと思う。

そこで本章は、これまであまり検討されていない朝廷による損田政策のあり方を含め、不堪佃田使や損田使の実態を考察することで、律令国家の転換過程を考えていきたいと思う。

第一節　九世紀の不堪佃田と損田

1　不堪佃田使について

まず、不堪佃田を摘発する使者がいつごろから派遣されるようになるのか、検討していきたい。『遠江国浜名郡輸租帳』から、八世紀に不堪佃田を国司が把握していたことが知られるが、[8]不堪佃田使はみられない。八世紀の実態は不明である。次に、九世紀について検討する。『延喜民部式』損不堪条には、損田使・不堪佃田使・賑給使・疫死使など、地方に派遣される使者が、調査に赴く際の派遣日数が記されている。この損不堪条の規定がいつ成立したか、六国史から判明する。すなわち、『続日本後紀』承和十二年（八四五）九月乙丑条によれば損田使・不堪佃田使の、『日本三代実録』貞観十二年（八七〇）十二月二十五日壬寅条によれば疫死使・賑給使の、それぞれ使者の派遣期間がみえており、承和十二年、貞観十二年に定まったことが知られる。二つの正史の記載から、『延喜民部式』損不堪条は『弘仁式』に存在せず、『貞観式』以降に制定されたと考えられよう。

不堪佃田使は史料上、『続日本後紀』承和十二年（八四五）九月乙丑条に初めてみられるが、これ以前にも不堪佃田使が派遣されていたのか、考えてみたい。正確なことは判然としないけれども、まず『類聚三代格』所収、天長元年（八二四）八月二十日太政官符が参考になる。この官符は、民が荒田を耕すことを朝廷が促す官符である。[9]この官符は、「除二不堪佃一之外、別有二常荒田一」とあるように、荒田のなかでも特に常荒田の耕作促進を目的としたものだが、常荒田と比較すれば、この段階で朝廷は不堪佃田を問題視していないようである。

次に、『類聚三代格』所収、天長二年（八二五）五月十日太政官符を検討したい。この官符は、民や国司が使者の指示に耳を貸さないことが多いため、巡察使などを詔使、賑給使などを官使として定めた官符である。官使とされている使者をみると、「賑給・検損田・池溝・疫死等使」とある。ここに、不堪佃田使が含まれていないことに注目したい。もちろん、不堪佃田使は派遣されていたものの、官使として認められなかっただけの可能性もある。あるいは、官符に「等」とあることから、「等」に不堪佃田使が含まれている可能性もあるだろう。しかし、賑給使などと比較して、不堪佃田使が官符内に具体的に提示されるほど重要な使者ではなかったと理解することも可能だろう。(10)以上の史料から、確言はできないものの、朝廷が不堪佃田使を重視するようになったのは、天長二年から承和十二年のあいだまでと推測できる。

承和十二年頃の不堪佃田問題に関しては、近年西別府元日氏が旧稿を加筆し、新たな見解を発表している。(11)すなわち西別府氏は、承和十二年の青苗簿連年進上の停止をうけて次のように述べる。「これ以後（承和十二年以後―有富注）、八世紀には全く正史に登場しなかった不堪佃田問題が活発化することとなった」、「それまで全く政治問題とならなかった不堪佃田にかんする史料が、承和期以降急激に増加しはじめる」(12)。承和十二年以降の朝廷が不堪佃田を重視しはじめると指摘されたことは卓見であり、従うべき見解である。承和年間後半から、不堪佃田の増加を問題視した朝廷が、調査のため不堪佃田使の派遣も増やした可能性が高いだろう。

2　損田使について

次に、損田使について検討したい。先述した天長二年（八二五）五月十日太政官符、及び、後述する弘仁十年（八一九）五月二十一日太政官符から知られるように、不堪佃田使と異なり、弘仁・天長年間に損田使が派遣されていたことは確実である。

損田使は、奈良時代にもさかのぼることが可能である。『続日本紀』天平宝字七年（七六三）八月癸巳条には「遣レ使覆二損於阿波・讃岐両国一。便即賑二給飢民一」、同年九月庚申条には「尾張・美濃・但馬・伯耆・出雲・石見等六国年穀不レ稔。並遣レ使覆損」とあることから、八世紀後半において、阿波など、特定諸国の被害状況を知るために、使者が派遣されていたことが知られる。

また、全国の被害状況を知るために、大規模な使者が派遣される場合もあった。『続日本紀』宝亀三年（七七二）九月癸卯条には「遣下従五位下藤原朝臣鷹取於二東海道一、正五位下佐伯宿祢国益於二東山道一、外従五位下日置造道形於二北陸道一、外従五位下内蔵忌寸全成於二山陰道一、正五位下大伴宿祢潔足於二山陽道一、従五位上石上朝臣家成於中南海道上、分頭覆損。毎レ道判官一人・主典一人。但西海道者便委二大宰府一勘検」とあり、西海道を除く六道に使者が派遣されている。さらに、『続日本紀』宝亀五年（七七四）九月癸卯条にも「遣レ使覆二損於天下諸国一」とあり、宝亀五年も使者が全国に派遣されている。ここで、収穫期の九月に派遣されるという事実から考えれば、田地の損害状況を調査していると推断されよう。よってこれら使者は、のちの損田使の嚆矢と考えられる。(13)

天平宝字七年以前は『続日本紀』和銅五年（七一二）五月乙酉条に「毎年遣下二巡察使一、検中校国内豊倹得失上」とあることから知られるように、巡察使がのちの損田使と同様の行為を行っていたと考えられる。しかし八世紀前半は、損害を調査するためだけの地方行政監察使が派遣されることはなかったようである。(14)よって損田使は、八世紀半ば以降から派遣されるようになったと考えておく。

本節では、不堪佃田使・損田使を検討してきたが、当然のことながら、使者が派遣される以前に、国司が田地の状態を調べ、中央に報告することが前提となっており、使者は国司に不正がないかを検するために、派遣されるものであった。そこで項を改め、国司がどのように不堪佃田や損田の状況を朝廷に伝えたか、検討したい。

3　国司と損田・不堪佃田

『延喜主税式』不堪佃田条及び損田条には、国司が損田、もしくは不堪佃田の状況を報告する際の書式が記されている。この『延喜主税式』不堪佃田条、損田条は、国内の不堪佃田・損田がどの程度であったかを国司が朝廷に報告する際に用いるものである(15)。

国司が朝廷に不堪佃田・損田をどのように報告したのかを考えるため、このような不堪佃田条、損田条の書式がいつ成立したのか、検討したい。書式の成立時期を考える上で、『類聚三代格』所収、弘仁十年（八一九）五月二十一日太政官符が参考になる。この史料は、国司が、①賑給すべき民を虚偽に水増しして朝廷に報告した場合、②官舎や堤防を修理するのに用いた人々の数などを偽って報告した場合、③損田の数を偽って多く報告した場合、以上三つの場合において、朝廷が国司の公廨を奪うことを指示した史料である。長文であるため、③の部分を中心に引載する。

太政官符

応㆔国司申㆑政詐不㆑以㆑実奪㆓其公廨㆒事

一、詐増㆓賑給飢民数㆒事

（中略）

一、詐申㆓官舎堤防等破損㆒幷詐増㆓支度数㆒事

（中略）

一、詐増㆓損田数㆒事

右、賦役令云、凡田有㆓水旱虫霜㆒不熟之処、国司検㆑実具録申㆑官。慶雲三年九月廿日勅偁、凡田有㆓水旱虫霜㆒不熟之処、応㆑免㆓調庸㆒者、卌九戸以下国司検㆑実処分。五十戸以上申㆓太政官㆒。三百戸以上奏聞。応㆑申㆑官者、

九月卅日以前申送。十月以後不レ須者。然則事須二委曲実録限内言上一。若渉二不実一、罪亦同レ上。今或国解文注二損万町一、遣レ使覆検五六千町。或国解文只著二損状一、得損町段都無二注載一。或過レ期乃申、巧称二路障一。或寄二事他政一至レ冬追申。国司所レ請再三慇懃、不レ得二忍止一。猶発二使人一至二于覆審一、不レ及二言上一。非三唯詐二欺上官一、兼亦費二損路次一。惣是不レ慎二憲章一、屢致二不実一之弊也。忘レ公潤レ私間而有レ之。致レ忠致レ廉希而不レ聞。（以下略）

弘仁十年の前後は、激しい飢饉が生じた時期であり、[16]そのため国司が損田の増加などに手を焼き、ときには損田数などを実際の数よりも多く朝廷に報告していた。そこで朝廷は、国司がそのような不正を犯した場合、どのような処罰を行うか定めていることがこの史料から窺える。

さらにこの史料から、国司がどのように損田数を朝廷に報告するのか知ることができる。傍線部から、国から提出される解文には損田の数量が記されるべきであったと解せる。また、国司の虚偽記載のために損田使が派遣されたことも知られる。そして国司から朝廷への報告は、「或国解文只注二損万町一」とあり、「解文」が用いられたとあることから、この「解文」は『延喜主税式』損田条に近しい記載方法を用いて記されたものではないだろうか。つまり、損田条の原型は弘仁年間にすでに存在していたと推測される。

さて、この官符の後略部分によれば、損田数の報告時期について記している部分がある。そこでは、「於二遠国一九月之損、定知レ不レ堪二限内言上一」とあることから、遠国以外の国司は、九月中に損田の数量を朝廷へ報告すべきであった。右に引用した部分のなかに引かれている、慶雲三年九月二十日の勅にも「九月卅日以前申送」とあることから、弘仁十年以前も国司は、損田の数量を九月以内に朝廷へ報告することが義務づけられていたようである。

ところが、後略した部分に、「其損田者、限内必申。若有下縁二実録一須上レ経レ日者、限内預申二損状一、追早進二実録帳一」と記されている部分がある。ここから、九月以内に「実録」を記したものを提出することが望ましいが、それに間に合わないようであるならば、まず損害の事実を報告したのち、それ以降に「実録帳」を提出せよ、ということを朝廷が国司に求めていることが知られる。ここでの「実録帳」も、おそらく損田の数量を記した文書だったと思われることから、『延喜主税式』損田条に近いものだった可能性が高いだろう。

　さらに、『類聚三代格』所収、仁寿四年（八五四）十月一日官符に「損田者預申二損状一、十月内申」とあることから、朝廷は、弘仁十年官符に記されている「実録帳」の提出を十月以内と定めたようである。この提出期限は、十世紀も同様だったようで、前田家巻子本『西宮記』（巻五、諸国言上損・不堪佃田事）に、「損田者予言上、十月卅日以前進二坪付帳一」とある。この規定は弘仁十年の提出の方法、及び仁寿四年の提出期限と対応しており、九世紀から十世紀半ばまで、提出期限が十月以内であったのである。

　ただ、官符にみられるように、国司が、「解文」の提出を遅延する場合や、虚偽記載を提出する場合が多々あったようである。そのため、損田使が派遣されたのであろう。

　ここまで、損田について検討してきたが、次に不堪佃田に関して考えてみたい。損田と同様、不堪佃田数の報告期限に関する史料をみてみると、先述の仁寿四年官符の記載、『西宮記』の記載ともに報告期限が記されている。仁寿四年官符では、「不堪佃者八月之内申」とあり、『西宮記』には「八月卅日以前、進二坪付帳一」とあることから、不堪佃田も損田と同様、提出期限が八月以内であったことが確認できる。

　ここで興味深いのは、仁寿四年の官符では損田・不堪佃田の両者ともに報告時期を規定しているにもかかわらず、弘仁十年の官符では、不堪佃田にふれず、損田数報告のみに、朝廷が関心を持っている点である。やはり、弘仁十年から仁寿四年のあいだに――先に推測したように、承和十二年頃か――、朝廷が不堪佃田増加に注意を払うようになったのではないだろうか。

第二節　十世紀の不堪佃田・損田

1　不堪佃田・損田と重陽節

前節では、九世紀の不堪佃田・損田について論じてきたが、次に十世紀の不堪佃田や損田について検討していきたい。十世紀前半に入ると、『日本紀略』延喜十五年（九一五）九月九日丁卯条に、「停重陽宴。依諸国申不堪佃田也」とあるように、不堪佃田などを理由に、節会が停止される場合がある。停止される節会のなかで特に多いのが、国司から不堪佃田の申請がなされた直後に行われる、九月九日の重陽宴である。重陽宴がしばしば停止される事実自体は、何人もの論者によって指摘されているが[17]、なぜ国司が不堪佃田を申請すると節会が停止されるのか、その意義についてあまり論じられていないようである。そこで本節では、節会の停止という視点から、十世紀における不堪佃田や損田のあり方について考えてみたい。

諸国が不堪佃田を申請したと明記されない場合にも、重陽節会を停止する場合があった。まず、この場合からみていこう。『政事要略』（巻二十五、九月節会事）には「若有損年、止此宴会」とあり、また、『九暦』天暦四年（九五〇）十月八日条には、「加以、九日節、多依風水之損、停止者也」とある。これらの史料から、天候の影響などで収穫不良などが生じた場合、節会を停止する場合があったことが知られる。そこで、重陽宴の節日が九月九日として定められた弘仁三年（八一二）から、醍醐天皇の死去のため行われなくなった承平七年（九三七）まで[18]、節会の実施・不実施や、実施されなかった理由をまとめてみると、表1のようになる。表1から、節会は十世紀前半、具体的には延喜八年（九〇八）から延長七年（九二九）まで、たびたび「風水之損」などで取りやめとなっていたことが知られよう[19]。

年	実施	不実施などの理由	備　考
元慶２年	○		
元慶３年	×	斎王が進発のため？	
元慶４年	○		
元慶５年	×	諒闇	
元慶６年	○		
元慶７年	○		
元慶８年	○		
仁和元年	○		
仁和２年	○		
仁和３年	—		
仁和４年	×	先帝周忌之近	
寛平元年	○		
寛平２年	○		
寛平３年	△		平座
寛平４年	○		
寛平５年	○		
寛平６年	○		
寛平７年	○		
寛平８年	○		
寛平９年	○		
昌泰元年	○		
昌泰２年	○		
昌泰３年	○		
延喜元年	○		
延喜２年	○		
延喜３年	○		
延喜４年	○		
延喜５年	×	帝姑源連子卒	
延喜６年	○		
延喜７年	○		
延喜８年	×	諸国衰損	平座
延喜９年	×	雨，春夏疫癘	
延喜10年	×	諸国旱損	
延喜11年	○		
延喜12年	○		
延喜13年	×	諸国申不堪并風水之損	
延喜14年	○		
延喜15年	×	諸国申不堪佃田	
延喜16年	○		
延喜17年	○		
延喜18年	○		
延喜19年	×	諸国申不堪佃	
延喜20年	×	諸国不堪佃并去夏咳病	
延喜21年	○		
延喜22年	×	諸国不堪佃	
延長元年	×	去夏疫癘	
延長２年	?		紀略は不実施と記載
延長３年	×	諸国不堪佃	
延長４年	○		
延長５年	○		
延長６年	—		
延長７年	×	異損	
延長８年	×		
承平元年	×	帝昇遐之月	
承平２年	×		
承平３年	—		
承平４年	—		
承平５年	—		
承平６年	—		
承平７年	—		

注）史料は六国史・日本紀略を基本に，政事要略・西宮記なども参照.

「実施」欄は，○：史料から，平常通りに実施されたと推測

△：天皇不出御

×：実施されず

—：史料になし

表1　弘仁3年から承平7年までの重陽節会

年	実施	不実施などの理由	備　考
弘仁3年	○		
弘仁4年	○		
弘仁5年	○		
弘仁6年	—		
弘仁7年	×	以聖躬不平也	
弘仁8年	○		
弘仁9年	○		
弘仁10年	○		
弘仁11年	○		
弘仁12年	—		
弘仁13年	○		
弘仁14年	—		
天長元年	—		
天長2年	—		
天長3年	○		
天長4年	—		
天長5年	○		
天長6年	—		十七日に神泉苑へ行幸
天長7年	○		
天長8年	○		
天長9年	○		
天長10年	○		
承和元年	○		
承和2年	○		
承和3年	○		
承和4年	○		
承和5年	×	天皇不予	
承和6年	○		
承和7年	×	諒闇	
承和8年	○		
承和9年	—		
承和10年	○		
承和11年	○		

年	実施	不実施などの理由	備　考
承和12年	○		
承和13年	○		
承和14年	○		
嘉祥元年	○		
嘉祥2年	○		
嘉祥3年	—		
仁寿元年	×	水災	平座
仁寿2年	△		
仁寿3年	△		
斉衡元年	○		
斉衡2年	○		
斉衡3年	○		
天安元年	△	縁旱雲不霑秋稼為害也	
天安2年	—		
貞観元年	×	先帝忌景近	平座
貞観2年	×		平座
貞観3年	△		
貞観4年	○		
貞観5年	○		
貞観6年	○		
貞観7年	?		太政官において実施
貞観8年	×		平座
貞観9年	○		
貞観10年	○		
貞観11年	×	以秋稼不登也	
貞観12年	○		
貞観13年	×		平座
貞観14年	×	良房死去のため？	
貞観15年	×		平座
貞観16年	×		平座
貞観17年	○		
貞観18年	×		平座
元慶元年	×	聖体乖和摂理未験也	平座

「風水之損」と記される場合以外にも、先述のように「諸国申二不堪佃田一」と理由が記される場合もある。『撰集秘記』（九月）には「旧記、諸国損数多年、無二此宴一。但延長二年諸国言二上不堪十五箇国、損十四箇国一、猶宴」とある[20]。この史料から、朝廷は諸国の損害状況を、不堪佃田・損田が通常よりも増え、そのことを朝廷に報告した国の数で把握しようとしていたと解せよう。つまり朝廷にとって、不堪佃田や損田を言上してくる国の数は、損害状況の甚大さを計るバロメーターであったと推測される。その多少に従って、重陽節会の実施・不実施を決定する場合もあった。

ではなぜ災害が生じ、不堪佃田や損田が増加すれば、節会が停止されるのだろうか。理念的な問題も考慮に入れるべきであろうが、ここでは現実的な要因から考えていきたい。

ここで翻って、大同年間に実施された節会改革にふれたいと思う。『類聚国史』弘仁五年（八一四）三月辛亥条、右大臣藤原園人の奏上に、「去大同二年、停二正月二節一。迄二于三年一、又廃二三月節一。大概為レ省レ費」とあることに注目したい。すでにこの史料を用いて、山中裕氏や大津透氏が示唆されていることを参照すれば[21]、財政的な理由、つまり、税収減少によって節会の賜禄が不可能となったため、禄支給が中止されたと想定される。

十世紀半ばの史料からも、同様のことがいえそうである。先に検討した『九暦』天暦四年（九五〇）十月八日条には、「諸節会、雖レ不レ給二禄物一、猶行之。是雖レ非二快事一行来已久」という記載もある。節禄なしで節会を行うことは「快事」ではなかったのであり、節会を行うなら禄物を支給する必要がある。すなわち当時の貴族たちは、朝廷が禄物を支給できない場合、本来は節会を停止すべきであると考えていたようである。

天候が悪化すれば税収が減り、官僚給与も減少するということに関しては、天皇の御膳を省き、官人給与削減を求める『菅家文草』所収、寛平八年「重減二服御一省二年料一勅」からも窺える。すなわち、「豈図、水旱兵疫、年頻有レ災。諸国自闕二調庸一、百官随無二俸禄一」とあり、この史料から、災害によって調庸が減り、さらにそれによって官人給与が欠乏したことが知られる。

これまでの検討から、災害やそれに伴う不堪佃田・損田の増加と、官人給与、特に節禄とは、少なからず関係を有していたと考えられよう。以上のように考えることが許されれば、なぜ災害などのときに節会が停止されるか、次のように理解できるだろう。すなわち、災害が生じ、不堪佃田や損田の増加によって節会を停止するのは、節禄支給に支障をきたす場合があったためではないだろうか。

もちろん、節禄が支給されるとき、主に「綿」が支給されるのだから、米が収穫されるはずの不堪佃田が増加したところで、直接的な関係はないと考えることもできよう。しかし、賦役令9水旱条には、「凡田、有二水旱虫霜一不熟之処、国司検レ実、具録申レ官。十分損二五分以上一、免レ租。損二七分一、免二租調一。損二八分以上一、課役倶免」とあり、田の損害の程度によっては調、もしくは課役全部が免ぜられる規定があった。また実際、九世紀にも、『類聚三代格』所収、承和六年（八三九）十月九日太政官符所引、天長九年（八三二）二月三日官符に「当二于諸国有損之年一、所レ被二免除一調庸雑物之代（以下略）」とあることから、「有損之年」、つまり被害があったときには調庸雑物が免除される場合があった(22)。

さて、これまで十世紀における重陽節停止の原因が災害や不堪佃田の増加であったことを論じてきたが、これに対して、九世紀には災害や不堪佃田などが原因で重陽節会が停止されることはさほどないようである（表1参照）。九世紀において、なぜ節会が停止されるのか、その理由を記した史料はあまりみられないが、そのなかで例外的に、『日本文徳天皇実録』天安元年（八五七）九月癸卯条は、比較的詳しく実態を知ることのできる史料である。

重陽節也。天皇不レ御二南殿一。命二公卿一賦レ詩賜レ禄如二常儀一。雖レ開二宴筵一、不レ挙二音楽一。縁二旱雲不レ霑秋稼為レ害也。

この史料によれば、このときの重陽節では、天皇が出御しなかったことが知られる(23)。天皇の不出御の理由は、「縁二旱雲不レ霑秋稼為レ害」とあることによると思われる。これは、延喜・延長年間のときと同様の状況であるが、史料にある通り、賜禄は通常通りに行われたと考えてよい。この点は、延喜・延長の時代と異なる点といえるだろう。

もちろん天安元年以外にも、九世紀に天災などがたびたび生じていたことは六国史から知られるが、災害を原因として節会が通常通り行われていない事態は、天安元年以外に、仁寿元年（八五一）・貞観十一年（八六九）にみられる程度で、九世紀において史料上ほとんど確認できない。たとえば、弘仁十年前後は、不作・疫病が重なった時期である――ゆえに先に検討した『類聚三代格』所収、弘仁十年（八一九）五月二十一日太政官符が発されると推察される――けれども、重陽節は基本的に行われているようである。

したがって十世紀前半に、災害や不堪佃田・損田を理由に節会が停止されたことは、九世紀の状況と異なっていたと解すべきだろう。そして節会停止の理由は、先述したように、九世紀と比較して十世紀前半の税収減少、つまり朝廷財政が危機的な状況に陥っていたからではないだろうか。

この点に関しては、重陽宴だけでなく、節会及び官人給与体系全体を考慮に入れて、第三節で再び考えてみたいと思う。

2　不堪佃田の開発政策と損田の減少政策

十世紀前期の朝廷が、不堪佃田や損田の増加を理由に節会を停止する場合があったことをこれまで論じてきた。しかし朝廷は、決して不堪佃田や損田の増加に対し、ただ傍観していたわけではなく、それなりに対策を施していたようである。延喜十八年（九一八）には、損田・不堪佃田の数を間違いなく言上せよ、との官符が全国の国司に対して発されている。(24)

また、『政事要略』所収、承平七年（九三七）九月八日太政官符、及びそこで引用されている延長五年（九二七）十一月二十六日太政官符によれば、朝廷は不堪佃田の開発を国司に命じていることが理解できる。延長五年官符には「毎年墾加、付ㇾ帳言上」とあり、また、承平七年官符には「開田数、別譜言上」とある。つまり十世紀前期の国司は、不堪佃田数を言上するだけでなく、どの程度開発したか、開発田の数量を朝廷に報告する必要があったようである。

摂関期の史料であるが、『小右記』万寿三年（一〇二六）九月十日条によれば、不堪佃田申文において、大臣であった実資が「国々坪付・開発解文等」をみた上で、「五・六今〔个〕国開発解文注二使者一、不ㇾ注二坪付解文一」との所感を記している。ここから、「開発解文」とよばれる文書が国から朝廷へ提出されたことが知られる。また、前田家巻子本『西宮記』（巻五、諸国言上損・不堪佃田事）に掲載されている、申文の際に弁が作成する勘文にも、「開発田何町」とあること(25)から、朝廷が開発田の増減に留意していたことが知られよう。

一方で、『貞信公記』天慶五年（九四二）九月十日条には、「安房・阿□〔波開発〕田不ㇾ足二一町一也。自余可ㇾ奏之由、仰了」とあり、開発田が一町を越えさえすれば奏上されたことが知られる。一町程度であるから、実質的に田地の増減にはあまり関係なかった可能性もあるだろう。天慶五年段階においては、もはや国司による開発田の報告は意味を持たなかったのかもしれない。

なお、摂関期になると、開発田の言上はさらに形骸化するようである。『小右記』長元四年（一〇三一）九月八日条に、不堪佃田申文のとき、「上野・加賀・能登、開発田数一段余、二段余。古〔昔カ〕青者不ㇾ満ㇾ町解文者返給之。近代三段者許給。入道前大相府、許」とあることから、摂関期の「開発解文」は、十世紀前期に比べて、さらに形式的な文書となっていたと考えられる。

不堪佃田と同様に、十世紀前半の朝廷は損田の減少を目指すべく、全国に太政官符を発した。ここで、『政事要略』所収、延長四年（九二六）十二月五日太政官符を検討したい。注目したいのは「今、検二諸国言上年々損田目録帳一、或国注二八分損戸二千六百九十八烟、七分戸千七十六烟、五分以上戸三百廿七烟一。或国注二八分戸千四百九十一烟、七分戸四百八十九烟、五分戸百七十一烟一」の部分である。諸国から言上される「損田目録帳」(26)に記される損戸の状況を調べてみると、いずれも損害状況が甚だしい状態であった。このような状態では調庸が減少し、朝廷運営が成り立たなくなってしまうことから、「若申二損戸一惣其数三分論之、七分以上戸一分、五分以上戸二分、以為二定例一、将レ令二言上一」、つまり損戸数の三分の一を七分の戸とし、三分の二を五分の戸とせよ、と朝廷は諸国に命じている。

そもそもこの時期、国が戸数を正確に把握しているかどうか疑問であるが、ともかく、朝廷が損戸の定数化を図ることによって、損田の減少、税収の増加を目論んだ可能性が高い。しかし、朝廷が損戸の定数化を図り、実際の状況とは乖離した戸数、虚偽の戸数を国司に報告させているということは、損田状況を正確に把握することを諦めたと評することもできよう。このような朝廷のあり方は、十世紀後半以降になると顕著にみられる。

3　不堪佃田・損田対策の終焉

これまで検討したように、十世紀前半において、いまだ朝廷は不堪佃田・損田の減少を目指していたと思われるが、十世紀半ば以降になると、次第にその増減に注意を払わなくなってしまう。この点に関連して、佐藤宗諄氏は、延喜末年―承平天慶年間に、不堪佃田の政務は形式化したことを論じている(27)。従うべき見解であり、異論はないが、付け加えるべき点がいくつかある。そこで不堪佃田・損田対策の終焉について、四点ほど、論じておきたい。

第一に、朝廷は「官符定数」の三分の二を免じる、つまり、定額で不堪佃田を必ず認め（しかし、それ以上を認めることはない）、その不堪佃田に対する税免除を行っている。これは前田家巻子本『西宮記』（巻五、諸国言上損・不堪佃田事）によると、天慶五年から定められていることが知られる。

第二に、使者が派遣されなくなる。史料上、最後に不堪佃田使の派遣がみられるのは天慶九年(28)、損田使は天暦三年(29)である(30)。

第三に、不堪佃田奏に変化が生じる。この点については、これまで論及されたことはないようであるから、詳述したい。不堪佃田奏は本来であれば、①国司が提出した当年の不堪佃田数を天皇に奏上、それに対し天皇は年来言上の数を勘申せよ、と指示する。②勘申結果と共に再度天皇に奏上、それに対し天皇は諸卿をして定め申せ、と指示する。③公卿定を経た結果を三たび天皇に奏上、天皇が決裁する。以上のように、本来の不堪佃田奏は三回奏上が行われるものであった。[31] しかし、壬生本『西宮記』（第六軸、諸国言上損・不堪佃田事）所引勘物、『村上天皇御記』応和二年九月二十六日条には、「令ㇾ仰、自今以後、不堪佃田解文初度奏、副二年来言上数勘文一可ㇾ奏之由」とあり、②で行われるべき文書提出を①のときに行うべきことが、村上天皇によって指示されている。この二回の奏上がのちの定例化した「荒奏」「和奏」の前提となる奏上である。奏上の回数が減ったからといって、即、その儀式が形骸化したとはいえないけれども、この時期に、不堪佃田奏が、実質的な不堪佃田数を天皇に報告するものではなくなってしまい、形式化していった可能性が高い。

第四に、『西宮記』では、不堪佃田奏は九月に行われるものであったため「九月」に分類されており、『西宮記』が成立したとされる十世紀後期及びそれ以前では、不堪佃田関連の政務は九月から始まることが諸記録から知られるが、十一世紀前期成立の『北山抄』になると、「臨時」に分類されている。これは、十世紀前半において、最初の申文や奏は必ず九月に行われていたが、十世紀半ば以降、必ずしも九月に行われなくなってしまったことを示す。つまり十世紀前半における不堪佃田関連の儀式は、九月に必ず行わねばならない重要な儀式であったが、[32] 十世紀半ばを過ぎると、急いで九月に行う必要はなく、延期されることが多くなり、さほど重視されなくなったと考えられるだろう。

以上のように、不堪佃田や損田の減少を目論んでいた十世紀前半の朝廷は、おそらく十世紀半ば頃を境に、不堪佃田・損田の減少を目指す政策を行わなくなると思われる。

第三節　十世紀の節会と禄制度

1　十世紀の節会

第二節1において不堪佃田・損田と九月九日における重陽宴の節禄との関係について論じ、十世紀前期における節禄支給が滞ってしまう状況を推測した。不堪佃田・損田の増加は、単に国家の土地支配に関係するだけではなく、禄制や国家財政に大きな影響を与えていると考えられる。そこで本節では、十世紀の節会・節禄、及び給与制について論じていきたい。

まず節会についてあらためて確認しておく。節会は、雑令40節日条で知られるように、正月一日、正月七日、正月十六日、三月三日、五月五日、七月七日、十一月の大嘗の日に行われるものであった。平安初期になると、三月三日が九月九日に移行し、先にみてきた重陽節会となるが、とにかく九世紀において節会は、一年に七回行われるべき儀式であった。

しかし、九世紀末から十世紀中頃にかけて、いくつかの節会が次第に実施されなくなる。まず、行われなくなるのが七月七日の相撲節会である。相撲は、平安時代中後期にも「相撲召合」として行われるが、大日方克己氏の研究によれば「宇多朝以降になると（中略）相撲節自体もこのころ変化した」ようで、九世紀末期を境に、相撲節会はほとんど行われなくなる[33]。

次に、五月五日の端午節会を検討しよう。この節会に関しても大日方氏の研究があり、「醍醐朝の後半から五月五日節は分解をはじめる」ようだが[34]、『九暦』天慶七年（九四四）五月五日条に「此日、有㆓節事㆒。先帝、去延長五年被㆑行㆓

件節一之後、至二于去年一十七箇年、無二件節一」とあることから、延長五年以降、端午節会は実施されておらず、天慶七年、十七年ぶりに開かれたことが知られる。五月五日節は、この天慶七年に行われたことが確認できるものの、これ以降も定期的に行われた様子はなく、安和元年、村上天皇の忌月を理由に廃絶してしまう(35)。

さらに、重陽節会についても確認しておこう。この節会は、承平年間以降に行われなくなるようである。その理由に関し、『本朝文粋』（巻二）、天暦四年九月二十六日「停二九月宴一十月行詔」によれば、「九月者、先帝昇霞之月也。故九日之節廃而経レ年」といった状況であったが、詩文の不在を嘆き「宜下開二良讌於十月之首一、以翫中余芳於五美之叢上」とある。要するに、この詔によれば、九月は醍醐天皇の忌月であるため、重陽宴を十月に移動することとなったらしい。この史料から、醍醐天皇の死後、つまり承平年間以降の約二十年間、重陽節会が行われなかったことは確かであろう。表1からも理解できるように、延喜八年から延長年間まで、しばしばこの節会は行われていなかった。ここから、十世紀前期からすでに、重陽節会は恒常的に実施される節会ではなかったと考えられる(36)。

そのほかの節会は、正月十六日に行われる踏歌節会が藤原穏子の死の影響で一時的に廃止されるものの、安和元年（九六八）に復活する(37)。五月五日、七月七日、九月九日以外の節会は、とりあえず平安中期には行われるべき節会であった。つまり、十世紀前期には三つの節会が次第に廃絶し、基本的には正月の三度、十一月の一度、合計四度の節会が残ることとなる(38)。

節禄自体、平安時代にすべて消滅することはないが(39)、三つの節会が廃されたことで、節禄自体も減額された可能性は高い。つまり、九・十世紀の交から、節禄の支給額は次第に減っていったのである。

2　禄制度の崩壊過程

次に、十世紀前半において、節禄以外の官人給与制度がどのような状況になっているか、先行研究に依拠しながら検討したい。

まず一定の上日を満たした職事官に与えられる季禄から検討する。著名な史料であるが、延喜十四年（九一四）に進上された『意見十二箇条』第七条には、「而比年、依二官庫之乏物一、不レ得二遍賜一。由レ是公卿及出納諸司、毎年充給、自余庶官、則五・六年内、難レ給二一季料一」とあり、公卿と出納官司以外の官人に対し、季禄がなかなか支給されないという状況が記されている。三善清行に信を置けば、九一〇年代の段階で、すでに季禄は危機的な状況にあったと解されよう。

また、『清慎公記』天慶元年（九三八）四月十五日条(40)には「式部省不レ申二季禄目録一、因レ之諸司季禄不レ給」とあり、式部省が二月十日に提出すべき季禄目録を提出しなかったため、諸司季禄が未払いとなった。(41)続けて同条には、上卿である藤原恆左が、「去二月春夏季禄、不レ申二目録一之怠、已在二式兵両省一、是非二諸司之過一。須下除二二省一之諸司、令上レ捺二印彼季禄官符一者云々」と述べている。ここから、上卿が式部省の怠慢をとがめ、式部省などへの季禄支給をとどめることになったと理解できよう。なお、この問題は五月一日に解決しているようである。(42)

これらの史料に関して森田悌氏は、「天慶元年に関しては、諸司官人は季禄を支給されることを期待していたと考えられ」るが、「しかし、式部省が目録の上申というような重要な政務を怠慢しているところより判断すれば、季禄の制度も大いに弛緩していたことと思われる」と述べている。(43)森田氏の見解は卓見であるが、さらに付け加えれば、重要な政務で二月十日に行われるはずの季禄目録上申に関する問題について、その対処が四月・五月に行われている点に注目したい。つまり、『延喜太政官式』季禄条によれば、二月二十二日には季禄を官人に支給しなくてはならないものの、この天慶元年において、四月や五月まで季禄目録上申のことについて議論している。このことから、四月や五月ですら季禄が支給されていなかったことを示しているだろう。少なくとも、季禄支給が大幅に遅延していたことは確実である。したがって、やはり森田氏の述べられる通り、季禄制度が弛緩していたことは明らかなようである。

なお、『清慎公記』によれば、「承平四年外記日記」によって先例を調べていることから、承平四年（九三四）にも同様の問題があったと推測されよう。九三〇年代には、季禄目録の上申を式部省が行っていたものの、官人への禄支給が確実に行われなかった可能性もある。

次に、四位・五位に与えられる位禄を検討したい。やはり著名な史料であるが、元慶官田の設置が知られる『日本三代実録』元慶三年（八七九）十二月四日己丑条、藤原冬緒の奏上に、「近代以来、一年例用位禄・王禄、准穀十七万余斛。又京庫未レ行二衣服・月粮一、必給二外国一。其数亦多。並是正税用尽、終行二不動一」とあることから、位禄や王禄も京庫から支給されるのではなく、九世紀後期には外国の正税、元慶年間以降には不動穀などでまかなわれるという事態に陥ったようである[44]。この時期から、次第に位禄支給のための財源を確保することが難しくなっていったと考えてよい。

位禄は、位禄定とよばれる政務が十世紀以降もみられることから、消滅してしまったわけではないが、吉川真司氏が論じるように、十世紀前半以降、すべての四位・五位官人に位禄が支給されたわけではなく、特定の官職に就いたものだけに支給されたものであったらしい。位禄支給が限定された官人のみへと変化した、その時期を確定することは難しく、吉川氏は位禄定の成立を十世紀前半と推測している[45]。

さらに位禄に関しては、山下信一郎氏が注目すべき見解を提示している。山下氏は、九世紀以降、位禄が四分の一減額されて支給される場合が臨時的にあることを検討し、それが寛平元年（八八九）から延長三年（九二五）の間になると常態化する、と述べている[46]。つまり山下氏によれば、九世紀末から十世紀前期まで、位禄支給が恒常的に四分の三に減額されたと考えられる。山下氏の見解をもって、当該期に位禄に何らかの変化が生じたと考えてもよいのではないだろうか。

ここまで、九世紀末期から十世紀前期における官人給与体系の変化について述べてきた。簡単にまとめておく。季禄は、九一〇年代頃から衰退が始まり、おそらく吉川氏が述べる通り、十世紀半ばには完全崩壊すると考えてよいだろう[47]。位禄も、十世紀前半に大きな変化を遂げ、一部だけの官人に、しかも減額で支給されていたと考えられる。また、前節でも述べた通り、節禄の変化も十世紀前半頃から始まったと思われる。要するに、律令官人給与制度は、十世紀前半から十世紀半ばにかけて、漸次、崩壊していった可能性が高いといえよう。

3　十世紀前期における律令制の「再編期」

ここまでみてきた官人給与の状況は、おそらく朝廷の本意ではなかったと推測される。第二節2でみたように、朝廷は給与制度を維持するべく、不堪佃田や損田の減少を企図し、十世紀前半に開発を進める官符を発するなどの政策を行っていた。九世紀に続き、十世紀前半に不堪佃田使・損田使が派遣されたのも、その政策の一環だったと考えられよう。

ここで、延喜年間に班田制が崩壊したという通説に異を唱え、朝廷は十世紀半ばまで班田制を維持すべく努力していた可能性を指摘した三谷芳幸氏の論考に注目したい[48]。三谷氏が述べたような班田制のあり方と、本章で述べてきた不堪佃田・損田政策のあり方とは、密接な関係を持っている。十世紀前半の為政者たちは、班田制を含め、官人給与を確保するため不堪佃田・損田の減少に努めるなど、それ以前の田地支配のあり方を維持すべく、さまざまな政策を打ち出していたのではないだろうか。

また、第一節で論じたように、不堪佃田の増加に朝廷が注意を払うようになったのは、承和十二年（八四五）頃、九世紀中葉からであった。この時期はちょうど、京官の位禄や、大粮などの下級官人の食料が外国の正税などから支給される時期であるとされている[49]。したがって、この時期も十世紀前半と同様、税収が落ち込み、朝廷が支払うべき給与が調庸のみでまかなえなくなったがゆえに、不堪佃田対策に力を注ぐようになったと考えられるのではないだろうか。

しかし、九世紀後半は外国から運ばれた米などを用いることで、官人給与を維持しえたと推測される。なぜなら、九世紀後期の史料に京官の給与が欠乏していることを示す史料が皆無であり、位禄の不足が実際に叫ばれるようになるのは、元慶官田設置の史料以降である。また、『越中国官倉納穀交替記』から、不動穀が寛平年間まで少なくとも外見上堅持されていたことを鮮やかに証明した渡辺晃宏氏の研究も(50)、九世紀後期に官人への米支給が危機的状況に陥っていたわけではなかったことを傍証するだろう。つまり、本格的に財政危機を迎えるのは、九・十世紀の交であると考えられる(51)。

かつて吉川真司氏は、律令官人制を叙位と禄の両面から検討し、天長から天暦までを律令官人制の「再編期」、もしくは貴族社会の「形成期」と論じた(52)。確かに、禄制に関して、天暦期に画期があることは認めてよいだろう。しかし、天長年間に禄制度がどのような変化を始めたのかについては、吉川氏は論じておらず、叙位制度の変化に引きずられた議論にすぎないように思う。

その後吉川氏は、承和年間に画期の中心があったと修正し、「賜禄制度については、システム変更はあまりなされないが、九世紀後半には調庸制の衰退によって財源が縮小し、確実に変容していったと思われる」と述べる(53)。しかしながら吉川氏は、この見解に関する史料的根拠を示していない。

本章では、不堪佃田・損田の増加を手がかりに、律令給与制度の崩壊過程に関しても検討してきた。その結果、確かに九世紀半ばに、一部の官人給与が外国から支給されるようになるといった、わずかな変化の兆しがみられるものの、本格的に給与制が崩壊を始めるのは九世紀末である、と述べた。特に、吉川氏が注目する五位以上官人の給与は、九世紀半ばにその財源が米へ変化した可能性が高いものの、給与が不払いになってしまうといった事態にまでは陥っていないだろう。

吉川氏の議論には、もう一点疑問がある。吉川氏の述べる通り、律令国家の禄制度が十世紀半ば、もしくは天暦年間ごろに完全崩壊することは、節禄のあり方から理解できる。また十世紀前半の段階では、朝廷が国司に田地の開発を命じ、「開発解文」の進上を命じたことから、不堪佃田や損田の増加を防ぎ、税収を増やし、律令禄制度を維持しようとしたものの、十世紀中期になると、不堪佃田や損田の増加に対して、朝廷がさほど関心を示さなくなるようである。十世紀半ばに、税制と官僚給与制という、国家にとって重要な制度が変質したのである(54)。吉川氏は、寛平や延喜に画期を見出すことを否定し、「九・一〇世紀の垣根を取り払」うことを提唱された(55)。ある一面で正しいだろう。ここまでみてきたように、不堪佃田・損田の増加を防ごうと努め、国司に開発を奨励することを十世紀半ばまで朝廷が継続していることから判断すれば、十世紀前期にはそれ以前のあり方を存続させようという意志がみえ、そのことから確かに、九・十世紀の交に大きな変化はない、と考えられよう。

しかし九・十世紀の交が画期ではないと断言してしまうことは、疑問である。吉川氏が検討した叙位制度に関しても、玉井力氏や高田淳氏によれば年労叙位の成立を宇多から醍醐朝としている(56)。今回の禄制の変化も、必ずしも天暦年間にすべてが突然変化したとは考えられない。その他、いちいち提示することは控えるが、政務運営・社会・文化のあり方など、九世紀最末期から十世紀初期に変化が生じている場合も少なくない。画期を一つに限定するのではなく、多様な歴史的画期のあり方を想定する必要があると思う。

おわりに

以上、本章では、九・十世紀の不堪佃田・損田のあり方を検討し、その増加の影響を受けた節会・節禄、さらには官人給与制全体にまで論及した。論じたことが多岐にわたったので、最後に簡単にまとめておきたい。

不堪佃田の増加は承和年間後期から朝廷に注目されるようになり、不堪佃田使の派遣もこの時期から増加するようになる。一方損田使は、奈良時代後期から、災害などの非常事態に派遣されていた。十世紀に入ると、不堪佃田や損田数が増加するため、重陽節などの節会を中止する場合がある。災害などにより、税収が見込めないため、節禄の支給も減額されたと思われる。朝廷は税収減少を防ぐために、国司に開発を命じ、開田数を言上させ、不堪佃田・損田の減少を目論むようになる。しかし十世紀半ばになると朝廷は、律令給与制の維持に努めていたものの、その維持を諦め、さらには、不堪佃田や損田の増加をさほど気に留めなくなり、定例化した不堪佃田申文・不堪佃田奏などを行うようになる。

最後に、不堪佃田使・損田使と、そのほかの地方行政監察使との派遣終焉時期が異なるのはなぜか、述べておこう。九世紀末から十世紀半ばまでの約五十年のあいだに律令国家は過渡期を迎える。禄制崩壊の危機的状況のもとで、九・十世紀の交に朝廷は改革を行ったと考えられる。国司長官に権限が集約される受領制や、それに伴う使者派遣の停止など、いくつかの諸制度・あり方は、九・十世紀の交に変化した。しかし朝廷は、税制や官人給与制といった、国家にとって最も根幹といえる重要な制度に関しては、維持しようと試みたのだろう。ゆえに朝廷は、約五十年ものあいだ、不堪佃田・損田の減少を心がけ、使者を派遣し続けたのだと考えられる。不堪佃田使・損田使と、そのほかの地方行政監察使との派遣終焉時期が異なるのは、右のような理由によるのだろう。

注

（1）佐藤宗諄「王朝儀式の成立過程」（『平安前期政治史序説』東京大学出版会、一九七七年、初出一九七二年）、三二四頁。
（2）弥永貞三「律令制的土地所有」（『日本古代社会経済史研究』岩波書店、一九八〇年、初出一九六二年）、九一頁。

（3）坂本賞三「不堪佃田解文の背景」（『延喜天暦時代の研究』吉川弘文館、一九六九年）、同『日本王朝国家体制論』（東京大学出版会、一九七二年）、佐藤注（1）論文、佐々木宗雄「十〜十一世紀の位禄制と不堪佃田制」（『日本王朝国家論』名著出版、一九九四年、初出一九八九年）など参照。
（4）交替使については吉岡眞之「検交替使帳の基礎的考察」（『古代文献の基礎的研究』吉川弘文館、一九九四年、初出一九七五年）、三一四―三一七頁、佐々木恵介「摂関期における国司交替制度の一側面」（『日本歴史』四九〇、一九八九年）参照。
（5）研究史の整理については、下向井龍彦「平安時代史研究の新潮流をめぐって」（『研究と資料』一五、一九九七年）、佐藤泰弘「移行期としての平安時代」（『日本中世の黎明』京都大学学術出版会、二〇〇一年）など参照。
（6）「日本古代における「議」」（『史学雑誌』一一〇―三、二〇〇一年）。
（7）「古代天皇の食事と贄」（『平安時代の天皇と官僚制』東京大学出版会、二〇〇八年、初出二〇〇四年）。
（8）『大日本古文書』二巻二五八―二七一頁。
（9）不堪佃田と荒田との関係については、弥永注（2）論文、荒井秀規「荒廃条と『常荒田』」（『古代文化』四四―二、一九九二年）など参照。
（10）さらに、のちに詳しく検討する『類聚三代格』所収、弘仁十年（八一九）五月二十一日太政官符でも、派遣される使者は「賑給」使、「官舎堤防等破損」使、「損田」使であり、不堪佃田使にはふれられていない。
（11）西別府元日『律令国家の展開と地域支配』（思文閣出版、二〇〇二年）。旧稿は「九世紀中葉における国政基調の転換について」（『日本史研究』一六九、一九七六年）。
（12）西別府注（11）書、一六〇頁。
（13）天平宝字末年や宝亀三―五年頃は、全国的に飢饉や水害があったことが『続日本紀』から知られる。天平宝字七年は「去歳霖雨、今年亢旱」（天平宝字七年八月朔条）、宝亀三年は「異常風雨」（宝亀三年八月甲寅条）、宝亀五年は「天下諸国、疾疫者衆」（宝亀五年四月己卯条）など。当然のことかもしれないが、飢饉や水害で田地に異常があったとき、損田使が派遣されたことを確認しておきたい。
（14）なぜ八世紀後半から損害調査を専門的に行う使者が派遣されるようになったのか、判然としない。一案として、この時期に律令国家が田地支配を強化するにあたり、巡察使では事足りず、損害調査を専門的に行う使者を派遣するようになったと推測されるが、確言はできない。後考を待ちたい。
(15) 弥永注(2)論文、九一頁。
(16) 『日本紀略』弘仁九年三月壬寅条の公卿奏に「頃年之間、水旱相続」とあり、『日本紀略』弘仁十年七月是月条に「自レ夏不レ雨、諸国被害者衆」とある。
(17) 佐藤注(1)論文、三三三頁、森田悌「摂関政治成立期の考察」(『平安時代政治史研究』吉川弘文館、一九七八年、初出一九七六年)、二一一頁など参照。
(18) 前田家巻子本『西宮記』(巻五、九月九日宴)に「承平以後、依二御忌月一無二節会一」とある。
(19) なお、重陽宴が停止された翌年の内宴なども停止されることがあった。たとえば、延喜八年の翌年である延喜九年の正月の内宴、さらに七月の相撲節会などが停止されている。『日本紀略』延喜九年正月二十一日条、七月是月条など参照。
(20) なお、この場合は宴会が行われているが、『貞信公記』延喜十三年(九一三)九月九日条によると、損田申請が二十国、不堪佃田申請が二十四国で重陽宴が中止されている。
(21) 山中裕『平安朝の年中行事』(塙書房、一九七二年)、二三九―二四〇頁、大津透「節禄の成立」(『古代の天皇制』岩波書店、一九九九年、初出一九八九年、饗場宏氏と共著)、二〇八頁。
(22) もっとも、調庸が京に進められるのは、賦役令3調庸物条によれば近国でも十月であることから、その年に災害が起きたとしても、九月の禄を支給できないわけではない。つまり実際に禄物が欠乏していたというわけではないだろう。したがって、まさにそのとき、禄が不足していたというよりも、将来的に禄が欠乏してしまう可能性から、できる限り歳出を抑えるという意図があったと考えるのが妥当だろう。
(23) ただしこのとき、節会自体は行われている。
(24) 『政事要略』(巻六十、損不堪佃田事)所収、延喜十八年(九一八)六月二十日太政官符。
(25) この勘文は、古記録にみられる「目録」と同じものであると推測される。
(26) この「損田目録帳」は、『延喜式』損田条の書式が用いられたと推測される。
(27) 佐藤注(1)論文、三三八頁参照。
(28) 『政事要略』(巻六十、損不堪佃田事)所収、天暦二年六月二十二日勘文など参照。

(29)『日本紀略』天暦三年十二月五日条参照。
(30)以上の二点は、佐藤注(1)論文ですでに指摘されている。なお、大津透「農業と日本の王権」(『岩波講座　天皇と王権を考える3　生産と流通』(岩波書店、二〇〇二年)、二六―二七頁も参照。
(31)前田家巻子本『西宮記』(巻七、臨時甲、官奏事)による。
(32)第一節で述べたように、八月中に国司からの損田報告が義務づけられていたのも、そのためであろう。
(33)大日方克己「相撲節」(『古代国家と年中行事』講談社、二〇〇八年、初出一九九三年)、一三八頁。
(34)大日方克己「五月五日節」(前注書)、一一一頁。
(35)『日本紀略』安和元年八月二十二日条など参照。
(36)なお重陽節会は、天暦年間からしばらく復活するが、平安中期以降、平座のみが行われ、節会はほとんど行われなくなる。
(37)『日本紀略』安和元年八月二十二日条参照。
(38)加藤友康「朝儀の構造とその特質」(『講座・前近代の天皇5　世界史のなかの天皇』青木書店、一九九五年)、一六九頁も参照。
(39)大津注(21)論文。
(40)『清慎公記』の引用は、『大日本史料』一―七によった。
(41)季禄目録が二月十日に提出されるべきであったことに関しては、『延喜太政官式』季禄条など参照。
(42)『清慎公記』天慶元年五月一日条参照。
(43)森田悌「律令官司制度の展開と変質」(『日本古代官司制度史研究序説』現代創造社、一九六七年)、一一三頁。
(44)時服料や月料などは、これより先に崩壊していた可能性がある。皇親時服に関しては、『日本三代実録』貞観十二年二月二十日壬寅条によれば、皇親時服が支給される王の人数が四二九人までとされ、経費削減が行われたらしい。相曽貴志「皇親時服について」(『延喜式研究』一、一九八八年)、三四―三七頁参照。
(45)吉川真司「律令官人制の再編過程」(『律令官僚制の研究』塙書房、一九九八年、初出一九八九年)、三七三頁。
(46)山下信一郎「平安時代の給与制と位禄」(『日本歴史』五八七、一九九七年)、一一頁。
(47)吉川注(45)論文、三七〇頁。

(48)　三谷芳幸「班符と租帳」(『古代中世の政治と権力』吉川弘文館、二〇〇六年)。
(49)　早川庄八「律令財政の構造とその特質」(『日本古代の財政制度』名著刊行会、二〇〇〇年、初出一九六五年)、一四一頁、大津透「律令収取制度の特質」(『律令国家支配構造の研究』岩波書店、一九九三年、初出一九八九年)、二二一頁。
(50)　渡辺晃宏「平安時代の不動穀」(『史学雑誌』九八―一二、一九八九年)。
(51)　なぜ、九世紀末期から十世紀前半にかけて、禄制度が崩壊を始めるのだろうか。現在のところ断案はないが、以下の二点を原因として考えている。第一に、寺内浩氏が詳細に検討されているように、官人自体の増加が原因としてあげられよう。官人の増加により、朝廷は、すべての官人に給与を払えるほど、租税を集めることができなかったと推察される。平安京自体も次第に都市化していったため、平安京に都市民が流入・増加し、食料である米の需要が増大したと考えられる(寺内「京進米と都城」〔『受領制の研究』塙書房、二〇〇四年、初出一九八九年〕)。いわば、食料の消費と供給のバランスが崩れたのではないだろうか。第二に、当時の気象状況があげられる。近年の古気候学研究によれば、九世紀以降平安時代を通じて、温暖化であったと考えられているが、唯一、十世紀前期において急激に気温が低下していることが指摘されている(北川浩之「屋久杉に刻まれた歴史時代の気候変動」〔『講座文明と環境6　歴史と気候』朝倉書店、一九九五年〕、安田喜憲『気候変動の文明史』〔NTT出版、二〇〇四年〕、一〇八頁)。このことにより、飢饉や災害が発生し、また不堪佃田や損田が増加したことをうけて、日本列島全体における生産力が減少したため、税収が落ち込んだ可能性があると推測される。
(52)　吉川注(45)論文、三七七頁。
(53)　吉川真司「平安京」(『日本の時代史5　平安京』吉川弘文館、二〇〇二年)、四九頁。
(54)　この点は、古代国家の税制体系の大要を明らかにされた大津透氏が、正蔵率分制などを重視して、天暦期に律令国家変質の画期を置いた点とも一致する。大津透「平安時代収取制度の研究」(注(49)書、初出一九八九年)参照。
(55)　吉川注(45)論文、三七七頁。
(56)　玉井力「平安時代における加階と官司の労」(『平安時代の貴族と天皇』岩波書店、二〇〇〇年、初出一九八八年)、高田淳「加階と年労」(『栃木史学』三、一九八九年)。

第三部　摂関期の国家と支配理念

第一章　摂関期の地方支配理念と天皇
――祥瑞・勧農・受領罷申

はじめに

本章は、いわゆる摂関期における地方支配と天皇との関係について、理念的な面から明らかにしようとするものである。

摂関期の天皇のあり方に関しては、土田直鎮氏がいわゆる「政所政治」を否定して以来、当該期の天皇が政治に参加していることが明らかになっている(1)。その後、朝賀儀や叙位・除目など、朝廷における儀式を検討することによって、天皇のあり方についてより具体的に解明されつつあるものの(2)、いまだ天皇に関しては議論すべき課題は少なくないと思われる。

また、摂関期の国家・社会をどのように捉えるのかについては、この時期が八・九世紀以来の律令制が存続した「後期律令国家」とよぶべき時期なのか(3)、もしくは中世的な「初期権門体制」が成立する時期なのか(4)、といった議論もある(5)。ただ、これらの研究は、いずれも中央政府の支配機構や、租税・土地制度を中心とした地方支配のあり方を検討したものである(6)。地方支配と天皇との関係については、論じられることはさほどなかったように思う。

第一部第一章で、八・九世紀の日本律令国家による百姓支配のあり方について、租税制度・土地制度の側面のみでなく、「撫育」といった儒教的なイデオロギー政策にも注目すべきことを論じた(7)。摂関期についても、儒教的政策といった理念的な側面から検討することで、これまでの研究とは異なった当該期の国家支配のあり方や、天皇と地方支配との関係について、新たな像を導き出せるかもしれない。そこで本章では、これまでの先行研究をふまえた上で、それらとは別の観点から摂関期の地方支配・天皇のあり方について検討を行いたい。

儒教的イデオロギー政策にはさまざまなものがあるが、本章は、比較的検討しやすい摂関期の祥瑞・勧農を取り上げ、それぞれ第一節・第二節で検討を行うこととする(8)。

第一節　摂関期の祥瑞と朝廷の対応

1　長元二年の白鹿

八・九世紀における祥瑞については、多くのすぐれた研究があるけれども、十世紀以降の祥瑞がいかに出現し、祥瑞が朝廷にどのように捉えられていたかという点について検討した論考は、村山修一氏の簡潔な指摘を除き、管見の限りみられない(9)。村山氏は、九世紀末以降に祥瑞がみられなくなると述べる。村山氏の見解は首肯できるが、私見と異なる部分もある。そこで、摂関期の祥瑞と朝廷の対応について、詳述してみたい。

現存する平安時代の日記のなかで、祥瑞について詳しく記されることは少ない。そのなかにおいて、『小右記』長元二年（一〇二九）七月十一日から二十二日までの記事は、摂関期の祥瑞に対する朝廷の対応を具体的に理解する上で、注目に値する。まず十一日条には、次のようにある。

昨夕前大弐雅〔惟〕憲妻入京、即参内云々。惟憲明後日入洛、随二身珍宝一不レ知二其数一云々。九国二嶋物掃レ底奪取、唐

物又同。已似レ忘レ恥、近代以二富人一為二賢者一。惟憲献二白鹿千〔于〕関白一云々。（以下略）

ここでは、前の大宰大弐藤原惟憲が、関白藤原頼通に「白鹿」を献上する記事がみられる。ただし惟憲は、祥瑞として白鹿を正式に朝廷へ提出したわけでなく、「九国二嶋」から奪取した珍宝の一部として、白鹿を献じたようである。(10)

この献上に関して少なくとも藤原実資は、「□〔世カ〕以不レ甘」（十一日条）と記しているように、苦々しく思ったようである。実資は、その理由を十六日条において、「白鹿上瑞也。大宰符〔府〕須レ定〔進カ〕二上府解一、官随二上奏一者也。而忘二其事一、内々献之、理不レ可レ然」と記している。白鹿は上瑞であるのだから、惟憲が府解の提出といった手続きをとらず、関白に「内々」に献上したことを実資は難じているようである。

しかし実資は、十七日条において、「亦以二上瑞物一不レ献二召〔公〕家一之事、可レ有二其咎一。然而近代之事非レ無レ所レ憚」とも述べている。実資は、十六日条の記事と同様、白鹿を「公家」に献上しなかった点が「咎」にあたるべきだと考える一方、近年において憚りがあって咎めることができないと述べ、惟憲が府解の作成などの手続きを怠ったことをやむを得ないことと受け止めているようである。(11)

以上の検討から、惟憲の白鹿献上が律令制における祥瑞献上のあり方に基づいた正式手続きではなかったこと、ただし一般貴族のあいだでは献上のあり方が、問題のないものとして認識されていたことを理解できよう。

さらに同十七日、中納言藤原資平の実資に対する発言は、極めて興味深い。

瑞物更不レ可二出来一、還可レ有二疑慮一歟。延木聖代可レ有二上瑞一、此白鹿瑞有二何故一乎。可レ恠可レ懼、可レ驚可レ慎。(12)

この発言のなかにみられる「延木聖代可レ有二上瑞一」は、延喜十七年（九一七）に白鹿が備後国から献上された先例を指していると考えられ、今回もこの先例にならって白鹿を神泉苑に放っている（七月二十二日条）。それはともかく、ここで中納言資平が「還可レ有二疑慮一歟」や「此白鹿瑞有二何故一乎。可レ恠可レ懼、可レ驚可レ慎」と述べている点は注目される。祥瑞でありながら、「疑慮」と口にし、なぜ白鹿が出現したのかとまで述べ、驚き、恐れ慎むべきだと考えてい

表1　六国史にみえる白鹿

番号	年月日	西暦	記事	史料	備考
1	推古6年10月丁未		越国献**白鹿**一頭	書紀	
2	文武元年9月丙申	697	丹波国献**白鹿**	続紀	
3	慶雲3年7月己巳	706	周防国守従七位下引田朝臣秋庭等献**白鹿**	続紀	
4	神護景雲2年正月乙卯	768	播磨国献**白鹿**	続紀	
5	神護景雲3年11月壬辰	769	伊予国より**白祥鹿**を献奉（宣命）	続紀	「伊予国員外掾従六位上笠朝臣雄宗献白鹿」（宝亀元年五月壬申）とあり
6	延暦11年閏11月壬辰	792	伊予国献**白鹿**	紀略	
7	延暦21年正月乙亥	802	美作国献**白鹿**，賜獲人稲五百束	紀略	
8	斉衡3年12月丁酉	856	美作国献**白鹿**，詔放神泉苑	文実	
9	貞観4年9月27日癸巳	862	美作国献**白鹿**	三実	
10	貞観10年11月28日丁巳	868	大宰府献**白鹿**一，放神泉苑	三実	
11	元慶元年3月3日甲辰	877	備後国獲**白鹿**一而献之，雪白可愛，奉覧太上天皇，後放於神泉苑	三実	
12	元慶7年5月26日辛卯	883	神泉苑裏旧有放鹿，是日生**白鹿**，遠客来朝，得此禎祥，豈不懿歟	三実	

注）書紀＝日本書紀，続紀＝続日本紀，紀略＝日本紀略，文実＝日本文徳天皇実録，三実＝日本三代実録．

る。このときのことについて、『百練抄』長元二年七月十三日条には、「前大弐惟憲卿献二白鹿一。天覧之後、縦二神泉苑一。先被レ定二吉否一」とあり、やはり延喜の先例通り行うことが必ずしも「吉」ではない、と認識されていたようである。

ひるがえって六国史には、白鹿の出現は表1にまとめたごとく、十二例みられる。たとえば、『続日本紀』神護景雲三年（七六九）十一月壬辰条の宣命には、「伊与国より白き祥の鹿を献奉りて在れば、うれしよろこぼしとなも見る」とあり、貞観十九年（八七七）には、白鹿・白雉・木連理が現れたため改元している。さらに、『日本三代実録』元慶七年（八八三）五月二十六日辛卯条には「神泉苑裏旧有レ放レ鹿、是日生二白鹿一。遠客来朝、得二此禎祥一、豈不レ懿歟」とある。もちろん簡略に「丹波国献二白鹿一」（『続日本紀』文武元年（六九七）九月丙申条）などと記されていることもあり、その場合詳しくはわからないが、特に否定的な受け止め方をされている様子もない。したがって、八・九世紀において白鹿が各地で出来した場合、地方から中央に上申され、中央で通常通り処理された上で、当然「うれしよろこぼし」ものとして扱われたと考えられる。[13]

八世紀から九世紀後期までの史料で「うれしよろこぼしとなも見る」「得二此禎祥一、豈不レ懿歟」とある一方、十一世紀前期には「可レ恠可レ懼、可レ驚可レ慎」「先被レ定二吉否一」とあり、白鹿出現に対する中央政府の考え方が、両時期で相違していることをみてきた。

では、このような相違は、何故にして生じたものなのだろうか。

ここで、律令国家にとって祥瑞がどのような意味を持つものであったか、あらためて確認しておきたい。[14] 周知のように、祥瑞は、天子などの為政者が道徳的・政治的に善を施している場合、天がそれを嘉して下す吉兆のことであり、儒教的な天人相関説・天命思想に基づくものである。七世紀後葉の日本は、中国から律令制を導入するに前後して、天人相関説・天命思想も受け入れた。日本の天命思想は、中国のそれをそのまま受容したわけではなく、いわば日本的に改変されたものであった。[15] 祥瑞に関しても当時の隋唐とは異なる運用の仕方ではあったけれども、[16] 天皇の治世を正当化する根拠として受用したことは確かなようである。

以上のような祥瑞認識ゆえに、八・九世紀は白鹿出現が「うれしよろこぼし」ものとして、つまり、天皇が善政を行っていることを示すものとして、歓迎されるものであった。しかし十一世紀になると中納言資平の言にあるように、「可レ恠可レ懼、可レ驚可レ慎」とあることから、少なくとも歓迎する様子がなくなっているのである。さらに、白鹿以外に目を転じてみると、『日本紀略』長元七年（一〇三四）五月九日戊辰条によれば、近江国愛智郡から献上された「白烏」が「不吉」のため「不レ経二天覧一」と記されている。『延喜治部省式』によれば白烏は中瑞であるにもかかわらず、「不吉」とされているのである。

以上から、十一世紀の朝廷は、八・九世紀と異なり、天皇の治世を正当化する根拠として祥瑞を受用する意図がなかったのである。

2　九・十世紀の祥瑞——寛平七年の慶雲と天慶九年の甘露

それでは、この変化は、なぜ生じたのであろうか。次に、九世紀末以降の祥瑞について、詳しく検討してみよう。表2は、国史が終わる仁和三年（八八七）九月から、先に検討した長元二年（一〇二九）の白鹿出現までの祥瑞を示したものである。この表2から、しばしば寛平年間から延喜年間には少なからず祥瑞が出来し、朝廷へ報告されていたことが知られる。ところがその後、延長三年（九二五）から長元二年（一〇二九）までの約百年のあいだに、計十一回と、前代に比して祥瑞が激減している(17)。ここから、九世紀末から十世紀半ばまでのあいだに、何らかの変化があったと予想されるが、史料の残存状況の影響も考えなくてはならない。そこで今度は、朝廷の出す詔勅や祥瑞出現時の政務のあり方から、当該期の祥瑞、特に為政者の祥瑞に対する考え方について考えてみたい。

まず、九世紀最末期の様相を検討しよう。寛平七年（八九五）九月十一日に大宰府から「慶雲」の出現が奏上された。これに対する勅が『菅家文草』（巻八）に収められている。

答三公卿賀二薩摩国慶雲一勅。

勅、公卿去九月十一日表状曰、大宰府奏、慶雲見二管薩摩国一。有司考二之上志一。以為政致二和平一之応也、徳至二山陵一之感也。朕省レ表以恐之、聞レ瑞以懼之。即位之後、九二載于今一。水旱疫癘、軍兵盗賊。豈是政和・徳至之言、可三以偸二措歯牙一乎。君臣者一体之分也。朕可レ恥、卿等亦可レ恥。抑而止之、勿レ為二虚賀一耳。

寛平八〔七〕年十月　日奉勅製。

この勅は、公卿表状と、それに対する宇多天皇の回答の二つにわけられる(18)。まず公卿の表状では、薩摩に現れた「慶

表２　六国史後の祥瑞（長元２年〔1029〕まで）

	年月日	西暦	記事	史料	備考
1	寛平５年６月15日	893	但馬国献**白燕**一翼	紀略	
2	寛平７年９月11日	895	公卿等上表，奉賀大宰府申**慶雲**見薩摩国開聞神社事	紀略・菅家文草	「公卿参左近陣，上賀慶雲論奏」（11月22日）
3	寛平８年７月１日	896	大和国奏**紫雲**之瑞	紀略	
4	寛平９年11月１日	897	因幡国献**白鼠**	紀略・扶桑	
5	昌泰２年５月10日	899	河内国献**白亀**一	紀略	
6	延喜８年12月28日	908	陸奥国進**連理木**	紀略・扶桑	
7	延喜９年９月17日	909	上野国進**嘉禾**	紀略・扶桑	
8	延喜17年閏10月26日	917	備後国献**白鹿**，奉覧之後，放神泉苑	紀略・扶桑・小右	
9	延長３年３月27日	925	山城国献**白烏**，外記勘申先例	扶桑	
10	承平７年２月１日	937	大宰府献**白雉**	紀略	
11	天慶５年４月７日	942	神祇少祐大中臣正直奉**白烏**雛於蔵人所	本朝世紀・紀略	紀略では８日に記す
12	天慶９年６月23日	946	阿波国言上**甘露**降由	清慎公記・貞信公記抄	清慎公記は，洞院家記・西宮記からの引用
13	天延３年６月13日	975	興福寺薬師堂水湿処**蓮葉**生，為嘉瑞也	紀略	
14	寛和元年５月17日	985	信濃国献**白雉**	紀略・百練・小右	紀略20・21日条も参照
15	正暦２年９月10日	991	尾張国献**白雉**	紀略	
16	長保元年正月27日	999	東三条院侍大膳進藤原仲遠献**白雉**	紀略	
17	長保元年７月11日	999	大宰府申**一茎二花白蓮**	紀略・百練	
18	長保３年12月27日	1001	右衛門少尉源忠隆献**白雉**純白	紀略	
19	長和５年12月29日	1016	播磨国献**白雉**	紀略	

注１）紀略＝日本紀略，扶桑＝扶桑略記，小右＝小右記，百練＝百練抄.
注２）「記事」は，「史料」で最初に掲げたものから引用.
注３）紀略天徳２年（958）12月10日条「仰諸道，令勘草木非時花実事」も，祥瑞と関係する可能性がある.
注４）紀略長保元年（999）３月７日条に「雨米一裹」が豊前国から進上されているが，ここでは祥瑞としない.

雲」を慶び、それが善政の表れであるとたたえている。対して宇多の回答は、即位後の九年間、災害や戦乱、治安の乱れがあり、どうして「政和・徳至」といえるだろうか、とし、さらに公卿が「虚賀」することがないように、と述べている。

もっとも、『日本紀略』寛平七年十一月二十二日甲戌条によれば、右の勅が出された直後の十一月、再び公卿が慶雲を賀す論奏を進上している。祥瑞を祝賀することを避けようとしている宇多天皇の意向に反して、公卿は再び、天皇へ上奏したと考えるのが自然だろう。

実は、こうしたやりとり、すなわち、①祥瑞出現、②公卿上表、③天皇拒否、④公卿再上表、といったやりとりは、天長三年（八二六）[19]や承和元年（八三四）[20]、嘉祥元年（八四八）[21]、嘉祥三年（八五〇）[22]、貞観十八年（八七六）[23]などといった、主に九世紀前半における祥瑞出現のときの対応に通じている。たとえば、天長三年と寛平七年における祥瑞出現を比較してみると、寛平七年では、天皇が祥瑞を受け入れる勅（⑤）がみられないだけであり、それ以外の要素は両者ともに一致しているのである。この①―⑤の対応を本章では仮に、「九世紀型」とよんでおきたい。

なお、「九世紀型」は、唐のあり方に近いと思われる。東野治之氏・大隅清陽氏によれば、唐代の皇帝は、祥瑞の出現をむしろ忌避したことが明らかにされている[24]。『冊府元亀』所引の詔勅によれば、臣下の奏上を皇帝が戒める場合があった[25]。したがって、八世紀と比較して九世紀前半は、祥瑞に対する政策が唐風化したといえるのかもしれない。

寛平七年の勅は、「九世紀型」にのっとって出されたものといえるだろう。九世紀後半になると「九世紀型」があまりみられなくなるようだが[26]、ともあれ寛平七年の段階では、いまだ祥瑞は天人相関説の枠組みで受け止められていたのである。

次に、十世紀半ばの祥瑞について考えよう。『清慎公記』天慶九年（九四六）六月二十三日条によれば、祥瑞への対応が大きく変化したことが知られる[27]。

著二南所一。今日申文之中、阿波国言上甘露降由之解文相加事。頗希有。依二令文一、仰下可レ付二治部一之状上。上瑞・下瑞、皆先申レ官、官付二治部一云々。麒鳳亀龍之類、謂二之大瑞一。余皆上瑞・下瑞耳云々。

ここから、「甘露」が阿波国からの解文によって太政官へ報告されていることが知られる。「南所」に着す、とあるように、この解文は南所申文において処理されているが、上卿であった藤原実頼がいうように、「令文」にのっとり解文の処置を指示している。ここでいう「令文」とは儀制令8祥瑞条「凡祥瑞応見、若麟鳳亀竜之類、依二図書一合二大瑞一者、随即表奏。（中略）上瑞以下、並申二所司一、元日以聞。其鳥獣之類、有二生獲一者、仍遂二其本性一、放二之山野一。余皆送二治部一。（以下略）」を指している。また、翌天慶十年（九四七）には祥瑞条の通り、正月朝賀において甘露が奏上されている[28]。この時期には依然、令文に従って祥瑞出現が処理されていた[29]。

ただしその一方で実頼は、祥瑞に関する文書が南所申文に持ち込まれたことを、「頗希有」と記している。祥瑞の出現自体がまれなことなのか、祥瑞に関する解文が南所申文で取り上げられることがまれなことなのか、判然としない。しかし、地方政治に関する事案が、上卿の決裁なしに弁官のみで処理されることは考えにくいので、もし祥瑞の報告が地方からあれば、南所申文で取り上げられると考えてよいだろう。よって、ここでの「頗希有」は、南所申文で祥瑞に関する解文の処理自体がまれであったことを示しているとみてよい。

以上の検討から、天慶九年頃には、祥瑞は地方から報告されることが少なくなると推測できよう[30]。そしておそらく、当該期の朝廷が八・九世紀と比べて天人相関説にのっとった祥瑞を必要としなくなったため、地方からの祥瑞報告が減少したと思われる。つまり、八・九世紀と十世紀半ば以降とでは、為政者の持つ祥瑞に対する考え方は、大きく異なっていたといえよう[31]。

以上、二項にわたり主に十世紀以降の祥瑞を考察してきた。長元二年に出来した白鹿を「可レ恠可レ懼、可レ驚可レ慎」などと評した資平の言が、八世紀における祥瑞出来の際の対応と異なることを指摘し、『菅家文草』所引寛平七年勅と

『清慎公記』天慶九年六月二十三日条の記事から、為政者の持つ祥瑞に対する考え方の変化は、寛平年間から天慶年間のあいだに生じたと述べた。

以上の考察から、中央政府の祥瑞認識が変化していることが明らかになったと思う。正確にその変化の時期を特定することは難しいが、いずれにせよ寛平年間以降天慶年間までのあいだに、祥瑞に対する中央政府の対応は大きく変化し、中央政府にとって、祥瑞の出現は意味をなさないものになってきたといえよう。八・九世紀の律令国家は、理念的に祥瑞を必要なものとして捉えていたものの、ある時期から祥瑞を必要としなくなってしまう。この変化は、延長年間ごろから史料に祥瑞出現がみられなくなることと、対応している。このことから十世紀半ば以降、史料上だけでなく、実際に地方から祥瑞がほとんど出現しなくなったと思われる。(32)

以上のように考えれば、天皇の治世を正当化する根拠として八・九世紀に用いられた祥瑞という儒教的イデオロギーは、九世紀の最末期から十世紀の半ばにかけて、その役目を終えた、と評価することも可能ではないだろうか。

第二節　摂関期の勧農政策

本節では、祥瑞を検討した第一節に続き、摂関期の儒教的政策の一つである勧農政策を取り上げる。古代の勧農については、亀田隆之氏の専論がある。(33)八・九世紀の勧農については亀田氏によってすでに論じ尽くされているものの、亀田氏は十世紀以降の勧農については、詳述していない。また中世史の立場から摂関期の勧農について、大山喬平氏、戸田芳実氏らの論考がある。(34)本節では、先学の見解に導かれつつ、特に受領の勧農に注目しながら、当該期の勧農政策について、あらためて検討を行いたい。

摂関期の受領勧農政策を考える上で、まず注目したい史料は初任国司庁宣である。平安時代における初任国司庁宣は、三通残っている[35]。すなわち、A延喜十年（九一〇）加賀国新司宣（『朝野群載』巻二十二、諸国雑事上）[36]、B但馬国司初度庁宣（年月日未詳、『朝野群載』巻二十二、諸国雑事上）[37]、C久寿三年（一一五六）三月十三日伊予国新司宣（『兵範記』久寿三年三月十三日裏書）が残存する（以下、「A文書」などと称する）[38]。これらはいずれも、新任の国司が在京したまま、現地の官人へ発する宣であると考えられる。

A―Cの文書にはいずれも「一、可レ催二行農業一事」（A文書）、「一、可レ修二固池溝堰堤一事」「一、可レ催二勧農業一事」（B文書）、「一、可レ修二築池溝堰堤一事」（C文書）とある。これらから、新任の受領が任国の官人に対して、勧農を指示していることが知られる[39]。

また、元永元年（一一一八）十二月九日但馬国司第二度庁宣（『朝野群載』巻二十二、諸国雑事上）をみると、「初度庁宣」（B文書）で勧農を指示する規定があるにもかかわらず、この第二度庁宣でも、受領が現地に「農料」の注進を指示していることが窺える。「農料」は、おそらく種籾の下行であろうから、受領による勧農政策と考えられる。また「但馬国司第二度庁宣」は、受領が現地官人に対して官物率法の注進など、より具体的な指示も与えていることから、現実的な勧農政策を指示した庁宣であろう。以上の検討から、任初にあたり、在京の受領は現地に勧農を指示することが多かったようである。

次に、実際現地へ赴いた受領がどのように勧農の指示をしているか、検討しよう。『朝野群載』（巻二十二、諸国雑事上）国務条々事「一、神拝後択二吉日時一初行レ政事」には、「右、神寺、及池溝堰堤・官舎、修理等」とある。また『時範記』承徳三年（一〇九九）二月十五日条では、「府」に着した平時範が、現地の官人である保清に「下二知勧農一」するよう指示しており、さらに時範は、初めて国務を行った同年三月二日にも、池溝修理の符を作成・捺印している。

さらに、任初のときだけでなく、在任中も受領にとって勧農が常に重要であったことを、以下の史料から指摘できる。『左経記』万寿二年（一〇二五）七月一日条によれば、丹波守であった源経頼は、在京ながら「炎旱日久、農業可レ損之由、間事聞〔有脱カ〕、仍自二明日一以二九口僧一、於二出雲御社一、可レ修二不断大般〔若脱カ〕読経一之由」や「弥可レ祈二年穀一之由」を留守所に告げている。万寿二年は経頼にとって在任二年目であるが、[40]疫病流行の年であり、受領が任国の状況に注意を払う必要があったとみられる。ここから、受領は必要に応じて生産の回復や豊穣を祈るために、現地に勧農の指示を出したことが知られる。二年目であっても、在京の国守が勧農に注意を払っていたといえよう。[41]

勧農のために受領が現地へ赴くこともあった。『小右記』万寿二年（一〇二五）三月二十四日条によれば、甲斐守藤原公業が実資のもとに参じ、翌日に現地へ赴くことを告げている。治安二年（一〇二二）に任じられ、任期四年目であった公業は、現地へ下向する理由について、「東国疫癘発云々、就中上野国郡司七人死去、又佐渡国百余人死亡云々。甲斐未レ普レ病、且為二祈願一、且為二勧農一、所二罷下一也」と実資に述べている。[42]周辺国に疫病が発生するというアクシデントがあったからであろうが、「祈願」と「勧農」のために受領が現地へ下向するということは、これら二つの行為が受領の治政にとって重要であったことを示しているだろう。[43]また「祈願」の内容も、先の『左経記』万寿二年七月一日条から、疫病の平癒を祈るものだと推測できるのではないだろうか。つまり受領は、土地の平安と豊穣を求めて「祈願」し、「勧農」するために任国へ赴くことがあったと考えられる。[44]

以上みてきたように、受領は、任じられた直後に現地に発する「初任国司庁宣」で勧農を指示し、実際に現地へ下向した直後の政務においては勧農を推し進め、さらには在京している場合でも、必要に応じて勧農の指示を出し、勧農のために下向する場合があったことを指摘できたと思う。これらの点から、摂関期の受領にとって、勧農が最重要政策の一つであったことを理解できよう。[45]

ところで亀田氏は、八世紀から摂関期にかけて、国司・受領が用水の修造・治水への配慮を一貫して心がけていたことを明らかにしている。[46]この点について、中央政府の勧農政策にもふれながら、もう少し詳細に検討してみたい。すなわち、受領の勧農のみならず、中央政府による勧農についても考えてみると、十世紀中葉以前と以後の差が浮き彫りになってくると思われる。以下では、勧農と密接に関係すると考えられる、不堪佃田政策と祈雨奉幣について検討したい。

まず、勧農政策と朝廷の不堪佃田政策との関係について考えてみたい。『類聚三代格』所収、仁寿二年（八五二）三月十三日太政官符に「王政之要、生民之本、唯在レ務レ農。頃年諸国所レ申之不堪佃田、其数居多。是由下国郡官司不レ勤二地利一、不上レ重二民命一。（中略）宜下仰二下諸道一、令レ暁二此情一、国郡司等、親自巡観、修二固池堰一、催二勧耕農一。力者褒而録レ之、懈者督而趣上レ之」とある。ここで、不堪佃田を減少させるためには国郡司の勧農が必須であるとの見解が示されていることから、不堪佃田政策と勧農政策とには密接な関係があることが知られる。

そこで朝廷の不堪佃田政策について検討すると、十世紀半ばに朝廷の勧農政策に変化が生じたと考えるべきである。すなわち、九―十世紀前半における朝廷は、諸国不堪佃田の増加に留意して使者を派遣し、不堪佃田数の詐称を行う国司を罰するなど、さまざまな政策を行っていた。だが十世紀中葉以降、朝廷は不堪佃田対策を怠るようになる(47)。十世紀前半においても、朝廷は、勧農を推進することで不堪佃田の増加は防げると考えられていたようだから(48)、不堪佃田対策を怠るようになった十世紀中葉に朝廷は、地方の勧農を把握しようとする強い意向が薄らいだ、と想定するべきではないだろうか。その背後には、勧農を軽視する朝廷の姿勢をみてとれよう(49)。

次に視点を変えて、祈雨・止雨の神社などに対する中央政府・受領国司の「祈願」という点から、勧農政策の変化について検討してみたい。

勧農政策と神祇政策が密接に関係することは、すでに戸田氏によって論じられており(50)、また、神社奉幣や祈雨の検討は、多くの先行研究が存在する(51)。よく知られた事実かもしれないが、これらの研究に学びつつ、八世紀から十世紀半ばにおける神社奉幣・祈雨のあり方を簡潔に論じておきたい。

まず、中央政府の祈雨奉幣から検討しよう。八・九世紀の律令国家は、中央から奉幣使を伊勢・畿内・全国の神社に派遣し、祈雨のために幣帛を直接地方神社に奉ることがあった。[52]しかし、十世紀半ばを境に、大きな変化が生じる。朝廷からの奉幣は、天慶から天暦年間以降、全国を対象としては行われることがなくなり、基本的には畿内、特にのちの二十二社を中心とした山城・大和に存する神社を対象として、行われるようになる。[54]そのことは、十世紀半ばに成立したとされる『新儀式』（巻四、臨時上、祈雨祈霽事）に、天下を対象とする祈雨儀式の次第が記されているものの、それ以降の儀式書には天下を対象とする儀式次第が記されていない点や、『明法肝要抄』天暦二年（九四八）八月二日符に五畿七道諸国の神社に奉幣が行われて以来、雨乞いのために全国に奉幣が行われていない点からも理解される。[53]

次に、国司・受領が行う祈雨について考察する。八世紀には、『万葉集』に残る越中守大伴家持の長歌・短歌から、天平感宝元年（七四九）六月朔に、家持が祈雨を行っていることが知られる。[55]『続日本紀』天平感宝元年五月癸卯条によれば、律令国家は「炎蒸」のために大赦を行っているが、中央政府が主導的に祈雨奉幣などをこの時期に行っている様子はみられない。以上から、中央政府の意向とは関係なく、国司が雨乞いを行った可能性が指摘できる。[56]

九世紀も、やや変化が生じると推測されるものの、[57]八世紀と同様である。律令国家が国司に勧農のための神社奉幣を指示することがあり、[58]それと同時に、仁和四年（八八八）における菅原道真の漢詩などから、中央政府の指示なしに国司が祈雨のために神社奉幣を行っていたことが窺われる。[59]さらに、十世紀以降の受領は、任国の神社に神拝を行うことで、幣帛や神宝を奉っていることが国司庁宣や『時範記』などの記載から知られている。[60]

ここで、八世紀から十世紀半ばまでの祈雨奉幣のあり方を中央政府と国司・受領とにわけてまとめれば、次のようになる。国司・受領は八世紀から摂関期まで、一貫して祈雨を行っていた。一方、中央政府は、八世紀から十世紀半ばまで奉幣使などを用いて祈雨奉幣を行っていたものの、それ以降は全国を対象にした祈雨に関心をなくす。中央政府の政策変化は、正確な時期は不明であるものの、十世紀半ばに生じたと考えられよう。

以上、不堪佃田と祈雨のあり方から、勧農政策の変化について考えてみた。十世紀半ば以降の中央政府は、不堪佃田増加対策や祈雨を行わなくなったことから、地方の勧農に対して興味を失ったという理解が導き出せるだろう。そうしたなかで、現地に赴く国司・受領だけは、一貫して勧農をしていたのである。[61]

では、朝廷の指示がないにもかかわらず、なぜ十世紀半ば以降の受領は勧農を重視したのだろうか。収穫量の安定・税収の確保のために欠かせないものであったと予想されるが、現地へ着任する前後に勧農の指示を行うということは、国司に就任した直後に、何らかのヒントが隠されているのではないだろうか。そこでやや迂遠な検討となるが、次節では「受領のサイクル」[62]を少しさかのぼらせ、受領が任国に赴く以前の時期に戻り、受領が天皇へ出立の挨拶をする「受領罷申儀」について検討する。この「受領罷申儀」の検討を行うことにより、天皇と勧農政策との関係が明確になるだろう。

第三節　受領罷申儀の検討

受領罷申儀に関する研究は少なく、受領を論ずるときにふれられる程度である。[63]しかし、受領が赴任する際に、下向する由を奏上し、天皇から勅語・禄を賜わる儀式は、天皇が平安時代の地方政治にどう関与していたかを知る上で、重要な儀式であると考える。以下、検討したい。

罷申儀がどのような儀式次第であるか、『侍中群要』（巻九、帥大弐赴任事）をみよう。

『式』凡諸国受領官申二赴任一之由、即以奏聞。随レ仰垂二御簾一。召二御前一。自二仙花門一参入、候二南廊壁下一。伝二宣仰旨一、兼賜レ禄。不レ召二御前一、於二右近腋陣頭一賜レ之。（中略）或召二殿上一賜二御衣一。自二右青瑣門一参上、候二孫廂南第一間一、賜二仰及禄一。即於二南廊壁下一退出。

『式』と付され、「凡」で始まることにより、右の史料は十世紀半ばに成立した『天暦蔵人式』の抄文と推定され、[64]また、同時期に成立した『新儀式』にも、ほぼ同様の儀式次第が記されている。上に掲げた史料から、十世紀半ばにお

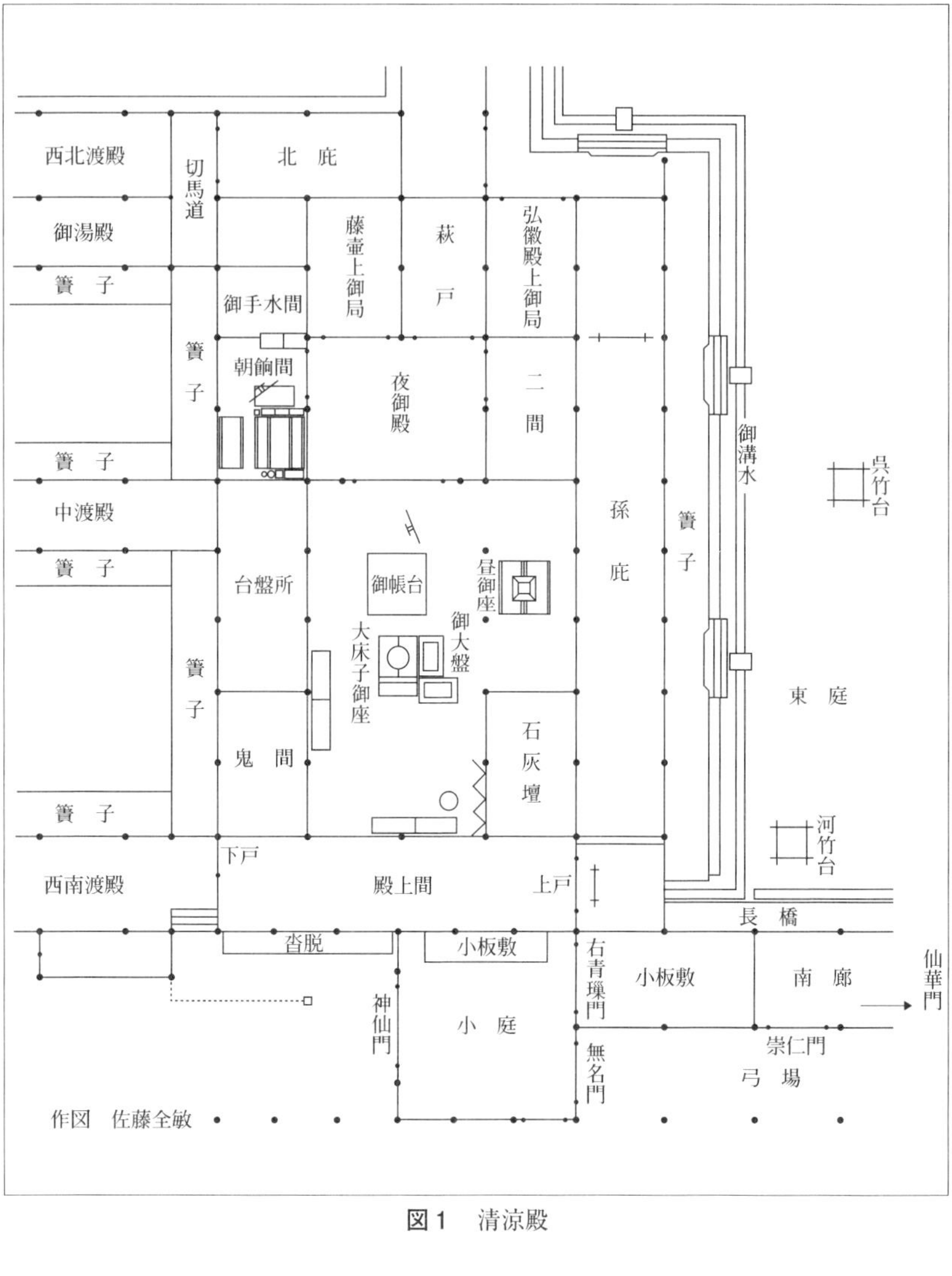
西北渡殿
切馬道
北　庇
御湯殿
藤壷上御局
萩戸
弘徽殿上御局
簀　子
御手水間
簀子
朝餉間
夜御殿
二間
御溝水
簀　子
呉竹台
中渡殿
孫庇
簀子
簀　子
台盤所
御帳台
昼御座
御大盤
大床子御座
簀子
東　庭
石灰壇
鬼　間
簀　子
河竹台
下戸
西南渡殿
殿上間
上戸
長　橋
沓脱
小板敷
右青瑣門
小板敷
南　廊
仙華門
神仙門
小　庭
無名門
崇仁門
弓　場
作図　佐藤全敏

図１　清涼殿

ける罷申儀の次第が以下のように知られる（なお、清涼殿の構造や門の位置については、図1を参照されたい）。受領は蔵人を介して赴任の旨を天皇に奏上する。これをうけて天皇は受領を召す。受領は仙華門（紫宸殿に近い門）から南廊に入り、「南廊壁下」に候ずる。天皇は蔵人を介して受領へ「仰」を伝え、禄を賜わった。

まず、受領は天皇からどのような「仰」をうけたか、確認しておきたい。応和元年（九六一）、上総介藤原国幹が罷申の際に「令レ仰云、粛二静部内一、兼致二豊稔一。随二其勤状一、将二賞進一」とあって、天皇が上総国内の粛静と豊稔を命じていることが知られる。(65) また同年、阿波守源嘉生が赴任する際、天皇は「令レ仰云、彼国久衰弊。若致二興復一、兼済二貢調事一、（中略）随レ状可二賞進一」と命じている。(66) ここでも、天皇が阿波国の復興と、それによる税収の安定を指示していることが知られる。つまり、罷申儀の際に天皇が受領に仰せていることは、その国内の「粛静」や「豊稔」「興復」、そしてそれに伴う税収の安定であると考えられよう。事実、安寧と豊稔などを為し得た受領は、受領功過定のときに勧賞されることになる。(67) 天皇の「仰」をうけた受領は、税収の安定を求め、国内に勧農の指示を積極的に行っていると考えられる。先にみた受領勧農の背景には、右の天皇の指示があったのである。

さらに、罷申儀の儀式次第を詳しく検討していこう。ここでは、受領が天皇の仰せをうけ、禄を与えられる位置に注目したい。先に掲げた細字双行注から、受領が召される位置が一定せず、主文にみられた「南廊壁下」のほか、「右近腋陣頭」(68) や「孫廂南第一間」(69) もあり、受領の位置にはいくつかのヴァリエーションがあったことが知られるのである。

さらに、前田家巻子本『西宮記』（臨時乙、受領赴任事）勘物によれば、

延喜五三廿七、備中介公利参入、召二階下一給二御衣一襲一。

とあり、「階下」（清涼殿東庭）において受領が賜禄される場合があった。同勘物には、階下に召す例が数例みえている。よって、受領が「仰」を奉り、賜禄される場合は、天皇から近い順に、①「孫廂南第一間」、②「階下」＝清涼殿東庭、

図２　清涼殿と孫庇
（宮内庁京都事務所提供）

③「南廊壁下」、④「右近腋陣頭」、となる。

この四つの場の関係はどうなっているのだろうか。①と②とは、受領が孫庇に昇ることが許されるか否かという身位の差による相違であるから、時期的な違いは考えにくい。よって、ここではその相違に留意したうえで一括して取り扱いたい。また④は、『親信卿記』天延二年（九七四）二月二十五日条にみられるように、天皇の御在所が物忌のときに行われる特別な次第であった。以上を要するに、直接勅語を受ける①・②と、蔵人を介して勅語を受ける③とに整理することができる。

両者の関係はどうなっているのだろうか。次に掲げる『親信卿記』天禄三年（九七二）三月某日条は、両者の関係を明瞭に示してくれる。

□〔能〕登守仲甫〔輔〕令レ奏二赴任之由一、其儀、奏二事由一。仰云、「令レ奉二仕御装束一」者、即垂二東廂御簾一、召二出納一、令レ置二禄物於侍小板敷一。頃之召。称唯、参二御前一。仰云、「召」、又称唯。出云、「召」矣。仲甫朝臣、経二侍前一候二仙華門内一。此間召二蔵人一、々々称唯、候二御前一、奉□更自二上戸一帰入、□禄自二同戸一出、経二年中行事□敷下一。到二仲甫朝臣前一、跪仰二勅旨一。次授レ禄□□同道帰入。仲甫朝臣称唯、自取レ纏、舞踏退。（以下欠）

旧説云、殿上受領者、令レ奏二罷申一、召二御前一儀。

候二年中行事障子北辺一、随レ仰上候。例第三間、被レ仰二雑事一之後、召レ人。蔵人称唯、取レ禄授□後、□長橋下、立二河竹良角一、拝舞。了出レ自二仙華門一、経二弓場一来二侍前一云々。

右の『親信卿記』は、現存する古写本（陽明文庫本）に虫損部分が多くあるため、判然としない部分も多いが、能登守仲輔（姓は未詳）の場合は、「候二仙華門内一」とあり、すなわち南廊で蔵人から天皇の勅旨が伝えられていることから、おそらく③のあり方としてよい。

さらに記主平親信は、仲輔の儀式次第の詳細を記したあと、「旧説」を記している。そこでは「召二御前一儀」、「随レ仰上候」とあることから、この「旧説」は、①に相当していると考えられる[70]。

注目したいのは、「旧説」では①であるのに対し、天禄三年三月の仲輔の場合は南廊にとどまる③のあり方で儀が行われている点である。「旧説」とわざわざ書き記していることからみて、①のあり方は天禄三年当時、すでに旧儀となっていたことが窺われよう。

十世紀半ばに成立した『天暦蔵人式』に、③のあり方が主文として記されていることからみても、「旧説」とされる①のあり方は、十世紀前半以前のあり方であったと考えられる。いわば、およそ十世紀半ばを画期として、天皇に直近して勅語を直接うける①・②のあり方から、天皇から離れ、蔵人を介して「仰」をうける③のあり方へと移行していったと理解することができるのである[71]。

それでは、罷申儀がいつから存在したのであろうか。『西宮記』の関係勘物に、延喜年間にかけて「召二階下一」とあることから、延喜年間まではさかのぼるだろう。さらに、佐藤泰弘氏が示唆しているように、守・介に良吏を登用することを命じた『類聚三代格』所収、天長元年（八二四）八月二十日太政官符には、「其新除守・介、則特賜二引見一、勧二喩治方一、因加二賞物一」とある。天皇が守・介と直接に引見して地方政治のあり方を諭し治績に従って褒章することを定めている部分から、天長年間には罷申儀に近い儀が行われていたようである[72]。確かに右官符により、少なくとも天長元年以降、天皇と新任の守・介とのあいだに「引見」があったと考えられる[73]。

以上、受領罷申儀について検討した。ここで以上を整理しておくと、国司が赴任に先立ち、天皇と引見する儀は、平安時代には受領罷申儀という形に整えられていった。しかし天皇に面謁して直接「仰」を奉ったのは、正確な時期を特定できないものの、十世紀半ばまでであった[74]。その後、天皇の勅語は蔵人を介して伝えられるようになったと考えられよう[75]。

ではこのような受領罷申儀の変遷を、どのように捉えればよいだろうか。ここで、天皇と律令官人のあいだに〈君恩―奉仕〉とよばれる「律令官人秩序」が存在したという、吉川真司氏の研究成果を援用することが許されるならば[76]、十世紀以前の罷申儀は受領が天皇から勅語や禄、つまり「君恩」を直接受け取る儀といえる。天皇と受領のあいだに人格的な「律令官人秩序」が存在したと考えてもよいだろう[77]。つまり受領罷申は、天皇と官人（ここでは受領）とを人格的に結ぶ場であったといえるのではないか。而してこのような人格的関係は、受領の位置の変化から推測すれば、十世紀半ばごろに消滅してしまうようである。

このことは、第二節で論じたように、諸国勧農政策を、そしておそらく地方行政全般を朝廷が軽視するようになったことが起因していると思われる。十世紀前半までの天皇は、国司・受領に直接勅語を発し、手ずから禄を渡すことで、天皇が全国を支配していることを理念的に表現していた。だが摂関期になると、天皇と受領との人格的な関係がもはや従前の形では維持されなくなり、天皇は地方社会に対する支配者としての立場も捨ててしまう[78]。摂関期の天皇は、九世紀以前の天皇とは異なり、少なくとも理念的には全国を支配することのない、新たな天皇へと変貌したのである[79]。

おわりに

本章では、摂関期における地方支配と天皇との関係について考察するため、祥瑞・勧農・受領罷申儀という三つの局面について、検討を行った。最後に、これまでの検討をまとめておきたい。

第一節では祥瑞について述べた。十世紀初めから中葉にかけて、朝廷は、律令制下における天皇が政治的・道徳的な善を施している場合に出現する祥瑞を受用しなくなる。このことは、天皇が政治的・道徳的な善を施していることを、そうした形で提示しなくなったことを示している。十世紀半ば以降の天皇は、それまでの天皇と異なり、中国的な天命思想に基づいて、みずからの正当性を主張することのない天皇へとなったのである。九世紀初期の桓武天皇は郊祀を行うなど、専制的で中国的な君主像を追求した。(80) しかしそのような天皇像は、少なくとも十世紀半ばまでに放棄されてしまったようである。(81)

第二節では勧農について述べた。八世紀から摂関期まで一貫して国司・受領は勧農を行っていた。しかし摂関期になると中央政府は、不堪佃田の増加に危惧を示さなくなり、全国へ祈雨奉幣の指示などを行わなくなっていった。すなわち十世紀半ばごろに、中央政府は勧農に対する関心を減退させ、勧農を受領へ完全に任せてしまうのである。これを単純に受領への「委任」と評価してしまうのはやさしい。しかし、その質を丁寧にみる必要があろう。その点で受領罷申儀の変化は、重要な意味を持つ。

すなわち第三節でみたように、十世紀中葉以前の天皇は受領を面前に召して直接「仰」を下し、賜禄を行っていたのに対し、それ以降になると、間接的に蔵人を介して「仰」を伝え、賜禄することが一般的となる。このことは、受領への委任の背後に、天皇の、地方社会に対する支配理念の変化があったことを示している。十世紀中葉において、地方社会に対する天皇のあり方・理念は確実に変化したのである。

本章は、摂関期の地方支配と天皇の関係について、理念的な側面について検討した。祥瑞をはじめ、史料の比較的少ない対象を素材としたため、推測にわたる部分も少なくなかったと思う。また、摂関期の天皇のあり方、国家・社会の全体像などについては、さらに多くの議論を必要としていよう。今後の課題としていきたい。(82)

注

（1）土田直鎮「摂関政治に関する二、三の疑問」（『奈良平安時代史研究』吉川弘文館、一九九二年、初出一九六一年）、『日本の歴史5　王朝の貴族』（中央公論社、一九六五年）。
（2）代表的な研究として、古瀬奈津子『日本古代王権と儀式』（吉川弘文館、一九九八年）、玉井力『平安時代の貴族と天皇』（岩波書店、二〇〇〇年）をあげるにとどめる。
（3）大津透『律令国家支配構造の研究』（岩波書店、一九九三年）。
（4）吉川真司「摂関政治の転成」（『律令官僚制の研究』塙書房、一九九八年、初出一九九五年）、「院宮王臣家」（『日本の時代史5　平安京』吉川弘文館、二〇〇二年）。
（5）寺内浩「貴族政権と地方支配」（『日本史講座3　中世の形成』東京大学出版会、二〇〇四年）参照。
（6）摂関期の国家・社会の研究史を整理した論考については、下向井龍彦「平安時代史研究の新潮流をめぐって」（『研究と資料』一五、一九九七年）、佐藤泰弘「移行期としての平安時代」（『日本中世の黎明』京都大学学術出版会、二〇〇一年）、大津透「平安中後期の国家論のために」（『日本歴史』七〇〇、二〇〇六年）参照。
（7）拙稿「百姓撫育と律令国家」（本書第一部第一章）。
（8）なお第三節では、勧農と大きく関係する受領罷申儀について検討することとなるが、これらの関係については第三節で詳しく述べる。
（9）村山修一「宮廷陰陽道の成立」（『延喜天暦時代の研究』吉川弘文館、一九六九年）。また山下克明「しょうずい」（『平安時代史事典』角川書店、一九九四年）も、平安中期の祥瑞について簡潔にまとめている。
（10）『日本紀略』長元二年七月十日丁卯条・『扶桑略記』長元二年七月二十三日条にも献上の記事があるが、いずれも詳細を記さない。
（11）儀制令8祥瑞条及び義解によれば、上瑞である白鹿は太政官に報告することが定められていたから、関白に献上することが正式な手続きではないといえる。
（12）『日本紀略』延喜十七年閏十月二十六日条。
（13）延喜十七年の白鹿出現も含めれば、十世紀初期も同様であった可能性があるだろう。

（14）祥瑞や天人相関説・天命思想に関する研究は膨大にあるが、東野治之「飛鳥奈良朝の祥瑞災異思想」（『日本歴史』二五九、一九六九年）、関晃「律令国家と天命思想」（『関晃著作集4　日本古代の国家と社会』吉川弘文館、一九九七年、初出一九七七年）、早川庄八「律令国家・王朝国家における天皇」（『天皇と古代国家』講談社、二〇〇〇年、初出一九八七年）、大隅清陽「儀制令における礼と法」（『日本律令制論集　上』吉川弘文館、一九九三年）などを本章では特に参照した。

（15）早川注(14)論文、二二八—二三〇頁。

（16）大隅注(14)論文、五四〇頁。

（17）天延三年（九七五）以降の祥瑞は、白雉と「一茎二花」などの奇形植物がほとんどであることも注目される。多種多様な奇瑞が出現した八・九世紀とは、相違していると考えるべきだろう。なお、表2から明らかなように、九九〇年代の十年間に祥瑞出現が前後の時期と比較してやや多い。その理由については終章で簡単にふれる。

（18）『菅家文草』には「寛平八年」となっているが、『日本紀略』寛平七年九月十一日条に「公卿等上表、奉レ賀下大宰府申慶雲見二薩摩国開聞神社一事上」とあり、勅に引用されている「公卿去九月十一日表状」と対応する。本章では『日本紀略』に信を置き、勅は寛平七年に発されたと考える。

（19）紀伊国・筑前国で慶雲が出現、豊楽殿でも確認される。『類聚国史』天長三年七月辛巳条・十二月己未条・辛酉条・壬戌条参照。

（20）筑前国・佐渡国で慶雲が出現。『続日本後紀』承和元年正月丁卯条・四月壬午条・十月己卯条。この慶雲出現について、西別府元日「国司行政と祥瑞の出現」（『日本古代地域史研究序説』思文閣出版、二〇〇三年、初出一九九四年）が言及している。

（21）豊後国で白亀が出現。『続日本後紀』承和十五年五月壬申条・六月庚寅条・乙未条・庚子条。

（22）美作国・備前国で白亀、石見国で甘露が出現。『日本文徳天皇実録』嘉祥三年五月戊戌条・六月丁巳条・七月庚辰条・乙酉条・八月丙辰条・甲子条・丙寅条・九月己丑条参照。

（23）肥後国で白亀が出現。『日本三代実録』貞観十八年七月二十六日辛丑条・九月九日癸未条参照。

（24）東野注(14)論文、五〇頁、大隅注(14)論文、五三一—五三七頁。

（25）『冊府元亀』巻二十四、帝王部符瑞三、開元十三年（七二五）五月甲申の「王守礼等賀」に対する「帝曰」。同符瑞四、乾元元年（七五八）七月庚寅の「郭子儀奏」に対する「詔」など。

(26) 「九世紀型」のような中央政府の対応は、貞観十八年に肥後国から白亀が出現したときを除けば、嘉祥三年以降の『続日本後紀』・『日本文徳天皇実録』・『日本三代実録』にみられず、むしろ祥瑞出現を素直に喜ぶ詔勅の方が多い。もちろん九世紀後半、「九世紀型」の③や④が国史で省かれているだけで、実際は天皇が祥瑞認知を拒むことや公卿再奏上も行われた可能性が考えられる。しかし、「九世紀型」の⑤のなかには、「見二諸内外公卿表賀一、辞不二敢当一」（天長三年十二月壬戌条）、「故抑而不レ宣、勅断二慶賀一」（承和十五年六月庚子条）などといった文言がある。九世紀前半には、これらの文言からも③や④の対応が行われていたことが知られるけれども、そのような文言は貞観十八年の例を除いて、九世紀後半の詔勅にみられない。したがって、③や④の対応が九世紀後半の国史で省略された可能性は低く、また、「九世紀型」のような対応を中央政府が採ることは少なかったと推考される。

(27) 『洞院家記』逸文。この史料は、『大日本史料』一―八によった。

(28) 前田家巻子本『西宮記』（正月上、朝拝）所引、「小野記」天慶十年（九四七）正月朔条。

(29) ただし、「九世紀型」のような公卿表状や勅が出されたかは不明である。

(30) また、『政事要略』（巻二十九、年中行事十二月下、晦日奏瑞有無事）の「私案」は、なぜ晦日に祥瑞の有無を奏上せねばならないのか、疑義を呈している。このことはもはや、奏瑞が理解できなくなっていたことを示している。『政事要略』は長保四年（一〇〇二）に成立し、その後補筆されている（虎尾俊哉「政事要略について」〔『古代典籍文書論考』吉川弘文館、一九八二年、初出一九七一年〕）ことから、この私案は十世紀末から十一世紀初頭の認識を示したものとして、興味深い。なお形式的な任命であろうが、元日に奏瑞を務める者として、『江家次第』（巻十一、元日侍従幷荷前定）勘物応徳三年（一〇八六）十二月二十日によれば、藤原実宗があてられている。さらに、『中右記』天治二年（一一二五）十二月二十五日条によれば、源時俊があてられている。

(31) なおここで、儀制令にのっとり、太政官から「付二治部一」されている点にも注目したい。壬生本『西宮記』（第十軸、臨時二）によれば、「有二瑞物一、仰二諸道一令レ進二勘文一事〈上卿奉レ勅、召二外記一、各伝二仰可レ被レ行之旨。見二国史一也。〉」とあり、治部省が祥瑞に関与しないようである。つまり、天慶九年に祥瑞が治部に付される一方で、十世紀後半成立の『西宮記』では「諸道」に勘文を進めさせている点も、興味深い。

(32) しかし表2から知られるように、摂関期にも祥瑞の出来が認められ、院政期にもまれにではあるが認められる（表3）。たとえば、「金花」（『百練抄』応徳二年〔一〇八五〕十一月十四日条。『明法肝要抄』所引応徳二年九月十九日勘文）や、「一茎三穂嘉禾」（『百練抄』保安四年〔一一二三〕六月七日条。『明法肝要抄』所引保安四年五月二十八日勘文）など、植物が中央へ報告されることがあった。たとえば後者は、『延喜治部省式』祥瑞条「下瑞」の「嘉禾」もしくは「木連理」に相当し、祥瑞であろう。八・九世紀と比較すれば断然にその数が少ないため、やはり、院政期以降の祥瑞を八・九世紀の祥瑞と同様に扱うことはできない。ただ、院政期以降の祥瑞を単純に例外として扱うべきか、やや疑問が残る。本章ではとりあえず検討の対象からはずし、後考を期したい。なお、『明法肝要抄』については、太田晶二郎「『法曹類林巻第二百廿六』辨」（『太田晶二郎著作集2　典籍に関する論考』吉川弘文館、一九九一年、初出一九六五年）参照。

（33）　亀田a『日本古代用水史の研究』（吉川弘文館、一九七三年）、b『日本古代治水史の研究』（吉川弘文館、二〇〇〇年）。勧農については、拙稿注（7）論文（本書第一部第一章）でもふれた。

（34）　大山喬平「中世における灌漑と開発の労働編成」（『日本中世農村史の研究』岩波書店、一九七八年、初出一九六一年）、戸田芳実「中世文化形成の前提」（『日本領主制成立史の研究』岩波書店、一九六七年、初出一九六二年）、保立道久「中世の開化主義と開発」（『歴史学をみつめ直す』校倉書房、二〇〇四年、初出一九九〇年）、同「中世初期の国家と庄園制」（『日本史研究』三六七、一九九三年）など参照。受領の勧農に注目したものに、佐藤泰弘「受領の成立」（『日本の時代史5　平安京』吉川弘文館、二〇〇二年）が重要である。

表3　長元2年（1029）以降保元元年（1156）までの祥瑞

番号	年月日	西暦	記　事	史　料	備　考
1	長元7年5月9日	1034	近江国愛智郡献白烏	日本紀略	
2	応徳2年11月14日	1085	大宰府言上高良社石硯幷高座金花忽生事	百練・明法	本朝世紀康和元年8月16日も参照
3	保安4年6月7日	1123	諸卿定申諸道勘申大宰府所献之一茎三穂嘉禾可為瑞哉否事	百練・明法	
4	大治4年7月3日	1129	鳥羽殿池一茎二花蓮生	百練	
5	保延4年6月24日	1138	勝光明院池有一茎二花嘉蓮	百練	勝光明院は，鳥羽離宮北殿に属する御堂
6	久安5年7月6日	1149	法勝寺池一茎二花生出事	本朝世紀	
7	仁平3年8月2日	1153	証金剛院池一茎二花蓮	百練	証金剛院池は，山城国にある高階栄子の山荘

注1）　百練＝百練抄，明法＝明法肝要抄．
注2）　4～7は，すべて京内近域の院・寺から出現しており，祥瑞と捉えてよいか，疑問．
注3）　中右記嘉承2年閏10月24日（裏書）に，老人星を「祥瑞」としている記事があるが，本表には含めなかった．

(35) 中野豈任「吉書と在地支配」（『祝儀・吉書・呪符』吉川弘文館、一九八八年）、一三五—一四〇頁参照。

(36) A文書の「延喜十年」という年紀が信頼できるか否か、議論がある。ここでは佐藤泰弘氏の見解に従い、延喜十年を否定する根拠があまりないことから、延喜十年の文書として扱う（佐藤「平安時代の国務文書」〔注(6)著書〕、三九〇—三九一頁）。

(37) B文書は、この文書と密接に関係する「二度庁宣」から、元永元年（一一一八）十二月九日より以前の文書であると推測される。

(38) 『朝野群載』は葉室本を底本とし、各種諸本で校訂を施した。『朝野群載』については、高田義人「『朝野群載』写本系統についての試論」（『書陵部紀要』五四、二〇〇二年）、朝野群載研究会「朝野群載巻二二　校訂と注釈（一）」（『東京大学日本史学研究室紀要』一二、二〇〇八年）も参照。

(39) さらに、具体的な内容まで知ることができないものの、『小右記』治安元年（一〇二一）二月二日条にも初任庁宣の事書が三ヶ条（「一、可レ勤二仕恒例神事《(ママ)》一」「一、可レ催二勧農桑一事」「□可三早制二止国内濫行輩一事」）、記されている（佐藤注(36)論文、三九〇頁に指摘がある）。ここでも勧農の指示がなされていることは、興味深い。

(40) 源経頼は万寿元年（一〇二四）正月二十二日に丹波守に補され、長元元年（一〇二八）三月二十一日に得替。本章では、国司の任期について宮崎康充編『国司補任　四』（続群書類従完成会、一九九〇年）を利用した。

(41) なお源経頼は和泉守にも任じられているが、在任中、「大小田堵」に対して荒田を切り開くよう、国符を諸郡司に発している（寛弘九年〔一〇一二〕正月二十二日和泉国符〔田中忠三郎氏所蔵文集、『平安遺文』四六二号〕）。

(42) 『小右記』同年三月二日条に、「大外記頼隆云、上野并北陸道時疫方発、死亡者衆云々」と記されていることも参照。

(43) ほかに、受領が勧農のために現地へ赴く例として、『水左記』承暦四年（一〇八〇）五月十一日条がある。ここでは、記主源俊房のもとへきた和泉守宗基（姓は未詳）が、旱魃により和泉国が耕作不能となっているので、下向して祈雨を行わせる、と記されている。

(44) 以上のように考えることが許されれば、庁宣で現地に下知される、神事を着実に催行せよとの受領の命令も、その土地の豊穣を求めてなされるものと考えられる。B文書によれば、「一、可レ勤二仕恒例神事《(ママ)》一」に、「右国中之政、神事為レ先。専致二如在之厳奠一、須レ期二部内之豊稔一」とある。この史料から、受領が任国の豊穣を求めるために、神事の勤仕を下知することがあったといえるだろう。

(45)　また受領が在京か在国か判断できない例であるが、『本朝続文粋』（巻七、施入状）康和二年（一一〇〇）四月十三日奉上文によれば、上野介藤原敦基が目代を用い、貫前神社に宝剣を献上させ、祈雨を行っていることが知られる。

(46)　亀田隆之「国家権力による用水支配の変遷」（a書）、二七一頁、「国司と治水・灌漑」（b書）、六七頁など。

(47)　不堪佃田については、佐藤宗諄「王朝儀式の成立過程」（『平安前期政治史序説』東京大学出版会、一九七七年、初出一九七二年）、佐々木宗雄「十～十一世紀の位禄制と不堪佃田制」（『日本王朝国家論』名著出版、一九九四年、初出一九八九年）、拙稿「九・十世紀の不堪佃田・損田と律令官人給与制」（本書第二部第二章）参照。

(48)　『類聚符宣抄』所収、天慶八年（九四五）三月八日宣旨に、前長門守であった物部本与陳状が引載されている。そこには、前々司たる源昭が国や民を衰弊させ、「農業」を努めなかったために、「毎年言上不堪佃田幷異損、或年不堪三千七八百町、或年異損一千八百町」との事態に陥ってしまった、と記されている。

(49)　なお、十世紀以降、朝廷が全国で賑給を行わず、京中賑給のみを行ったことも、朝廷が全国の勧農政策に関心を持たなくなったことを意味していると考えられる。

(50)　戸田注(34)論文。また、大津透「農業と日本の王権」（『岩波講座　天皇と王権を考える3　生産と流通』岩波書店、二〇〇二年）も、祭祀と農業の関係について言及されている。なお、勧農と神祇政策の関係については、注(44)も参照。

(51)　枚挙に暇がないが、本章では、並木和子「平安時代の祈雨奉幣」（『平安時代の神社と祭祀』国書刊行会、一九八六年）、岡田荘司『平安時代の国家と祭祀』（続群書類従完成会、一九九四年）、三宅和朗「日本古代の「名山大川」祭祀」（『古代国家の神祇と祭祀』吉川弘文館、一九九五年）などを特に参考にした。

(52)　三宅注(51)論文。

(53)　並木注(51)論文、一二四―一二七頁。

(54)　ただし、天皇の即位後に朝廷から全国へ奉幣使が派遣される一代一度の大奉幣は、とりあえず例外とみなす。

(55)　『万葉集』巻一八、四一二二―四一二四番を参照。

(56)　八世紀中葉以降の国司が、豊作などのために神を敬い奉幣を行うことについては、拙稿「神祇官の特質」（本書第一部第二章）を参照。

(57)　朝廷から全国の神社へ直接幣帛を頒布することとなっていた祈年祭が、九世紀になると、重要な神社を除き、国司を介して班幣する「官幣国幣社制」へと移行する。このことから、国司による現地の神社管理が強化され、祈雨奉幣も同様に、中央政府よりも国司が主導的立場で行ったと推測される。なお、古代の神社行政に関する理解は、小倉慈司「八・九世紀における地方神社行政の展開」（『史学雑誌』一〇三―三、一九九四年）参照。

(58)『日本後紀』弘仁五年（八一四）七月庚午条など参照。

(59)『菅家文草』巻七、「祭二城山神一文」（仁和四年〔八八八〕五月六日条）など参照。『日本三代実録』仁和元年（八八五）十月九日庚申条における肥前国司が祈雨を独自に行っている例も、参考になる。

(60) 近年、大津透氏が、「国司が神に祈るのは、第一に農作や養蚕の順調な経営であったらしい。つまり、神拝は国司の勧農の前提であり、さらに国司の任国支配や徴税の根拠になっていた」と指摘している（『日本の歴史06　道長と宮廷社会』講談社、二〇〇一年）、一九〇頁。

(61) このような変化は、勧農を推し進めようとする太政官符が十世紀前半からみえなくなることからも理解できる。すなわち、九世紀―十世紀前期には、太政官符によって朝廷から地方へ勧農の指示などがあったけれども（『類聚三代格』巻八、農桑事所収、太政官符を参照）、管見の限り承平元年（九三一）十二月十日（『政事要略』所収、太政官符）以降、そのような官符はみられない。このことから、摂関期の受領は朝廷の指示と関係なく、いわば独自に勧農を行っていたことが想定される。

(62) 加藤友康「摂関政治と王朝文化」（『日本の時代史6　摂関政治と王朝文化』吉川弘文館、二〇〇二年）、五八頁の語を用いた。

(63) 近年の研究として、寺内浩「受領考課制度の成立」（『受領制の研究』塙書房、二〇〇四年、初出一九九二年）、二二五―二二七頁、佐藤注(34)論文、一〇五頁、加藤注(62)論文、六〇頁、などを参照。

(64) 森田悌「蔵人式について」（『日本古代官司制度史研究序説』現代創造社、一九六七年）、二二六頁。なお『侍中群要』は、掲出にあたって論旨に影響のない範囲で細字双行注を略した。

(65)『侍中群要』（巻九、受領罷申事）所引『村上天皇御記』応和元年（九六一）年月日未詳条。「令レ仰云」とあることから、天皇は蔵人を介して受領へ勅語を告げたと考えられる。

(66) 前注に同じ。

(67) 寺内注(63)論文、二二六頁。なお寛弘九年（一〇一二）正月二十二日和泉国符（注(41)参照）によれば、「興復之基、唯在勧農」とあることから、「興復」のためには勧農が必要であると認識されていたことが知られ、興味深い。

(68)『侍中群要』（巻九、帥大弐赴任事）にも記されている。

(69)『新儀式』（巻五、臨時下、太宰帥幷大弐奏赴任由事）にも記されている。

(70)ただし、「例第三間」とあることから、①とまったく同じではない。殿上受領の場合であるから、より天皇に近づくのかもしれない。いずれにせよ、孫庇に「上候」していることから、①のあり方に通じていると理解される。なお殿上受領について詳細は不明だが、橋本義彦「昇殿と殿上人」（『歴史と地理』二四九、一九七六年）、佐藤泰弘注(34)論文、一三六頁で言及されている。

(71)本章初出論文に対し、加藤友康氏からご批判をいただいた（「摂関時代の地方政治」〔『中央史学』三一、二〇〇八年〕）。加藤氏は、拙稿で引用した『親信卿記』天禄三年三月某日条の「旧説」にふれ、「『親信卿記』でいう「旧説」が問題としているのは、「殿上受領」の変化についてです」と述べ、一般的な受領罷申儀の変化は、「昇殿制の成立、地方政治の「請負制」の成立期と連動する」とし、その時期を九世紀末・十世紀初にまで早まると示唆している（五頁）。

確かに親信は、殿上受領のみのことをいっているようにも読める。しかし、殿上受領と一般の受領にそれほどの大きな違い——罷申儀が約五十年もずれるほどの——があるのだろうか。『権記』長徳三年（九九七）年八月十九日条に「受領等罷申之者、召御前例也。況其身候殿上、必召之、可賜仰幷禄也」とある後半部分から、受領罷申儀においては、確かに殿上受領と一般の受領に差異を見出すことはできる。しかし前半部分によれば、どちらの受領にしろ、受領は天皇の御前に召されるのが例であったといえる。従って、こと受領罷申儀に限っていえば、前注で指摘した程度の違いはあっても、両者のあいだにそれほどの違いはないと考えられる。なお、この『権記』の「召御前」とは、筆者のいう、①—③のすべてを含むものである。以上の検討から現在のところ、筆者の見解を改める必要はないと判断する。

(72)佐藤注(34)論文、一〇五頁。

(73)天皇と守・介との引見は、天長元年以前にさかのぼるだろうか。天長年間以前に受領罷申儀の存在を示す確実な史料がないため、正確なことはいえない。しかし以下の史料から、罷申儀の原型といえるような儀が八世紀以前にも行われていたと推考される。『万葉集』巻六には、聖武天皇の長歌が残っている（九七三番）。これによれば、天平四年（七三二）、西海道などに節度使が派遣される際、節度使と聖武天皇が宴を催したことが知られる。その題詞には「天皇、賜酒節度使卿等御歌一首」

とあり、聖武天皇は、大宰府に向かう節度使に対し「食国の　遠の朝廷に　汝等し　斯く罷りなば（以下略）」と詠んでいる。ここから奈良時代において、現地に赴く節度使と天皇とが相対していることが理解される。国司の例ではないが、地方へ派遣される使者と天皇が宴を行っている点は、注目される。さらに、いわゆる大化東国国司の例も参考になる。東国国司が派遣される際、天皇が彼らに対して東国での留意事項を「親誨」えた点である（『日本書紀』大化二年（六四六）三月辛巳条）。「親」とあることから、直接引見があった可能性が高い。極めて特殊な例ではあるが、地方へ下向する官人と天皇が直接面会している点は、注目に値する。また、赴任に先立ち国司が天皇の言を直接受けることから、国司は「クニノミコトモチ」とよばれ、天皇の言を地方に伝える役目を果たす存在であったことも、納得できることではないだろうか。以上の検討から、古くから地方へ派遣される官人は、赴任の直前に天皇と引見し、勅語をうけていたと思われる。

（74）『天暦蔵人式』や『新儀式』に、細字双行注で古い①のあり方が記されていることから、①のあり方が十世紀後半以降、完全に消滅したわけではないと思われる。特に殿上受領の場合、依然①の儀が行われていた可能性があろう。ただし、十世紀以降、③が主流になったことは動かせないと考える。注(71)も参照。

（75）受領罷申儀はいつまで続いたのだろうか。③のあり方は、『北山抄』（巻十、罷申事）にも記されていることから、受領罷申儀は十一世紀前半にも行われていると考えられ、事実、『左経記』寛仁二年（一〇一八）三月十一日条に罷申儀の実例がみられる。しかし、十二世紀初頭に成立した『江家次第』には、受領罷申儀がみられなくなる。また、十二世紀初期になると受領の遙任化が進むとの指摘（五味文彦「前期院政と荘園整理の時代」〔『院政期社会の研究』山川出版社、一九八四年〕、六〇―六一頁、及び佐藤注(36)論文、四三四頁）から、十二世紀初頭には、受領罷申儀が完全に形骸化した可能性が高いと推測される。

（76）吉川真司「律令官僚制の基本構造」（『律令官僚制の研究』塙書房、一九九八年、初出一九八九年）。なお、吉川氏によれば、「律令官人秩序の基本は、天皇と個々の官人の〈君恩―奉仕〉の関係である」（三三頁）という。

（77）吉川氏によれば、節禄が支給される節会などの宴会は、天皇と五位以上官人を人格的に結ぶ場であった（前注論文、三四頁など）。この点から類推すれば、禄が支給される罷申儀は、天皇と受領を人格的に結ぶ場といって差し支えなかろう。大津透「節禄の成立」（『古代の天皇制』岩波書店、一九九九年、初出一九八九年、饗場宏氏と共著）も参照。

（78）このことと、十世紀初頭以降の天皇が全国の贄を食さなくなることとは、時期差はあるものの、関係があるのかもしれない。佐藤全敏「古代天皇の食事と贄」(『平安時代の天皇と官僚制』東京大学出版会、二〇〇八年、初出二〇〇四年)参照。

(79)しかし同時に摂関期の天皇は、直接勅語・禄を受領に賜うことはないものの、それ以前の天皇と同様に罷申儀を行っていることに注意しておきたい。これは摂関期の天皇が、それ以前の天皇のあり方を完全には払拭しきれていないことを表していると思われる。そして天皇のあり方と同様、おそらく摂関期の国家のあり方も九世紀以前とは異なっていたものの、九世紀以前のあり方を完全には払拭しきれていないと考える。摂関期の国家のあり方については、次章及び終章も参照。

(80)早川庄八「上卿制の成立と議政官組織」(『日本古代官僚制の研究』岩波書店、一九八六年)、早川注(14)書など参照。

(81)鎌倉時代における革命勘文・革令勘文の勘申、災異思想に基づく徳政興行の存在から、天命思想が中世に至るまで存続したと思われる(佐藤均『革命・革令勘文と改元の研究』〔佐藤均著作集刊行会、一九九一年〕など参照)。ただし、天皇が天命思想を全国支配のために政治的に利用したのは、少なくとも十世紀中葉までであろう。

(82)このように摂関期の中央政府は、勧農のような「生産を確保するための政策」を受領に委任して行っていたものの、祥瑞のような「純粋なイデオロギー政策」を行わない国家であった。前近代の国家一般は、「純粋なイデオロギー政策」をどのような形で行っていたのか、そもそもそうした政策が、必須のものであったかも含めて、今後検討しなくてはならない課題である。「生産を確保するための政策」及び「純粋なイデオロギー政策」という語に関しては、第一部第一章を参照。寺内浩「律令制支配と賑給」(『日本史研究』二四一、一九八二年)からも示唆を得ている。

第二章　摂関期の災異について

はじめに

第一部第一章「百姓撫育と律令国家」において、律令国家による百姓撫育について論じた際、八世紀の朝廷は国司と地方行政監察使という二つの官司を用いて、百姓撫育を遂行していたが、九世紀になると、地方行政監察使は次第に派遣されなくなり、さらに十世紀初頭になると、いくつかの例外を除いて地方行政監察使自体の派遣がみられなくなることを指摘した。朝廷は直接百姓に対して撫育することをとどめ、撫育を受領に委任してしまうのである。また、第三部第一章「摂関期の地方支配理念と天皇」において、十世紀以降における撫育のあり方を検討した結果、摂関期における勧農などの百姓撫育は、受領就任時の罷申儀の際に天皇が指示することとしてのみ残り、通常は受領によって行われていたことを論じた。

では、摂関期の朝廷は、受領罷申儀を除いて、撫育、もしくはそれに類する行為を地方社会に対してまったく施すことがなかったのだろうか。本章第一節では、前章の視点を継承し、摂関期の朝廷が受領に委任せずに行う、百姓の再生産に関与する撫育政策について、災害時における朝廷の対応策を手がかりに、検討していきたい(1)。

第一節　摂関期の災害と朝廷の対応

1　寛仁元年（一〇一七）の蝗害

寛仁元年、主に畿内周辺地域において蝗が発生し、それによって田畠への被害が生じた。このことは『小右記』に特に詳しく記されており、摂関期の災害と朝廷による対応策を検討する上で、格好の史料である。

『小右記』寛仁元年に蝗に関する記述が初めて登場するのは、七月二十八日条であり、そこには、「近日、山城・丹波蝗虫蜂起、就中丹波国山野田畠如レ赤云々、已及二三个郡一云々」とある。また、八月一日条には「丹後・但馬・丹波蝗虫成レ災」とある。主に貴族の住む平安京以北において蝗虫が発生し、田畠を覆いつくしてしまったらしい。八月三日条には、「蝗虫遍満二国々一、摂津・伊勢・近江・越前・播磨云々」とあり、被害の範囲が拡大しているようである。

平安京に近い地域で災害が起こったためか、このときの朝廷による対応は素早い。『小右記』寛仁元年八月二日条によれば、摂政藤原頼通は大外記小野文義に対し、蝗が大量発生した場合の先例を勘申させたことが知られる。さらに朝廷は、おそらく蝗を減少させるため、奉幣使を七日に神社へ派遣することを定め、五畿七道に最勝王経・仁王経を転読させるべく、官符を発している（八月三日条）。

幸いなことに、この官符は『類聚符宣抄』（第三、蝗虫）に収められているため、現在でもその内容を知ることができる。寛仁元年八月三日太政官符を検討しよう。

太政官符五畿七道諸国司

応レ令下転二読仁王般若最勝王経等一攘中除蝗虫災上事

右、正二位行権中納言兼侍従藤原朝臣行成宣、奉レ勅、如聞、山城・近江・丹波等国、蝗虫競起、蚕二食民業一、禾黍漸遺二空茎一、田畝殆為二荒地一。若流二布於天下一者、誰免二菜色之愁一哉。方今転レ禍為レ福、莫レ先二般若之威神一。富レ国安レ民、不レ如二最勝之妙力一。然則已萌之処忽断二蜂起一、未レ臻之境遙除二蠢害一。宜下仰二諸国司已下一、殊致二潔斎一、七箇日間、令上レ転二読件経王一。其料用二正税一。若無二正税一、用二不動穀一、且申二開用一、且以充行者。国宜二承知依レ宣行一レ之。符到奉行。（署名・年月日略）

この官符及び『小右記』寛仁元年七月二十八日条の記載から、蝗害は、山城・丹波周辺から生じたのであり、さらに被害は周辺諸国にまで波及したことが知られる。しかし、「若流二布於天下一者」とあることから、八月三日の時点で被害は全国に波及していたわけではなく、畿内北部及びその近国を中心とした限定された地域のみ、被害が生じていたようである。

ただし、この官符の宛所が「五畿七道諸国司」とあり、また「若流二布於天下一者」とあることから、いまだ蝗の被害を受けていないであろう、主に畿外地域にも官符が発されていることに注目したい。この官符は、それら地域に蝗害が生じないよう、いわば予防的に発された官符であったと考えられる。事実、官符には「方今転レ禍為レ福、莫レ先二般若之威神一。富レ国安レ民、不レ如二最勝之妙力一。然則已萌之処忽断二蜂起一、未レ臻之境遙除二蠢害一」とあることから、仁王経や最勝王経の転読を国司に命じることにより、蝗害を被らないための予防策として、この官符は発されたといえる(2)。つまりこのときの朝廷は、全国へ災害が拡大しないよう、国司に対応策を提示したのである(3)。

それでは、十世紀以降の朝廷が、災害を鎮めるため、もしくは災害を予防するために、寛仁元年と同様な対応、すなわち経典読経や神社奉幣を全国に命じることがどの程度あったのだろうか。ここで試みに、十世紀初頭から十一世紀末期までに「五畿七道」「七道」「諸国」に災害、あるいは災害予防のため発された官符などを諸史料から集めてみると、管見の限り二十数例みられる（表1。なお、参考のため表では八世紀以降の史料を集積した）。

周知のように、この二百年のあいだには、詳細に朝廷の出来事を記す貴族の日記など、歴史的事実を詳しく把握で

表1　災害に際し，朝廷が対応策を全国に命じた官符など一覧（8－11世紀）

	年　月　日	西暦	原　因	対象地域	政　策	主な史料	備　考
1	文武2年5月朔	698	旱害	諸国	奉幣	続日本紀	
2	大宝3年7月甲午	703	災害	京畿・太宰府・天下	減税	続日本紀	
3	慶雲2年4月壬子	705	凶作	天下諸国	減税	続日本紀	
4	慶雲2年8月戊午	705	旱害・飢饉	天下	恩赦・賑給・減税	続日本紀	
5	慶雲2年10月壬申	705	？	五道（山陽・西海除）	賑給・減税	続日本紀	
6	慶雲3年7月己巳	706	飢饉	六道（西海除）	賑給	続日本紀	
7	慶雲4年2月乙亥	707	疫病	諸国	大祓	続日本紀	
8	慶雲4年4月丙申	707	疫病・飢饉	天下	賑給	続日本紀	
9	慶雲4年4月丙申	707	疫病・飢饉	京畿・諸国	読経	続日本紀	
10	養老5年3月癸丑	721	旱害・飢饉	京畿・七道	減税	続日本紀	
11	養老6年7月丙子	722	旱害	天下	恩赦・賑給・死者埋葬	続日本紀	
12	養老6年7月戊子	722	旱害	天下	勧農	続日本紀	
13	養老6年8月壬子	722	旱害	京・天下諸国	減税	続日本紀	
14	神亀2年7月戊戌	725	神社穢	七道諸国	読経・奉幣	続日本紀	
15	神亀3年6月庚申	726	疫病予防	四畿・六道諸国	賑給・医薬給与	続日本紀	
16	天平2年閏6月庚子	730	落雷	畿内七道	奉幣	続日本紀	
17	天平4年7月丙午	732	祈雨	京・諸国	奉幣・賑給・恩赦・死者埋葬	続日本紀	
18	天平6年7月辛未	734	天変・地震	天下	恩赦	続日本紀	
19	天平7年5月戊寅	735	災害	天下	恩赦・賑給・減税	続日本紀	
20	天平7年8月乙未	735	疫病	大宰府	奉幣・金剛般若経読経・賑給・湯薬給与	続日本紀	
21	天平7年閏11月戊戌	735	疫病	天下	恩赦・賑給・孝義人褒賞	続日本紀	
22	天平9年4月癸亥	737	疫病	大宰府	奉幣・賑給・湯薬給与	続日本紀	
23	天平9年5月壬辰	737	疫病・旱害	天下	賑給・恩赦	続日本紀	
24	天平9年7月乙未	737	疫病	天下	恩赦	続日本紀	
25	天平17年5月乙丑	745	祈雨	諸国	奉幣	続日本紀	
26	天平勝宝6年是年（8月）	754	風水	畿内＋十一国	賑給	続日本紀	
27	天平宝字2年8月丁巳	758	旱害疫病予防	天下諸国	摩訶般若波羅密経念誦	続日本紀	
28	天平宝字4年5月戊申	760	疫病	天下	賑給	続日本紀	
29	天平宝字7年8月朔	763	疫病	左右京・五畿内七道諸国	減税	続日本紀	

表1　つづき1

	年　月　日	西暦	原　因	対象地域	政　策	主な史料	備　考
30	天平神護3年正月己未	767	災害予防	畿内七道諸国	吉祥天悔過	続日本紀	
31	神護景雲4年7月乙亥	770	疫病	京内・天下各国	大般若経読経	続日本紀	
32	宝亀2年3月壬戌	771	疫病	天下諸国	疫神祭祀	続日本紀	
33	宝亀3年6月甲子	772	?	宮中京・畿内七道	仁王会	続日本紀	
34	宝亀3年11月丙戌	772	飢饉	天下諸国	吉祥天悔過	続日本紀	
35	宝亀3年11月丁亥	772	大風	京畿七道	減税	続日本紀	
36	宝亀4年3月己丑	773	穀の高騰	七道諸国	賑給など	続日本紀	
37	宝亀4年4月壬戌	773	災害	天下	恩赦	続日本紀	
38	宝亀4年7月癸未	773	疫病	天下諸国	疫神祭祀	続日本紀	
39	宝亀5年2月壬申	774	疫病	天下諸国	読経	続日本紀	
40	宝亀5年4月己卯	774	疫病	天下諸国	摩訶般若波羅密の念誦	続日本紀	
41	宝亀7年8月庚午	776	蝗害	天下諸国	遣使・国司祭祀	続日本紀	
42	天応元年7月壬戌	781	旱害	天下	恩赦	続日本紀	
43	延暦元年7月丙午	782	疫病	天下	恩赦	続日本紀	
44	延暦7年5月己酉	788	祈雨	伊勢・七道	奉幣?	続日本紀	
45	延暦9年11月己丑	790	軍役・疫病・旱害	坂東	減税	続日本紀	
46	延暦18年6月戊寅	799	不作	美作など十一国	減税	日本後紀	
47	大同元年8月甲子	806	水害	七道諸国	賑給	日本後紀	
48	大同3年正月乙未	808	疫病	畿内七道諸国	大般若経読経	類聚国史	
49	大同3年2月丙辰	808	疫病	諸国	病人看病・死者埋葬	類聚国史	
50	大同3年3月朔	808	疫病	天下諸国	仁王経講説	類聚国史	
51	大同3年5月辛卯	808	疫病	畿内七道	減税・医薬給与・大乗経転読・賑給	日本後紀	
52	弘仁3年7月朔	812	疫病・旱害	天下	奉幣	日本後紀	
53	弘仁7年7月癸未	816	止風雨	京畿内七道諸国	奉幣	類聚国史	
54	弘仁8年6月壬戌	817	祈雨	天下諸国	使者派遣	類聚国史	
55	弘仁9年9月辛卯	818	地震	天下諸国	金剛般若波羅蜜経転読・減税	類聚国史	
56	弘仁11年4月庚辰	820	旱害	京畿内七道諸国	減税	類聚国史	
57	弘仁11年6月丁酉	820	旱害	諸国	大雲経転読	日本紀略	
58	弘仁13年8月朔	822	災害	諸国	悔過・神社修清	類聚国史	
59	天長元年4月丁未	824	疫病・旱害	五畿内七道諸国	大般若経読経	類聚国史	

表１　つづき２

	年　月　日	西暦	原　　因	対象地域	政　　策	主な史料	備　　考
60	天長元年５月庚戌	824	疫病	五畿内七道諸国	奉幣	類聚国史	
61	天長２年４月庚辰	825	疫病	諸国	賑給・薬給与・減税・寺院修理	類聚国史	
62	天長２年閏７月庚寅	825	？	宮中・京・五畿内七道諸国	仁王経講説	類聚国史	
63	天長４年５月辛巳	827	祈雨	畿内七道諸国	奉幣	日本紀略	大極殿で大般若経転読
64	天長６年２月庚午	829	祈雨	五畿七道諸国	奉幣	日本紀略	
65	天長７年４月己巳	830	疫病	五畿内七道諸国	金剛般若経転読・殺生禁断	類聚国史	大宰管内・陸奥・出羽
66	天長７年７月甲申	830	災害	五畿内七道諸国	奉幣	日本紀略	
67	天長９年５月己酉	832	疫病・旱害など	五畿内七道諸国	経王転読	類聚国史	
68	天長９年７月乙巳	832	止雨など	五畿内七道諸国	奉幣	類聚国史	
69	天長10年５月甲寅	833	飢饉・疫病	五畿内七道諸国	賑給	続日本後紀	
70	天長10年６月癸亥	833	疫病	諸国	金剛般若経転読・薬師悔過	続日本後紀	
71	天長10年６月甲子	833	疫病	天下諸国	医薬給与・致斎	続日本後紀	
72	天長10年閏７月朔	833	洪水・大風	天下諸国	奉幣	続日本後紀	
73	承和元年４月丙戌	834	疫病予防	畿内七道諸国	金剛般若経転読・薬師悔過・殺生禁断・祭祀	続日本後紀	
74	承和元年６月丁未	834	祈雨	畿内七道	奉幣	続日本後紀	
75	承和２年４月己卯	835	疫病？	天下諸国	文殊会	続日本後紀	
76	承和２年７月乙巳	835	風雨	天下	奉幣	続日本後紀	
77	承和３年７月壬午	836	災害予防	五畿内七道諸国	奉幣	続日本後紀	
78	承和４年６月壬子	837	疫病	五畿内七道諸国	金剛般若経転読・薬師悔過	続日本後紀	
79	承和４年６月己未	837	風雨予防	五畿内七道諸国	奉幣	続日本後紀	同日，山城大和に祈雨．錯簡の可能性あり
80	承和５年４月甲午	838	疫病	十五大寺・五畿内七道諸国・大宰府	大般若経読経・殺生禁断	続日本後紀	
81	承和６年閏正月丙午	839	疫病	天下	般若経転読・僧医派遣・祭祀	続日本後紀	
82	承和６年４月辛未	839	祈雨	七道諸国	奉幣	続日本後紀	
83	承和７年６月庚申	840	飢饉・疫病	五畿内七道諸国	勧農・賑給・減税	続日本後紀	
84	承和７年６月癸酉	840	風雨予防	五畿内七道諸国	奉幣	続日本後紀	

表1　つづき3

	年　月　日	西暦	原　　因	対象地域	政　　策	主な史料	備　　考
85	承和8年12月壬午	841	彗星	五畿内七道諸国	大般若経読経・殺生禁断	続日本後紀	
86	承和9年3月庚戌	842	災害予防	五畿内七道諸国	金剛般若経転読・薬師悔過・殺生禁断・祭祀	続日本後紀	
87	承和9年5月庚申	842	疫病予防	五畿内七道諸国・大宰府	祭祀	続日本後紀	
88	承和9年9月辛亥	842	疫病予防	天下	奉幣	続日本後紀	
89	承和10年正月丁酉	843	疫病	十五大寺・七道諸国	仁王経講説	続日本後紀	
90	承和12年5月丙辰	845	祈雨	五畿内七道諸国	奉幣	続日本後紀	注（17）参照
91	承和15年6月丁酉	848	雨予防	五畿内七道諸国	奉幣	続日本後紀	
92	嘉祥2年2月庚戌	849	疫病・洪水予防	五畿内七道諸国	奉幣・経王転読	続日本後紀	
93	嘉祥3年正月丙午	850	疫病	五畿内七道諸国	灌頂経法	続日本後紀	
94	仁寿2年12月丁亥	852	疫病	五畿内七道諸国	金剛般若経読経	文徳天皇実録	
95	仁寿3年4月丙戌	853	疫病	天下州郡	恩赦・減税・医薬給与	文徳天皇実録	
96	貞観5年3月丙寅	863	咳病	七道諸国	班幣	日本三代実録	
97	貞観5年3月丁丑	863	疫病予防	五畿七道諸国	経王講説	日本三代実録	
98	貞観6年7月辛亥	864	富士山爆発	伊賀など十一国	神社修造など	日本三代実録	
99	貞観6年11月乙未	864	疫病	五畿内・山陽・南海	般若経転読・祭祀	日本三代実録	
100	貞観7年正月丙戌	865	兵疫予防	五畿七道	経王転読	日本三代実録	
101	貞観8年正月庚子	866	疫病予防	五畿七道諸国・大宰府	金剛般若経転読	日本三代実録	
102	貞観8年6月壬午	866	旱害	五畿七道	奉幣・金剛般若経転読	日本三代実録	
103	貞観8年7月乙巳	866	祈雨	宮城中・京畿七道	班幣	日本三代実録	
104	貞観8年7月戊午	866	祈雨	五畿七道	奉幣・金剛般若経転読	日本三代実録	
105	貞観9年正月丁卯	867	疫病予防	五畿七道諸国	仁王経転読・鬼気祭	日本三代実録	
106	貞観9年11月甲子	867	疫病予防	天下諸国	金剛般若・摩訶般若経読経など	日本三代実録	
107	貞観11年3月辛酉	869	疫病予防	五畿七道諸国	班幣・金剛般若・摩訶般若経転読・殺生禁断	日本三代実録	
108	貞観11年6月壬子	869	旱害	全国？	減税など	日本三代実録	
109	貞観11年12月庚子	869	災害予防	五畿七道諸国	班幣	日本三代実録	

表1　つづき4

	年　月　日	西暦	原　因	対象地域	政　策	主な史料	備　考
110	貞観11年12月戊申	869	災害・戦乱予防	五畿七道諸国	金剛般若経転読	日本三代実録	
111	貞観13年6月戊子	871	祈雨	六道(西海道除)	奉幣・大般若経・金剛般若経転読	日本三代実録	
112	貞観13年12月乙卯	871	疫病予防	五畿七道諸国	班幣・転読	日本三代実録	
113	貞観15年2月戊午	873	疫病予防	五畿内七道諸国	班幣・転読・殺生禁断	日本三代実録	
114	貞観16年10月戊寅	874	風水害	諸国	減税・賑給	日本三代実録	
115	貞観17年11月甲午	875	災害予防	天下	般若心経転読	日本三代実録	
116	貞観17年12月壬戌	875	災害予防	五畿七道諸国	奉幣・金剛般若経転読	日本三代実録	
117	貞観18年8月己巳	876	火災予防	五畿七道諸国	班幣	日本三代実録	
118	貞観18年10月戊申	876	災害・戦乱予防	五畿七道諸国	班幣	日本三代実録	
119	元慶2年4月甲午	878	旱害	畿内・外国	仁王経講説	日本三代実録	
120	寛平4年3月22日	892	疫病	五畿内七道諸国	般若経転読・奉幣	東大寺要録	
121	寛平5年正月11日	893	怪異	五畿七道諸国	奉幣・仁王経転読	日本紀略	
122	昌泰元年7月20日	898	?	五畿七道諸国	奉幣	日本紀略	
123	延喜8年7月9日	908	祈雨	五畿七道諸国	奉幣・大般若経読経	扶桑略記・北山抄	
124	延喜20年6月14日	920	災害予防	五畿七道諸国	奉幣・金剛般若経転読	法曹類林	
125	天慶元年8月9日	938	地震?	五畿七道	観音像建立・大般若経書写	貞信公記	
126	天慶2年7月13日	939	祈雨	五畿七道	奉幣・仁王経読経	本朝世紀	
127	天暦2年5月8日	948	祈雨	七道諸国	奉幣・般若経転読	法曹類林・北山抄	
128	天徳4年5月2日	960	疫病	諸国・十五大寺	読経	扶桑略記	祈雨も行われているが，その範囲は不明
129	天徳4年12月5日	960	内裏焼亡・天変怪異	七道諸国	奉幣	日本紀略	
130	応和元年4月23日	961	疫病	五畿七道諸国	奉幣・転読	扶桑略記	
131	康保3年7月7日	966	疫病	五畿七道	般若経転読・殺生禁断	日本紀略	
132	正暦5年5月11日	994	疫病	五畿七道諸国	仁王会	日本紀略・本朝世紀	
133	長徳元年4月27日	995	疫病	五畿七道諸国	大般若経書写・観音像供養	類聚符宣抄	
134	長徳4年7月5日	998	疫病	諸国	疫神祭・大般若転読	権記	
135	長保3年2月16日	1001	疫病	五畿七道国々	仁王会?	権記	

表1　つづき5

	年　月　日	西暦	原　　因	対象地域	政　　策	主な史料	備　　考
136	長保3年5月19日	1001	疫病	諸国	観音像造立	権記	
137	寛仁元年8月3日	1017	蝗害	五畿七道諸国	仁王般若経・最勝王経転読	小右記・類聚符宣抄	
138	寛仁4年12月19日	1020	疫病	諸国	殺生禁断・恩赦	左経記	
139	万寿3年5月13日	1026	疫病予防	大宰府・五畿内七道諸国	仁王経転読	類聚符宣抄・左経記	宇佐宮怪異のため
140	長元2年閏2月5日	1029	災害予防	五畿七道諸国	大般若経転読	小右記	
141	長元3年5月23日	1030	疫病	五畿七道諸国	観音像建立，観音経転読	類聚符宣抄	
142	永承4年11月25日	1049	?	諸国	神社に仏舎利を奉納	扶桑略記	12月13日と関係？
143	延久2年11月17日	1070	?	五畿七道	神社に仏舎利を奉納	扶桑略記	
144	承暦元年6月24日	1077	疫病？	七道諸国	神社に仏舎利を奉納	水佐記	香椎宮焼亡のため？
145	寛治6年8月21日	1092	疫病予防	五畿七道諸国	奉幣・読経	勘仲記弘安10年2月3日	大風洪水，伊勢殿舎転倒
146	永長元年5月4日	1096	?	諸国	観音経転読など	後二条師通記	

注1）単純な「祈年穀」は除いた.
注2）「原因」「対象地域」は，史料通りの字句を記載するようにしたが，一部省略した部分もある.

きる史料がほとんど存在しない時期（十世紀末期や十一世紀中期など）もあり、その点に注意する必要があるが、大まかな傾向をつかむことは許されるだろう。よって基本的には十世紀初期から十一世紀末期まで、朝廷は全国に災害対応のための官符を発していると考えてよいだろう。(4)

ここで、官符を発する原因となった災害について目を向けてみると、興味深いことが窺える。天暦二年（九四八）までは旱魃が生じたために朝廷が全国に官符を発していた例があるけれども、それ以後、降雨を願うために全国へ官符が発されることは皆無となる。それにかわって疫病が原因で官符が発される場合がほとんどとなっている。(5) このようなあり方は少なくとも十四世紀半ばにもみられるが、(6) ともかく摂関期の災害政策は、時期によって、また災害の性質によって大きな違いがあるらしい。

それでは、十世紀半ば以降に旱魃が生じた場合、朝廷はどのような対応策を採用したのだろうか。ここまで寛仁元年の蝗害を中心に検討してきたが、その翌年、寛仁二年（一〇一八）には、主に畿内地域で雨不足が生じ、朝廷が神仏に対して祈禱・読経などを行っている。この年における朝廷の対応策についても、古記録から知られる事実が多い。項を改め、具体的に検討してみたい。

2　寛仁二年（一〇一八）の旱害

まず、『御堂関白記』寛仁二年五月二十一日条からみよう。

（前略）去月立間、雨一両降後久不ㇾ降。仍神祇御祈幷七大寺御読経・龍穴御読経等、宣旨下云々。

この史料から、寛仁二年閏四月一日から五月二十一日まで約五十日のあいだ雨が降らなかったため、祈禱や読経などを命じる宣旨が下ったことが知られる。平安京において、水不足の状況が生じたと考えてよいだろう。(7)

次に、五月後半から六月にかけての状況をみてみよう。五月二十一日以降、雨乞いのために朝廷が祈禱や読経などを何度か行っている。(8)しかしながら、その効果はなく、まとまった雨は降らなかったようである。六月八日には降雨があり、藤原実資が喜ぶ記事が『小右記』にみえるが、(9)この雨は抜本的な雨不足の解消にはつながらなかったらしく、六月十四日には二十一社奉幣が行われる予定となっていた。(10)

しかし、六月十三日になると、状況は変化する。十三日から降り始めた雨は十五日まで続き、雨不足はある程度解消されたようで、これ以降朝廷は、読経や奉幣を準備することはない。(11)以上から、当然のことではあるが、もし平安京でまとまった雨が降れば、朝廷は、祈禱や読経などの宗教的行為を行わなくなると推察できる。

ここで、当時の気象状況とそれに対する公卿の認識について、さらに詳しく史料をみていこう。まず、『小右記』寛仁二年六月四日条によれば、この日は神泉苑で、仁海が請雨経法を、安倍吉平が五龍祭を行っている。その日の天候状況は、「申時許、西北方、陰雲漸起、雷声時発。而雨不ㇾ降。疑丹波若雨歟」（『小右記』寛仁二年六月四日条）とある。

ここで実資は、丹波で雨が降った可能性を示唆するが、[12] 丹波での降雨を確かめず、平安京上空における雲や雷にのみ関心を払っているようである。

翌日の五日には、左右獄の軽犯罪者が恩赦となるなかで、やはり平安京には雨が降らなかった。ただし四日と同様、『小右記』には「申時許、乾方陰黒小雷。若彼方雨歟」（『小右記』寛仁二年六月五日条）とあり、夕方に北北西の方で、にわか雨があった模様である。六日条には、「申剋許乾・坎〔坤カ〕・巽方黒雲発。彼方々雷電。若降レ雨歟。京洛只如レ塵下、即ム〔止カ〕」とある。『日本紀略』の同日条によれば、「北山雨廻、鴨河水僅出」とあることからも、平安京に雨が降ったことが知られる。しかし、その雨はごくわずかだったようである。

以上から、実資は、丹波の状況を気にかけているものの、おそらく平安京の天候状況を把握するために関心を持っているのであって、平安京周辺以外の天候状況を気にする様子は窺えない。[13] 公卿たちは、自分たちが居住する平安京近辺の天候状況にのみ関心を持っており、ほかの地域の状況についてふれることはないのである。

つまり、平安京のみにおける雨不足に対する策として、公卿たちは祈禱や読経などの宗教的行為を命じているといえよう。公卿たちは決して、全国に雨が降るべく、請雨経法などを僧侶らに指示していたわけではないと推測される。

しかし実際のところ、西日本の一部地域でも旱魃が生じていた。そのことは、『小右記』寛仁二年十二月三日条から知られる。

三日辛卯。備後守能通来云、「去月廿九日夜入レ京、彼夜参二大殿一、装束不レ合、両三日蟄籠者。陳二国水旱損事一、今年公事不レ可二敢済一、大殿辺例進外不レ可レ致二他勤一」者。備前守景斉云、「米五百石献二大殿一、三百石献二摂政一。公事無レ術、国之異損万二倍他国一。（以下略）」

この年、備後や備前においても旱害により損害が生じたため、納税などに支障をきたしたことが知られる。しかし朝廷は、蝗害や疫病のときのように太政官符などを全国に発することはなかったようである。つまり朝廷は全国の受領に対し、祈雨を行うよう、指示することはないのである。

なぜ朝廷は受領へ祈雨の指示をしないのだろうか。前章において、祈雨を含めた勧農政策について論及したとき、天皇が受領罷申儀のときに勧農を指示するものの、基本的に諸国の勧農は受領が独自に行っており、朝廷が関与することはない、と指摘した。前章での指摘をふまえれば、おそらく朝廷にとっての祈雨は、畿内周辺地域の状況のみに対応するものであり、それ以外の地域の祈雨は、受領に任せていたと思われる。

儀式書・古記録から知られるように、摂関期の朝廷は、雨乞いのために神社に奉幣し、寺院に読経を命じることがあった(14)。しかしそれらの神社への奉幣は、山城・大和に存する神社への奉幣が中心であり(15)、また寺院における読経も、山城・大和の大寺院に命じることがほとんどであった(16)。本節でみた実資の言動から判断すれば、各寺社は、全国に雨が降るよう祈ったわけではなく、山城・大和の寺社が存在した地域周辺の雨乞いを行っていたのではないだろうか(17)。

ここまで本節では、寛仁元年・寛仁二年の災害と、それに対する朝廷の対応策について述べてきた。その結果、蝗害・疫病と旱魃とのあいだで、朝廷の対応策に大きな違いが存することが判明した。すなわち、表1から知られるように、主に疫病の際に、十世紀半ば以降も朝廷は全国へ官符を発している一方、旱魃のときには官符を全国に発することはない。朝廷による撫育政策は、疫病に特化する形で存続したわけであるが、それはいったいなぜだろうか。

疫病と旱は、両者ともに民衆にとって災厄であるものの、その性質はやや異なる。疫病が流行し、多くの人に病気が伝染した場合、伝染してしまった人々は即座に死亡する可能性が生じる。つまり、本格的な疫病が猛威を振るったとき、死者を防ぐことは容易ではないといえよう。一方、旱の場合は、その影響によって水不足が生じ、農作物の収穫が減少する可能性が高い。その結果、収穫期以降に人々が餓死してしまう可能性もあるだろう(18)。だが、夏の水不足が即刻、死につながるわけではない。国家にとって疫病は、旱と比較して、より危機的な天災であり、かつ、緊急に対処すべきものであったといえる(19)。

つまり、摂関期の朝廷は、比較的緊急度の低い祈雨に関しては、自分たちの居住する平安京、及びその周辺の雨乞いを行うのみで、それ以外の地域に関しては、受領に祈雨政策を任せてしまい、主に畿外の雨乞いに関与することはほとんどなかったと考えられる。しかし、比較的緊急度の高い疫病に関しては、受領に完全に任せてしまうのではなく、朝廷が各国に官符を発して、どのような対策をとるべきか指示していたのである。

このような朝廷のあり方は、第一部第一章、及び補論で述べたように、朝廷が支配理念を用いつつ日本列島を統治しているという、八・九世紀における律令国家のあり方を部分的に踏襲しているといえよう。

第二節　摂関期の天皇と災異思想

第一節では、災害時における、摂関期朝廷の災害対策について検討した。このような政策は、儒教イデオロギー政策を前提に行われたものと推察されるが、そもそも摂関期において、このような儒教思想が、公卿たちにどの程度受け入れられていたのだろうか。律令期における儒教思想の受容のあり方については、多くの研究があるが、摂関期について詳しく検討している論考は、あまりみられない(20)。そこで、儒教思想、特に災異思想を当該期の為政者たちがどのように受け止めていたのか、本節で検討したい。

災異思想の受容については、天皇との関係に注目した早川庄八氏の研究がある。早川氏は、天皇が発した宣命や日本における天命思想受容のあり方を手がかりに、九世紀の天皇について、「桓武から嵯峨にいたる間に、天皇を律令国家の専制君主とする観念は、それだけ広く定着していったといえる」と論じた(21)。卓見であり、桓武天皇が天命思想を用いて中国的な皇帝を目指したことについては現在の通説と考えてよいと思う。しかし、これ以降の天命思想がどのように天皇を権威づけたのかについて早川氏は、「天命思想に基づく革命や革令の観念あるいは災異思想は、以後中世にいたるまで、貴族社会に存続したかのようにみうけられる」（一三〇頁）と述べているものの、具体的な検討はしていない。そこで本節は、天皇との関係にも留意しながら、主に摂関期における災異思想について、検討したい。

1　長暦四年の伊勢外宮顛倒事件

長暦四年（一〇四〇）七月二十六日、大風のため伊勢外宮の正殿や東西の宝殿、瑞垣がことごとく顛倒するという事件が生じた。この事件は『春記』に詳しく記されているが、(22) それによれば、外宮の御神体は無事であったため、さしあたり大事には至らなかった。しかし朝廷の対応は素早く、八月四日に陣定、十日に軒廊御卜などが行われてさまざまな対応策が打ち出されている。なお神祇大副大中臣輔宣らは、伊勢外宮の正殿や宝殿は大材を用いて作られているので、百年以上も朽ちることはなく、簡単に倒れるわけがないのに、簡単に顛倒してしまったこと、また、周辺の民家に大きな被害がなかったことなどは非常に奇妙である、と述べている（八月十・十一日条）。

ときの後朱雀天皇は、八月の初め(23)にこの事件を祭主大中臣永輔の解状によって知ることとなる。解状を奏覧した天皇は大いに驚き、次のように述べた。

非常之甚、古今無㆓此事㆒。以㆓微眇身㆒莅㆓尊位㆒之徴也。不徳之故也。

後朱雀天皇は、大した人物でもない自分が天皇位にあるため、みずからの不徳によって、伊勢神宮での事件が起きたと考えているようである。同様の発言は八月九日にも、「不徳之故、天下凶災不㆑絶、遠近不㆑粛。是以㆓非拠㆒登㆓尊位㆒之咎也」とある。実はこの長暦四年六月には、大風が吹いて田畠が被害を受けるなどの災害もすでに生じていた（八月某日条）。後朱雀天皇は自身の不徳、つまり天下を治めるという責務を果たしていないゆえに、大風や伊勢神宮顛倒が生じたと考えているようである。(24) 以上から、後朱雀天皇は、みずからの不徳が災異を招くという、災異説を認識していることは間違いない。事件発生後の後朱雀天皇は、「捧二祭文一祈申」（八月十五日条）と述べ、「徴験」を得る[25]ため、伊勢神宮遙拝を八月十五日から二十七日までのあいだに行うなど、激しく動揺している様子が窺える。遙拝に際し、後朱雀天皇は「此心更不レ惜二一身之命一、只為二万代一、為二百王一、為二万民一也。猶□安垂二顕然之感応一、雖二末代一、已不レ顧二吾身一、何無二其応一哉」（八月十五日条）と述べていることから、天皇の祈りが「為二万代一、為二百王一、為二万民一」であるという認識を後朱雀天皇自身が持っていることが知られる。なお八月十六日にも後朱雀天皇は、「吾更不レ惜二一身一、只為二万民一也」と述べている。

表２　『春記』長暦４年８・９月の伊勢神宮関連記事

8月	3日	祭主永輔解状
	4日	陣定
	5日	奉幣使の選定
	6日	天皇，伊勢行幸を目論む
	7日	左衛門督良頼，奉幣使内諾
	8日	奉幣使について議論
	9日	内大臣，卜を明日行えと指示
	10日	軒廊御卜
	11日	祭主永輔入洛，詳細報告
	12日	左衛門督，穢
	13日	仮殿日時定は15日に決定
	14日	斎宮託宣
	15日	天皇自身が庭上にて祭文を捧げ，祈る（遙拝，—27日まで）
	16日	左衛門督の穢について議論
	17日	左衛門督の穢について議論
	20日	託宣についての協議
	22日	託宣への返答
	23日	天皇，右大臣へ伊勢顚倒に関しての意見を求む
	24日	神宮禰宜が申文を持参
	25日	仮殿に遷宮
	27日	遙拝終了
	30日	仮殿に遷宮ののち，奉幣するか否か協議
9月	4日	奉幣は遷宮後とすることに決定
	5日	永輔上洛，御祈終了を報告
	7日	神宝を遷すための使者派遣

注）おおよその流れを把握することを目的に作成したため，すべての出来事を掲載していない．

ただし、この認識はあくまでも後朱雀天皇の認識であって、当時の貴族たちは別の考え方を持っていた可能性もある。そこで、八十四歳の右大臣藤原実資の考え方に目を向けてみたい。八月二十三日、後朱雀天皇は、この事件に関する意見を実資に諮るべく、右大臣のもとへ参るよう蔵人頭藤原資房に指示をだす。翌二十四日、資房は実資のもとへ参り、彼の見解を聞き取っているが、その詳細は『春記』に記されている。その実資の見解のなかで、次の箇所が大変興味深い。

此度、外宮為レ風顚倒、玉体猶在二此中一。件事等、只世運之及二季末一之故也。専非二一人之御慎一也。

実資は、末法の世であることがこの事件の原因であると述べ、天皇の不徳が原因ではないと明確に述べている。一方で実資は、この発言の直後、別の理解も示唆している。

但、所二愁思食一者、何当二此時一乎。然而堯・舜猶有二天災一。是則以三明王当二乱世一、為レ令レ救二其難一、号レ之曰二中興之主一也。当二暗主一時、更不レ可レ諫。仍天道不レ顕二其異一也。至二于今一依二此事一有二嘆御之事一云々。是悔レ過謝レ天之心也。只以二道理一叶二天意一□□給万民歟。然則雖二末代一、何無二神助一乎。世運之次第是何為哉。令レ存二其由一給、能令レ施二徳化一、感応必然歟。

実資は、中国の聖帝であった堯舜の時代ですら天災があり、「天道」は「明王」のときを選んで災異を起こすのであるから、後朱雀天皇も「施二徳化一」す、つまり徳政を行うことを勧めている。そのようにしていれば、「神助」があり、事態は改善されるとも述べている。発言の前半部分は、本来の災異思想を曲解した論理といわざるをえないが、しかし「施二徳化一」すことを天皇に勧めていることから、実資も、天皇が有徳であるべきことは認識している。決して災異思想を忘れているわけではない。

後朱雀天皇や実資と同様に、『春記』の記主である資房も災異思想に基づく見解を記している。八月九日、後朱雀天皇が資房の蔵人頭としての職責怠慢を誹り、「殿上作法、日々陵遅」と述べている。資房はこのような天皇の「逆鱗」

を記したのち、みずからの思うところを述べているが、その一部で「抑天下之陵遅、豈是在二予之咎一哉。殿上濫行、是公家不徳之故也」と記している。資房の特異な性格や、天皇の勘気にふれた日の日記であることを考慮に入れなくてはならないけれども、このように天皇自身の「不徳」を糾弾しているということは、資房も災異思想をある程度理解していたと考えるべきだろう。

以上のような天皇・貴族の考え方は、長暦四年（一〇四〇）の伊勢外宮顚倒事件が特殊であるために、突発的に生じたと考えることもできる。しかし長暦四年からさかのぼること約四十年前、長保二年（一〇〇〇）にも同様の考え方を持つ貴族がいた。藤原行成である。実資や資房の考え方は、藤原行成の考え方に通じるところがある。そこで、行成の日記『権記』長保二年（一〇〇〇）六月二十日条をみてみよう。なお、このときの行成も資房と同様、蔵人頭である。

近日疫癘漸以延蔓。此災、年来連々無レ絶。昔、崇神天皇御宇七年、有レ疫。天下之人、大半亡没。于レ時天皇知二其祟一、忽以解謝、治二駆天下一百余年也。而今世路之人、皆云、「代及二像末一。災是理運也」。

長保二年前後は疫病が流行した年であり、(26)このことに関して行成は日記に自分の意見を記している。ここで行成は、崇神天皇の伝承をあげたのち、世間の人々は末法思想に基づき、災害はやむをえないものであると考えている、と述べている。

しかし、行成はすぐに、世間の人々の意識を否定する。行成は続けて以下のように述べる。

予思不レ然。聞二最勝説一、自以相叶。後漢末歳、災異重畳、後代之史、当時之謡。以為、賞不レ当二其功一、罰不レ当二其罪一。又如二王法論一、不レ治二罰悪人一、不レ親二近善人一者、禍胎・災孽、何処レ転之哉。彼済陰彩鳳、巴郡黄龍、(27)皆出二訛言一、多為二妖孽一。今年夏、招俊堂災、其後不レ幾、応天門壊。皆是恠異之極。有識者定応レ有二所見一。　主上、寛仁之君、天暦以後、好文賢皇也。万機余閑、只廻二叡慮一、所レ期澄清也。所二庶幾一者、漢文帝・唐太宗之旧跡也。今当㆓斯時㆒、災異鋒起。愚暗之人、不㆑知㆓理運之災㆒。堯水、湯旱難㆑免。忽迷㆓白日蒼天㆒、雖㆑訴無㆓咎者㆒也。

行成は、中国における伝説上の聖帝である堯や湯王、また素晴らしい治世であった漢文帝や唐太宗をあげ、彼らのような治世を、ときの天皇である一条天皇にも目指して欲しいと述べている。行成は、天皇としての政治を一条天皇がしっかり行えば、災害は生じないのであって、災害は決して末法の世だからやむをえないものではない、と述べているのである。天皇の治世と災害の発生とが大きく関係するとみる行成の考え方は、災異説に合致するのではないだろうか(28)。

そもそも律令制下においては、災害などの何らかの異変が生じたとき、律令制下の天皇は詔勅を発し、みずからの不徳を嘆くことがしばしばあった(29)。このような災異思想にも基づく認識は、八世紀から続いており、また本章のこれまでの考察から、十一世紀前半の天皇・貴族たちにも受け継がれていたと考えてよい。

先述したように、実際に後朱雀天皇は八月十五日から二十七日までのあいだ、庭中において伊勢神宮へ遙拝を行っている。伊勢神宮の怪異を鎮めるためだろう。また実資は「寛平御時、霖雨連日、天下愁悶。仍帝王令㆑祈、申㆓伊勢御神㆒、以㆑火取㆑玉伺㆑雲断㆑隙、取㆓得其火㆒了。其旱日即雨止、天下欣悦。是憶世之聖年尤切也云々」（八月二十四日条）と述べ、かつて宇多天皇みずからが止雨を祈り、天皇の祈りに効果があると「天下欣悦」であったとする。さかのぼって平安初期、即位間近の安殿親王（平城天皇）が、異変が生じたことをうけて「今災異頻来、可㆑不㆑慎歟」と述べ、自ら山陵に祈りを捧げている(30)。また桓武天皇(31)や一条天皇(32)もみずから祈雨を行っている。このように、平安時代の天皇でも、祈止雨のため、もしくは「為㆓万代㆒、為㆓百王㆒、為㆓万民㆒」に、みずからが神に祈りを捧げる場合がある。

以上の検討から、次のようにまとめることができるだろう。摂関期の天皇は、災異説のもとに徳を保持し、天下を治めなくてはならず、また何らかの災異があったとき、天皇自身が対策を講じなくてはならない。このような認識が、十一世紀半ばの段階まで、依然として貴族社会のあいだに存在したのである。

2　末法思想と過差

ただ、天皇の不徳のために災いが生じると考える認識のみ、貴族たちに流布していたわけではないようである。現在が末法の世であるがゆえに、やむをえない災厄が起こってしまう、という認識もあった。すなわち、前掲史料から知られるように、実資は「件事等、世運之及二季末一之故也」と述べており、また行成は、「世路之人」が末法思想を根拠に災害原因を認識している、と記していることから、むしろ災異の原因を末法思想に求める方が、より一般的であった可能性が高い[33]。なお、このような末法思想は、具体的な時期を特定できないものの、十世紀ごろから顕在化しはじめたものであるという[34]。

さてここまで、伊勢神宮顚倒事件の原因として、天皇の不徳（災異思想）、末法のためやむをえない事件である（末法思想）とする見解があることをみてきた。しかしこの事件では、この二つの見解のほかにも、伊勢神宮が顚倒した理由を述べている人物が存在する。それは、祭主大中臣永輔である。永輔は八月十一日、伊勢から上洛して資房に事件のあらましを説明するなかで、「此恠異専非二一人帝王御事一、尤過差也」と述べている。永輔は、災異思想を前提にしつつも、天皇一人に責任があるわけではなく、「過差」が原因であると述べているのである。この永輔の見解は、翌日に資房を通じて天皇にも達せられるが、天皇はこれを聞き、「予一人咎、更不レ可レ蒙二此恠之譴一。尤過差之故也」（十二日条）と発言している。天皇は永輔の言をただ反復しているだけとも受け取れるが、天皇自身も「過差」に原因を求めていることは重要であるだろう。この二つの史料以外に、「過差」が原因で伊勢が顚倒したとほかの貴族が論じた部分はないが、ここで「過差」が顚倒の原因としてあげられることに注目したい。なぜここで過差なのか。

摂関期における貴族の過差については、近年では朧谷寿氏[35]、西村さとみ氏[36]、遠藤基郎氏[37]、佐々木文昭氏[38]などが論考を発表し、研究が盛んな分野である。そのなかで、ここでは西村氏の研究に注目したい。西村氏は、三善清行『意見十二箇条』第二条を検討し、「三善清行の抱いていた奢侈観は、儒教思想のもとに形成されたものであった」[39]と論じている。また西村氏は、いわゆる長保新制や『小右記』長元二年（一〇二九）閏二月六日条の記事を検討し、「禁制の結果、奢侈が行なわれなくなり平穏な世が訪れたならば、それは王の徳をあらわすものとなる」[40]と述べ、摂関期にも奢侈観と「王の徳」、つまり儒教思想との関係が深いことを論じている。

ここで、長暦四年の事件、八月十一日の祭主永輔の発言に戻ってみよう。彼は、天皇一人に責任があるわけでなく、過差も伊勢神宮が顚倒した原因だと述べている。もちろん過差は、清行らが述べているように、天皇が積極的に禁制を出さないことが原因で生じるものである、ともいえよう。しかし、実際に過差を行っているのは、清行によれば「王臣以下庶人」[41]であり、彼らにも原因があることは明らかである。よって永輔は、伊勢神宮顚倒の原因を天皇のみに求めているのでなく、過差をやめぬ「王臣以下庶人」に求めているのではないだろうか。

以上検討したように、儒教思想から派生した過差の論理によって、災異の責任の一端を貴族や庶民に及ぼすことや、まったく別の思想である末法思想によって災異はやむをえぬこと、という認識が摂関期に生まれており、実資や行成の言説によれば、むしろこれらの認識の方が主流であった可能性もある。災異思想が根強く残ってはいるものの、多様な思想のあり方が見出されることにも、留意しておきたい。しかし前項で検討したように、十世紀をすぎても、災厄が生じた場合に天皇の徳の有無が問題になるという災異思想の考え方は続いている。このようなあり方は、律令制的なあり方を踏襲していると考えてもよいだろう。

おわりに

以上、摂関期の災異について検討してきた。論点が多岐にわたったため、簡単にまとめておきたい。

第一節では、摂関期において、疫病と祈雨が発生した際の朝廷の対応策について論じた。疫病が発生した場合、朝廷は全国に官符を発し、宗教政策の励行に努める一方、旱の場合に雨乞いを行う際、朝廷は疫病の場合と異なり全国に官符を発することは皆無であった。基本的に朝廷は山城・大和を中心とした地域の雨乞いを行っていたのである。

第二節では、摂関期においても、伊勢神宮顚倒事件という怪異に際して、天皇がみずからの不徳を嘆くという、律期における天皇のあり方がいまだ貴族社会に残存していることを論じた。

ところで第三部第一章では、摂関期の朝廷・天皇は、勧農などの百姓撫育を受領に任せていた可能性が高く、そのあり方は、八・九世紀の律令国家とは異なるものであると述べた。本節における平安貴族がとった祈雨における行動からも、同様なことが窺える。しかし一方で朝廷・天皇は、すべての政策において同様の行動をとってきたわけではなく、本章でみたように、蝗害や疫病といった、即座に生死に関わる場合は、朝廷が全国に官符を発しているのである。地方行政監察使の派遣はみられないものの、これは八・九世紀における律令国家のあり方を部分的に踏襲しているといえよう。また、第二節でみた天皇の「嘆き」も、律令制的なあり方といえるのではないだろうか。

このような、一見矛盾した摂関期のあり方をどのように考えればよいのであろうか。私見では整合的に解釈ができると考える。本書終章で述べたい。

注

（1）摂関期における旱害・飢饉などの災害に関しては、中世史の立場から、峰岸純夫「年貢・公事と有徳銭」（『日本の社会史4 負担と贈与』岩波書店、一九八六年）、西谷地晴美「中世前期の温暖化と慢性的農業危機」（『民衆史研究』五五、一九九八年）が論及している。

（2）摂関期の国において行われた経典転読に関しては、追塩千尋「平安中後期の国分寺」（『国分寺の中世的展開』吉川弘文館、一九九六年、初出一九八三年）に事例が集積されている。

（3）なお、このような政策に関して実資は「古人云、以レ政駆レ蝗、所レ謂二善政一」と書き記している（『小右記』寛仁元年七月二十八日条）。おそらく実資は、蝗の駆除が善政である、と考えていたと思われる。しかし、実資はその直後に「近代以二何術一得二駆追一哉」とも書き記しており、蝗を駆逐し、被害を抑える必要はあるが、近代はどうやって駆逐すればよいかわからない、と記している。ここから、当該期の朝廷が蝗駆除＝善政をさほど行っていなかった可能性もあろう。

（4）ここでは十一世紀までに限定して表を作成したが、十二世紀以降、災害に際して全国に読経や奉幣を命じる官符は、管見の限りしばらくみられず、養和の大飢饉のときにみられる程度である（『玉葉』治承五年（一一八一）二月八日条所引、治承五年二月七日宣旨など参照）。十二・十三世紀の交に何らかの変化が生じたと推測されるが、中世に至っても、朝廷が綸旨や宣旨を発する例がみられる。たとえば、『吾妻鏡』寛喜三年（一二三一）四月十九日乙亥条・五月五日庚寅条、『園太暦』観応二年（一三五一）六月四日条所引観応二年六月二日弁官下文などを参照。なお養和の大飢饉に関しては、最近の研究のなかで東島誠「都市王権と中世国家」（『公共圏の歴史的創造』東京大学出版会、二〇〇〇年、初出一九九八年）、若林晴子「天変地異の解釈学」（『環境と心性の文化史　上　環境の認識』勉誠出版、二〇〇三年）を参照した。

（5）朝廷が全国へ祈雨の指示を出さないことに関しては、拙稿「摂関期の地方支配理念と天皇」（本書第三部第一章）でもふれた。なお、三宅和朗「日本古代の「名山大川」祭祀」（『古代国家の神祇と祭祀』吉川弘文館、一九九五年）、籔元晶『雨乞儀礼の成立と展開』（岩田書院、二〇〇二年）も参照。

（6）『園太暦』観応二年（一三五一）六月四日条所引観応二年六月二日弁官下文。

（7）ただし、この状況は平安京に住む藤原道長の認識であって、雨が降っていた地域もあった。『小右記』寛仁二年五月二十八日条によれば、「伊勢守兼資来云、『明日罷下』者。又云、『只今無二旱魃愁一、六・七・八日降レ雨、就中八日洪水、苗少々流』」とあり、伊勢では五月の六―八日にも雨が降り、特に八日は洪水となったという。伊勢と平安京ではそれほど離れていないけれども、天候状況に右のような相違があったようである。

（8）『小右記』、『左経記』、『日本紀略』五月三十日条、『御堂関白記』、『小右記』、『左経記』、『日本紀略』六月三日条、『御堂関白記』、『小右記』、『左経記』、『日本紀略』六月四日条、参照。

（9）『小右記』寛仁二年六月八日条。『日本紀略』同日条には「細雨灑」とある。『御堂関白記』、『左経記』同日条も参照。

（10）『御堂関白記』、『小右記』、『左経記』、『日本紀略』同日条、参照。

(11) ただし十四日に予定されていた二十一社奉幣は行われている。なお、六月二十七日にも臨時仁王会が行われるが、これは流星出現のために行われた可能性もあり、水不足のためだけに行われたようではないと思われる。

(12) 時刻は午後四時、「雷声時発」とあることから、夏特有のにわか雨、もしくは雷雨であったと推測される。

(13) これは、一公卿の関心事に過ぎず、当該期の朝廷が行う祈雨政策の性質と無関係であるかもしれない。しかし、当時大納言右大将であった実資の見解を、一個人の見解として捨て去ることはできないだろう。また、貴族の日記の性質から考えて、これらの記述が個人的述懐であるとは思えない。

(14) たとえば、壬生本『西宮記』（臨時一、祈雨事）、「大極殿御読経、神泉請雨経法、七大寺僧集東大寺読経〈或於七大寺各読経。其施供、或用本国正税、或用本寺供、有宣旨、或有勅使云々〉、龍穴読経、丹生・貴布祢、被奉黒馬〈使神祇官人、或蔵人〉、仰祭主於神祇官斎院奉仕御祈。仰陰陽寮於北山十二月谷祭五龍〈或於神泉〉、奉幣諸社、占祟〈神祇・陰陽〉、祈謝免軽犯者云々。祈山陵〈有宣命〉」参照。拙稿注(5)論文も参照。

(15) 壬生本『西宮記』（前掲）参照。また古記録をみても、主に丹生社・貴布祢社、あるいは二十二社に奉幣する場合が多い。並木和子「平安時代の祈雨奉幣」（『平安時代の国家と祭祀』国書刊行会、一九八六年）、一二四—一二七頁参照。

(16) 壬生本『西宮記』（前掲）によれば、読経など仏教儀礼も神社奉幣と同様、平安京内の大極殿・神泉苑、大和の七大寺などで行っており、大和・山城以外の地域で行うことを想定していない。

(17) ただし、古代の朝廷が、山城・大和の寺社に祈禱・読経などをすることで、全国に降雨を願った可能性がまったくないとはいえない。実は、律令期にはそのような例が見られる。祈雨の例ではないが、たとえば『続日本紀』和銅元年（七〇八）六月己丑条には、「詔、為天下太平・百姓安寧、令都下諸寺転経焉」とある。右の史料にみえるごとく、律令期に全国の安寧を求めて都の寺に転読を命じる例があることは認められると思うが、摂関期にこのようなことが可能であれば、本文での論証に対して重大な反証となってしまう。このような可能性をどのように考えればよいだろうか。ここでは、右の想定に対し、本文の論証を補強しておきたい。

　第一に、十世紀半ば以降、もし全国を対象として雨乞いを行う意志が朝廷にあった場合、全国寺社に奉幣・転読などの実例がまったくみられないのは、あまりにも不自然である。第二に、『続日本紀』和銅元年六月己丑条のような雨乞いのあり方が、九世紀になると次第に消えていくことが次の史料から窺える。『続日本後紀』承和十二年（八四五）五月丙辰条に「勅、比者渉レ旬不レ雨。新苗将レ燋。時当二播殖一、恐妨二農業一。而今嘉雨稍降、井邑赴レ農、不レ知二畿外之国一、如二渥潤一何。宜下仰二五畿内七道諸国一、奉二幣於名神一、兼毎レ社雩、令上レ祈二甘雨一。若有二雨降過一レ度、応レ致二淫害一。復須三奉レ幣祈レ止如二初儀一」とある。この承和十二年には、畿内で旱害があり、四月癸卯条によれば畿内名神に奉幣が行われている。また五月初旬の数日間、大極殿で大般若経の転読がなされている。その後に右の史料がみられるのであるが、史料をみると、「仰二五畿内七道諸国一」とある。このことから、右の勅は旱害にもかかわらず、全国へ雨乞いのために発されたことがわかる。その一方で興味深いのは、この勅で「不レ知二畿外之国一」とあり、朝廷は九世紀半ばの段階で、畿外に対する関心を無くしつつあることが窺われる点である。もちろん、結果的に朝廷は全国へ雨乞いを指示しているのだから、九世紀半ばの段階で畿外に対し完全に無関心というわけではない。しかし、右の史料から、朝廷が畿外の雨乞いに対して、次第に関心を無くす様子がみてとれるのではないだろうか。

(18)　某郡司等解（田中忠三郎氏蔵文集、『平安遺文』六四一号）によれば、長久四年（一〇四三）に「炎旱」が続いたため、「飢死之輩、盈二満道路一」となったらしい。西谷地注(1)論文、一三頁参照。

(19)　第一節で検討した蝗害の場合は、農作に壊滅的なダメージを与えるため、全国に官符が発されたのだろう。

(20)　中世史の立場から、近年すぐれた論考がいくつかみられる。村井章介「易姓革命の思想と天皇制」（『中世の国家と在地社会』校倉書房、二〇〇七年、初出一九九五年）、長村祥知「『六代勝事記』の歴史思想」（『年報中世史研究』三一、二〇〇六年）、池享「中世後期の王権をめぐって」（『王権を考える』山川出版社、二〇〇六年）、片岡耕平「「神国」の形成」（『日本中世のNATION』岩田書院、二〇〇七年）など。特に長村論文・片岡論文は、本節で検討する長暦四年の伊勢外宮顚倒事件にもふれており、大変参考になる。ただし、私見とやや異なる点がみられる。

(21)　早川庄八「律令国家・王朝国家における天皇」（『天皇と古代国家』講談社、二〇〇〇年、初出一九八七年）、二四二—二四四頁。

(22)　この事件の概要については、『春記』長暦四年八月十一日条に引かれている祭主永輔の報告や、『太神宮諸雑事記』長暦四年七月二十六日条に詳しい。なお本節では以下、特に断らない限り、引用は『春記』長暦四年からである。

(23)　『春記』は、八月四日以前の記事があるものの、前欠のため、これが三日の日記であることを確定できない。しかし、この日以降十七日まで、資房は毎日日記を記していることから、この日が三日である可能性は高い。

(24)　この直後、内裏が焼け、神鏡が焼失するという大事件が起こっており、朝廷はさらに動揺することとなる。九月八日条以下を参照。

（25）八月二十七日条によれば、後朱雀天皇は伊勢遙拝を続けてきたものの、「未レ得二徴験一」とある。

（26）長徳五年（九九九）から長保元年に改元した理由は、「天変炎旱災」（『日本紀略』長保元年正月十三日丁卯条）のためで、また二年の冬にも「疫死甚盛」（『日本紀略』長保二年今年冬条）とある。

（27）「済陰彩鳳、巴郡黄龍」についてはそれぞれ、『後漢書』五行志、桓帝元嘉元年（一五一）・同永康元年（一六七）によると、「政治衰缺」の表象として鳳凰、黄龍が現れているようである。

（28）ただし行成は、堯や湯王の時代ですら災害は免れがたいのであるから、昨今の災害もやむをえないものであると考えているようである。このような行成の考え方は、すでに中国後漢の時代からみえている。岡本光生「「禹湯水旱」について」（『東洋の思想と宗教』一二、一九九五年）参照。

（29）山下克明「災害・怪異と天皇」（『岩波講座天皇と王権を考える8　コスモロジーと身体』岩波書店、二〇〇二年）、及び、拙稿「百姓撫育と律令国家」（本書第一部第一章）を参照。

（30）『日本後紀』大同元年（八〇六）三月丁亥条。

（31）『続日本紀』延暦七年（七八八）四月癸巳条。

（32）『御堂関白記』寛弘元年（一〇〇四）七月十日条。倉本一宏『一条天皇』（吉川弘文館、二〇〇三年）、一三七頁参照。

（33）しかし、行成が末法思想を否定して災異思想を記していることから知られるように、災異思想的な考え方が消滅してしまっているわけではないことに留意しておく必要がある。平安時代の末法思想については田村圓澄「末法思想の形成」（『日本仏教思想史研究　浄土教篇』平楽寺書店、一九五九年）参照。『春記』の末法思想・末代観に関しては、坂本賞三「『春記』にみえる王朝貴族の国政的危機意識について」（『続律令国家と貴族社会』吉川弘文館、一九七八年）も参照。

（34）田村前注論文、数江教一『日本の末法思想』（弘文堂、一九六一年）参照。

（35）朧谷寿「賀茂祭にみる「過差」について」（『古代学研究所紀要』一、一九九〇年）。

（36）西村さとみa「平安時代中期の貴族の奢侈観」（『奈良女子大学人間文化研究科年報』六、一九九一年）、西村b「摂関期の奢侈観に関する覚書」（『奈良古代史論集』二、一九九一年）。西村氏の論文はその後、著書にまとめているが（『平安京の空間と文学』吉川弘文館、二〇〇五年）、その際、過差と儒教思想の関係については削除されている。したがって、本章では初出論文を参照した。

(37)　遠藤基郎「過差の権力論」（『王朝の権力と表象』森話社、一九九八年）。

(38)　佐々木文昭「平安中・後期の過差禁制」「平安時代中・後期の公家新制」（『中世公武新制の研究』吉川弘文館、二〇〇八年、初出一九九二年・一九九五年）。

(39)　西村a論文、一三〇頁。

(40)　西村b論文、一二六頁。

(41)　『意見十二箇条』第二条。

終章　日本古代国家の支配理念

最後に、これまで述べてきたことをまとめつつ、支配理念からみた日本古代国家のあり方について、さらに、日本前近代史において律令制支配理念がどのように展開していくのかについて、論じてみたい。

1　律令国家の支配理念と国家成立

七世紀末、日本列島に律令国家が成立したとき、為政者たちは中国から伝わった律令という、当時としては高度な法体系を用い、官僚制度や徴税制度などを整備していった。同時に、中国における皇帝のあり方を模倣し、日本に天皇を創出する。また、支配理念の面においても中国のあり方を受容する。日本の為政者たちは、天人相関説あるいは天命思想を中心とした儒教イデオロギーを都合のよい部分だけ受容する一方、皇孫思想と矛盾する王朝交替の考え方を受容することはなかった。(1) 当時の日本は、中国の儒教の教えを正確に理解した上で政治思想に取り入れたわけではなく、隋や唐のあり方を模倣して導入したにすぎない。こののち、八世紀半ばから九世紀以降にかけて、礼制が日本に導入され、儒教的な思想は広まったかのようにみえる。しかし、古代日本では儒教思想を体系的に理解した上で国家支配に用いられることはなかったようである。(2) ともあれ、日本律令国家は、少なくとも八世紀以降、都合のよい部分を摘出した儒教イデオロギーを用いて、祥瑞の出現を歓迎し、また、百姓に撫育を施した。つまり律令国家は、官僚制度や徴税制度だけでなく、自分たちの支配を正当化する理念を用いて、百姓の税役の貢納をよりたやすいものとしていたのではないだろうか。(3)

日本律令国家は、儒教イデオロギーという中国の理念を取り入れる一方で、中国には存在しない独自の制度、班幣制度を創出することによって支配の正当化をはかった。班幣制度は、神祇官に全国の神祇職を集め、幣帛を班つ制度である。幣帛を班つ行為には、主にその年の収穫物の確保を祈願する、もしくは、収穫できたことを感謝するという意味があると思われる。もちろん、律令国家が成立する以前においても在地で有力首長が豊作を祈り、感謝する行為を行っていたと推測されるが、(4) 律令国家は神祇官を設置し、祈年祭や月次祭などを行うことで、右のような行為を大規模かつ画一的に実施した。

そのため律令国家は、各地に存在した宗教施設を発展させるなどして社殿を建築し、ヤシロあるいは神社と認定した。おそらく、在来の宗教施設に建築物が伴うようになったのは、律令国家が幣帛・神宝を社殿に収納するために建設したものであったと思われる。社殿をもつ神社を各地に創出することによって、律令国家は班幣制度を充実させ、幣帛や神宝の威力で各地の農耕を推進した。(5)

律令国家が変質を始める九・十世紀の頃、国家支配理念も同様に変化する。すなわち、八世紀の祈年祭において、全国の神祇職が神祇官に集まり、そこで幣帛を受け取ることが律令国家にとっての理想であった。しかし、延暦十七年（七九八）にいわゆる「官幣国幣社制」が導入されると、朝廷からの幣帛を国司が神祇職に代わって受け取り、任国に戻った国司がその幣帛を国庁で各神祇職に授けるという方式が主流となる。また、八世紀の律令国家は、国司・郡司だけではなく、地方行政監察使を用いて百姓撫育を行っていたものの、九世紀になると次第に地方行政監察使を派遣しなくなり、十世紀初頭になると、使者派遣はほとんどみられなくなる。以上のような変化は、朝廷が国司制度を充実させ、地方社会においての支配を伸張させていったことと大きく関係している(6)。

日本律令国家が当時の中国から学んだ百姓撫育政策や、独自に創出した班幣制度、及び、その地方社会への浸透具合をみていくと、国家にとって神祇・儒教政策は必要不可欠なものだったと考えられる。また本書ではあまりふれなかったが、仏教政策も忘れてはならない。天武朝頃からいわゆる国家仏教が導入されると、仏教文化は日本列島に浸透し、各国にも国分寺・国分尼寺が八世紀半ば以降に建立される(7)。以上の検討から、国家指標を考える際、エンゲルスの国家指標のみではなく、支配理念も含める必要があるといえるだろう。

ここで、この支配理念という国家指標を用いて、日本列島における国家の成立時期を考えてみよう。そのため、律令国家以前における支配理念の有無についてみておく必要がある。律令国家以前において、ヤマト政権が地方豪族に姓を授けることで、君臣関係を形成し、それが国家の支配理念として用いられた可能性もある(8)。確かに、これが地方を支配する重要な理念として用いられたであろう。しかしながら、姓の授受関係は、あくまでもヤマト政権と地方豪族のあいだでの関係にすぎず、地方民衆の安定にはさほど関係のないものであったのだろう(9)。つまり、民衆支配を行うための支配理念は、律令国家成立よりも前に存在しなかった可能性が高い。

また、ヤマト政権下、徴税制度や官僚制度が存在した可能性はあり、それらを理由に六世紀以前の日本列島に国家が存在したとする有力な学説もある(10)。しかし、本書で検討したような儒教・神祇・仏教支配理念も国家にとって必要な要素であるとすれば、日本列島における国家の成立を、儒教イデオロギーを用い、また、神祇制度を創出して百姓の安寧を朝廷が求めた時期、七世紀後期から八世紀初頭におくことも可能であると考える。

国家成立の時期については、別の視点から再びふれる。さしあたり右のような仮説のもと、考察を摂関期の国家へと進めたい。

2　摂関期における律令制支配理念

次に、律令国家の変転過程と、摂関期の国家のあり方についてまとめてみよう。

九世紀半ばになると、律令国家成立後はほとんどみられなかった争乱が、各地方社会で生じ始める。このような混乱状況は九世紀後半以降、平安時代を通じて断続的に続くと推考される。その原因として、自然災害、及びその自然災害に対応しない律令国家の無策を指摘しておきたい。具体的には九世紀半ば以降、百姓撫育に関する詔勅が減少したため、おそらく撫育を享受できない地方社会側が、争乱を起こしたと考えられる。また、九世紀半ばには、集落遺跡の位置や武器使用のあり方から、何らかの社会的変動があったことも考古学的見地から報告されている。律令国家・古代社会は、九世紀半ばから確実に変化を始めているのである。

九世紀における社会変動や自然災害の影響により、田地の荒廃もみられるようになる。不堪佃田の増加を報告する国司が次第に増え、朝廷が不堪佃田使を頻繁に派遣するようになるのは、承和年間頃と推測される。その後も九世紀後期を通じて、不堪佃田・損田の増加が朝廷で問題視され続ける。十世紀前半における不堪佃田・損田の増加問題はさらに深刻となり、官人給与の未払い問題にまで発展する。そのため朝廷は、開発田を増加させるような政策を採用するものの、効果はなく、十世紀半ば以降、律令国家はそれまでの田地支配のあり方をやめ、不堪佃田・損田の増加問題を軽視するようになる。また、その軽視により、官僚給与のあり方も大きく変化する。十世紀半ばに至り、国家にとって重要な税制や官僚給与制のあり方も変化してしまう。

このように、国家のあり方は十世紀前中期に確実に変化していったが、十世紀半ば以降の国家である摂関期の国家は、どのような支配理念を用い地方支配を行っていたのであろうか。祥瑞・勧農・受領罷申儀などから、天皇・朝廷による支配及び支配理念のあり方を検討すると、朝廷・天皇は、地方から出来した祥瑞にさほど興味を示さず、受領に勧農を委ねるなど、律令制における統治のあり方と異なっている部分が多いことに気づく。しかし摂関期の天皇が、中国皇帝や八世紀の天皇と同様にみずからの不徳を嘆くこともあり、決して律令的な天皇のあり方のすべてを消し去ってしまったわけではないように思われる。また、旱が生じた場合、朝廷が各地に何らかの指示を出すことはなく、百姓撫育を受領に任せていたようであるが、疫病の際にはその対応をすべて受領に任せるわけではなく、奉幣や読経の指示を朝廷が行っていることがある。興味深いのは、本来であれば表裏の関係にあるともいえる祥瑞思想と災異思想を、平安貴族は、一方を用いるものの、一方を用いないという点である。中国哲学研究の立場からすれば考えられない矛盾であるが、平安貴族にとっては矛盾せず、これらの思想を政治思想として用いている。ここからも、日本の為政者が儒教教義を充分に理解した上で受容していなかった可能性を指摘できよう。

つまり以上をまとめれば、次のようになるだろう。摂関期の国家は、律令期における支配・統治のあり方をそのまま受け継いで国家運営を行っているわけではないが、律令期の支配のあり方を踏襲する場合もある、と。

このようなあり方をみたとき、一方のみに注目して、単純に「摂関期の国家に律令的なあり方は消滅してしまった」と即断することや、逆に「八・九世紀以来のあり方が残存している」と決め付けてしまうことは生産的ではないだろう。むしろこの重層性・多様性に注目して、より詳しく考えてみる必要がある。

この重層性・多様性は、朝廷が豊穣を祈る二つの祭祀、祈年祭と祈年穀奉幣にも当てはまると考える。先述したように、祈年祭は、朝廷が全国から神祇職を神祇官に集め、彼らに幣帛を授けることにより、その年の豊作を祈る祭祀であった。祈年祭は少なくとも八世紀初頭から全国へ班幣することを理想としていたようだが、延暦十七年に「官幣国幣社制」が導入され、しばらく存続したものの十世紀初期になると形骸化し(11)、それ以降はほぼ形式的な祭祀となってしまう。一方、祈年穀奉幣は、九世紀末に成立した祭祀で、[12]十一世紀以降は二月頃に一度、七月前後に一度、年に合計二度行われる。主に畿内近国に存する有力神社に奉幣使を派遣し、幣帛を奉る祭祀で、その年の豊穣を求め、また、祝う祭祀だった。

この二つの祭祀にはいくつか共通点・相違点がある。特に相違点について、これまでも多くの研究者によって論じられてきたが、幣帛が授与される神社の地域の違いという点に関しては、これまでの研究であまり重視されておらず、班幣あるいは奉幣を受ける神社がどこに存在するかという点は、等閑視されていたと思う。祈年祭は全国の神社へ幣帛を班つべき祭祀である一方、祈年穀奉幣は畿内、特に山城・大和の有力神社に奉幣を行っている。[13]これは、なぜであろうか。（図1も参照）

この理由を明らかにするため、二つの祭祀についてより詳しく検討しよう。早川庄八氏は、岡田精司氏の研究[14]によりつつ、祈年祭には二つの機能が付与されており、「第一は、「班幣」という行為を通じて行なわれる諸国神社・諸国祭祀の統制と、その中央集権化である。（中略）第二は、同じく「班幣」という行為を通じて全国にひろめられる、地域的権力による日本国統治の正当性の宣布である」と述べている。[15]以上の早川氏の見解には必ずしも従えない部分もある。[16]しかし、地域的権力の行うべき全国各地の祭祀を、それぞれとは別個に、律令国家が執り行うようになったという見解は重要であると思う。おそらく、律令国家は全国支配を行う上で、百姓が租税をよりたやすく納入することができるよう、全国に幣帛を頒布し、豊穣を祈ったのであろう。

一方、祈年穀奉幣の対象となる神社のほとんどは、山城・大和の神社である。祈年穀奉幣成立以降の国家は、毎年、全国の豊穣を祈ることに対し関心を失い、平安京周辺の安定を第一義として、山城・大和の神社に奉幣することに力を入れたのではないだろうか。[17]

ここで、祈年祭対象神社と祈年穀奉幣対象神社との相違をより深く考える上で、古代天皇の食事の変化を検討され

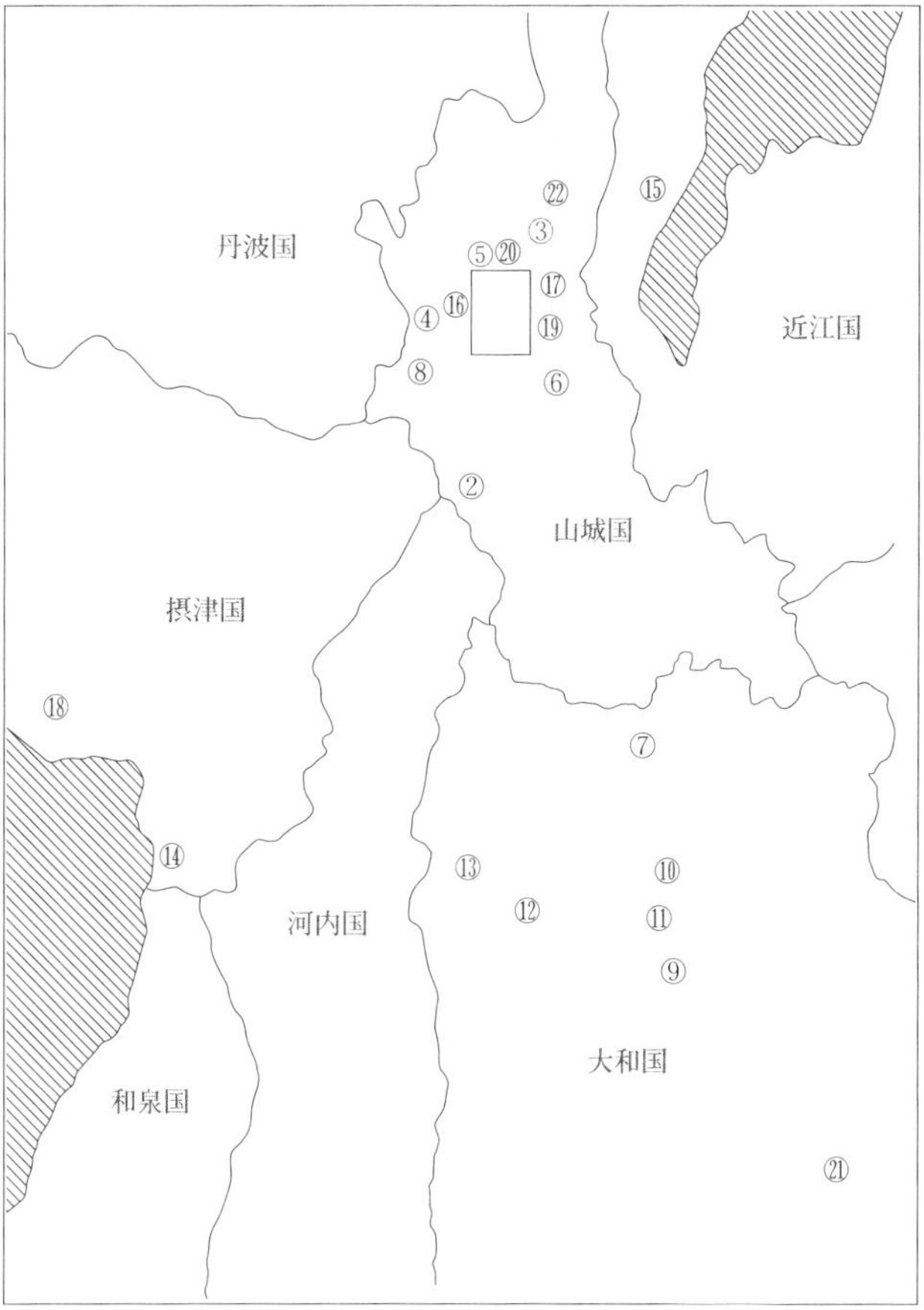

図1　二十二社分布図（①伊勢を除く）

表1　二十二社

社名	所在地
①伊勢	伊勢
②石清水	山城
③賀茂	〃
④松尾	〃
⑤平野	〃
⑥稲荷	〃
⑦春日	大和
⑧大原野	山城
⑨大神	大和
⑩石上	〃
⑪大和	〃
⑫広瀬	〃
⑬龍田	〃
⑭住吉	摂津
㉑丹生	大和
㉒貴布禰	山城
⑰吉田	〃
⑱広田	摂津
⑳北野	山城
⑯梅宮	〃
⑲祇園	〃
⑮日吉	近江

注）岡田荘司注（12）著書，242・243頁から引載．一部改変．

た佐藤全敏氏の研究にふれたいと思う(18)。佐藤氏によれば、古代天皇は隋唐的な食事である朝夕御膳を食していたものの、九世紀末から十世紀初頭に食事の体系が変化し、天皇は朝干飯御膳を食すようになる。ただし、形骸化したとはいえ、朝夕御膳は維持され、近世に至っても調備されていた。以上のように天皇の食事を検討された佐藤氏は、十世紀以降の天皇は二つの貎を持つ、と論じた。

さらに佐藤氏は、天皇の食事のために朝廷に貢進される贄についても述べている。律令期の天皇は、全国・御食国・畿内それぞれから送られる贄を食していたものの、十世紀以降の天皇は畿内近域から送られてくる贄を主に食すようになる。この背景には、律令制下の天皇は、全国を一律に支配するという理念を掲げたものの、新しい社会動向が生じたため、畿内近国を新しい食材収取の基盤に据えた、と論じた。また佐藤氏は、十世紀以降の天皇が、全国を一律に支配するという理念を標榜しなくなったために、右のような変化が生じたとも述べている(19)。

このような天皇の変化は、九・十世紀の交における祈年祭の変化、及び祈年穀奉幣の成立とも、大きな関係を有しているのではないだろうか。全国を一律に支配するという理念を掲げていた律令制下の天皇は、十世紀になると、そのような性格を希薄化させてしまう。ゆえに、全国の豊穣を祈るという、律令支配理念に基づく祭祀であった祈年祭を形式化させてしまった一方で、平安京に程近い畿内近域の神社に奉幣する祈年穀奉幣を創始したのだろう。これは、地域差という点で、贄貢進のあり方と共通している点であろう(20)。

ここでさらに注意したいのは、その後祈年祭は、形骸化した祭祀であったものの、応仁の乱前後まで継続して行われている点である(21)。この点においても、祈年祭は朝夕御膳と相通ずるところがある(22)。つまり、律令制支配理念は、実質性を失いつつも、維持されていたといえよう(23)。

ただし摂関期において、律令制支配理念が常に実質的に機能しなかったわけではない。人の生死に関わるような重大な災害である疫病が生じたとき、朝廷は受領に対応を任せてしまうのではなく、みずから官符を発するなど、対応策をとる場合があった。おそらく、より危機的な状況に陥った場合のみ、朝廷・天皇は、かつて律令制下のときのように全国を一律に支配・統治していたことを想起し、官符を発するなど、何らかの行動を起こすのではないか(24)。

つまり、日常的かつ軽微な食事や、形式化した祭祀だけでなく、日本列島に何らかの危機的な状況が生じた場合、律令制支配理念を隠し持つ朝廷・天皇が、一時的に律令国家・律令天皇の面貌をみせる(25)。本書で述べてきたような観点を用いて、中世以降の天皇・国家のあり方を検討する必要もあるだろう(26)。ともあれ、摂関期の国家は、律令的支配理念を常に掲げているわけではないが、必要に応じてその理念を利用しつつ、日本列島を支配しているのである。

さて最後に、国家成立の時期について再び考えてみたい。民衆支配のイデオロギーを所持していないことを理由に、ヤマト政権下の政治体を国家と認めないと先述した。加えて、ここまで述べてきた律令制支配理念が古代・中世の国家（少なくとも応仁の乱まで）に存在し、危機的状況のときに機能したのならば、この理念と日本の国家は深い関係を有していた可能性が高い。とすれば、やはり日本列島における国家の成立を律令制、及びその支配理念が導入された時期に求めることは妥当であると考える。

以上、新たな私見を若干交えながら、本書で述べてきたところを要約してきた。律令国家・摂関期の国家支配理念について検討した本書により、日本の古代国家の全体像が少しでも明らかになれば、また、「国家とは何か」という難問に対して挑戦していく日本古代史研究者が増えれば、望外の喜びである。

注

（1）関晃「律令国家と天命思想」（『関晃著作集4　日本古代の国家と社会』吉川弘文館、一九九七年、初出一九七七年）など。

（2）小島毅『東アジアの儒教と礼』（山川出版社、二〇〇四年）など参照。

（3）吉村武彦「仕奉と貢納」（『日本の社会史4　負担と贈与』岩波書店、一九八六年）。

（4）農耕祭祀は、弥生時代にまでさかのぼるだろう。弥生時代を含め、原始社会における農耕祭祀のあり方については、さしあたり金関恕ほか編『古代史の論点5　神と祭り』（小学館、一九九九年）、安斎正人ほか『暮らしの考古学シリーズ4　祭りの考古学』（学生社、二〇〇八年）など参照。

（5）なお考古学研究では、弥生時代ごろから「神殿」が存在したとする説もある。広瀬和雄編『都市と神殿の誕生』（新人物往来社、一九九八年）など参照。本書でも律令制以前に宗教施設があったことを認めているが、それを七世紀以降の神社と同等に扱うことは躊躇される。七世紀以降の一般的な神社とは区別して考えるべきだろう。

（6）吉田孝『律令国家と古代の社会』（岩波書店、一九八三年）。

（7）本郷真紹『律令国家仏教の研究』（法藏館、二〇〇五年）、上川通夫『日本中世仏教形成史論』（校倉書房、二〇〇七年）など参照。

（8）吉村武彦『日本古代の社会と国家』（岩波書店、一九九六年）、大津透「大王とウヂ」（『古代の天皇制』岩波書店、一九九九年）など参照。

（9）一般民衆に姓が授与されたのは、おそらく七世紀後半である。加藤晃「我が国における姓の成立について」（『続日本古代史論集　上』吉川弘文館、一九七二年）など参照。

（10）都出比呂志「日本古代の国家形成論序説」（『前方後円墳と社会』塙書房、二〇〇五年、初出一九九一年）。本書序章を参照。

（11）『意見十二箇条』第一条参照。

（12）岡田荘司『平安時代の国家と祭祀』（続群書類従完成会、一九九四年）、藤森馨『改訂増補　平安時代の宮廷祭祀と神祇官人』（原書房、二〇〇八年）参照。

（13）もちろん、祈年穀奉幣の対象神社が主に山城・大和であるとの指摘はすでにされている。岡田前注書、二四〇頁、榎村寛之『古代の都と神々』（吉川弘文館、二〇〇八年）、一三三―一三五頁。

（14）岡田精司「律令的祭祀形態の成立」（『古代王権の祭祀と神話』塙書房、一九七〇年）。

（15）早川庄八「律令制と天皇」（『日本古代官僚制の研究』岩波書店、一九八六年、初出一九七六年）、二一一頁。

（16）本書では、祈年祭は、地域の豊穣を国家として予祝するための祭祀であると考えるため、班幣が「統制」や「正当性の宣布」といった意味を持つとする点には疑問である。

（17）榎村寛之氏は、二十二社が選定された基準について、「王権のいろいろな構成要素を守護する神社」であると指摘している（注（13）書、一三五頁）。

（18）佐藤全敏「古代天皇の食事と贄」（『平安時代の天皇と官僚制』東京大学出版会、二〇〇八年、初出二〇〇四年）。

（19）佐藤全敏「古代日本における「権力」の変容」（『平安時代の天皇と官僚制』東京大学出版会、二〇〇八年）、三九〇頁。

（20）なお、これ以降幕末までの天皇は、山城国を中心とする畿内の地域社会といった限定的なものであるが、宗教的・文化的な機能を果たしていくようである。高木博志「明治維新と大嘗祭」（『近代天皇制の文化史的研究』校倉書房、一九九七年、初出一九八七年）参照。

（21）『資益王記』文明六年（一四七四）二月四日条、参照。

（22）ただし先述のごとく、朝夕御膳は近世まで存続した。佐藤注（18）論文、三六二頁参照。

（23）ここで、第一部第三章で保留した疑問、なぜ朝廷が、全国の神社修理を長保新制で国司たちに奨励したのかについて、考えてみたい（一〇八頁）。ここで述べているように、摂関期の国家は全国を一律に支配・統治していた律令制下と同様の政策を行うことがごくまれにあった。そのため、摂関期においても律令期の政策である神社修理の奨励をごくまれに行ったと考える。また長保年間には、比較的多くの祥瑞が出現しており（一七一頁）、特殊な時期であった可能性もある。

（24）承平・天慶の乱や治承・寿永の戦争など、戦乱における危機的状況に際しても同様であると考えているが、本書では詳しく論じられなかった。課題としたい。

（25）天皇即位時、一代一度の仁王会が全国で行われ、仏舎利使・大奉幣使が全国に派遣される。以上の儀式が摂関期以降も行われるのは、形式的かもしれないが、天皇が全国を支配していることの証なのであろう。

（26）近世に至るまで、形骸化しつつも律令国家が定めた国郡制が残存したことと、本書で明らかにしたことは、何らかの関係があるかもしれない。中世・近世の国郡制に関しては、永原慶二・山口啓二「日本封建制と天皇」（『歴史評論』三一四、一九七六年）、山口啓二『鎖国と開国』（岩波書店、二〇〇六年、初出一九九三年）。今谷明「鎌倉・室町幕府と国郡の機構」（『室町時代政治史論』塙書房、二〇〇〇年、初出一九八七年）も参照。

〔初出一覧〕

序章　古代国家研究の現状――国家とは何か（新稿）

第一部

第一章　百姓撫育と律令国家――儒教的イデオロギー政策を中心に（『史学雑誌』一一一―七、二〇〇二年）

補論　律令国家の撫育政策（原題「律令国家の〈福祉〉政策」『歴史と地理』六一五、二〇〇八年）

第二章　神祇官の特質――地方神社と国司・朝廷（『ヒストリア』一八七、二〇〇三年）

第三章　神社社殿の成立と律令国家（『国立歴史民俗博物館研究報告』一四八、二〇〇九年）

第二部

第一章　九世紀後期における地方社会の変転過程（義江彰夫編『古代中世の社会変動と宗教』吉川弘文館、二〇〇六年）

第二章　九・十世紀の不堪佃田・損田と律令官人給与制（新稿）

第三部

第一章　摂関期の地方支配理念と天皇――祥瑞・勧農・受領罷申（『歴史学研究』八二五、二〇〇七年）

第二章　摂関期の災異について（新稿）

終章　日本古代国家の支配理念（新稿）

あとがき

本書は、二〇〇六年九月に東京大学大学院に提出した博士論文『古代国家支配理念の研究』を改稿したものです。審査の際には、佐藤信先生・大津透先生・山口英男先生・川原秀城先生・末木文美士先生から、数多くのご教示をいただきました。専門が日本古代史である三人の先生から有益なご指摘をいただいたのはもちろんですが、専門が異なる二人の先生との質疑応答は、非常に楽しいものでした。川原先生からは、中国哲学の立場から論文の欠陥をえぐり出していただき、また末木先生からは、「結局、唯物史観を乗り越えていないのではないか？」とのご指摘をいただきました。五人の先生から受けたご教示を、本書でしっかりと生かせているかどうか心もとないのですが、あらためて五人の先生に御礼を申し上げたいと思います。

本書に収載した各論文の、成稿のいきさつなどを記しておきたいと思います。

序章と終章は、新稿。博士論文の執筆を意識していた大学院博士課程の終盤に、おぼろげな考え方は出来上がっていました。生意気な口調で、かつ、中世までも視野に入れて国家を論じるという、大言壮語をしてしまいました。今後の日本古代史研究がどのようになっていくのか、私にはまったくわかりませんが、この序章と終章をたたき台として国家を論じる研究者が一人でもいれば、本望です。

第一部第一章「百姓撫育と律令国家」は、はじめて学会誌に投稿した論文。投稿の前後に、大津・山口両先生、佐藤全敏氏にさまざまなご教示を賜わりました。詔勅や律令法に記された文言が、当時の為政者のイデオロギーであったことを認識しつつ、あえてその文言を利用することで（当時の為政者に騙されたフリをすることで）、イデオロギーの分析をしたつもりですが、そのことが読者にうまく伝えられているかどうか、いまだに不安です。また技術的な面において、一つの論文を書き、投稿し、採用され、公表されるということは、これほどまでに大変なことなのか、と思い知らされた論文です。いろいろと思い入れがあって、手を入れることを躊躇しましたが、今回の出版にあたって『菅家文草』を用いた考察を増補するなど、改稿を試みました。

補論「律令国家の撫育政策」は、学位を授与された後に執筆したもの。第一章であまりふれなかった、撫育の基礎的なあり方について、思い切って書いてみました。やや推測に過ぎる部分もありますが、仏教についてもふれているので、本書に収載した次第です。

第二章「神祇官の特質」は、修士論文の一部です。宗教的な機関ではなく、官僚機構として神祇官を捉えて、執筆してみました。初出論文では冗長な記述もあったため、一部史料などを削除しました。本文中でもふれましたが、宗教機構としての神祇官について、再検討しなければなりません。今後の課題としたいと思います。

第三章「神社社殿の成立と律令国家」は、北條勝貴氏のお誘いを受け、二〇〇六年四月に国立歴史民俗博物館で行われたワークショップ「〈神社〉の成立をめぐる諸問題」で発表させていただいたものを原稿化したものです。ワークショップの参加者はほとんどが神道史研究者で、面識のない方々ばかりでした。そのような方々の前で発表するのは、非常に緊張しましたが、好意的に受け止めていただいたのではないかと思っております。

第二部第一章「九世紀後期における地方社会の変転過程」は、義江彰夫先生の退官をお祝いする論集に寄稿したものです。佐藤信先生が大学院で開講されていた『朝野群載』の演習で担当した部分や、私が受験した一九九七年の東京大学大学院入試で出題された『類聚三代格』所収の太政官符から着想を得ました。また、文献史学と考古学の両面から議論を展開する方法については、坂上康俊氏のご論文「律令国家の法と社会」（『日本史講座２　律令国家の展開』東京大学出版会、二〇〇四年）から影響を受けています。なお初出論文における明らかな誤解を訂正し、関東地方から出土した武器に関する論を増補しました。

第二章「九・十世紀における不堪佃田・損田と官人給与制」は、新稿。二〇〇六年二月、歴史学研究会古代史部会で発表したものを成稿したものです。第一部第一章や第三部第一章で、「古代史の画期」に固執しすぎたことを反省したという側面もあります。歴史学において、「画期がいつか」ということは重要なテーマですが、あまりこだわりすぎるのはいけないことだと現在では思っています。

第三部第一章「摂関期における地方支配理念と天皇」は、第一部第一章の続編を書こうと思い、古記録をめくっているときに思いついた論文です。祥瑞に関しては、律令国家期の論文はたくさんありますが、摂関期の祥瑞に関してはほとんどなく、論ずる価値があると判断しました。勧農の部分を佐藤先生の演習で報告し、また受領罷申儀の場である清涼殿の構造を検討するに際しては、田島公先生からのご高配にあずかりました。また今回、清涼殿の図と写真を、佐藤全敏氏と宮内庁京都事務所から提供していただきました。

第二章「摂関期の災異について」は、新稿。第一節と第二節の一部を二〇〇七年一一月の史学会で報告しました。前章とは兄弟関係にある論文です。事前に加藤友康先生の演習で特別に報告させていただき、先生及び大学院生の皆さんから、有益なご教示をいただきました。

卒業論文で失敗し、修士論文の評価も芳しくなかった私にとって、博士論文を提出することも、ましてやそれが出版されることも、夢のまた夢でした。内容はともかく、このような偉業が達成できたのは、ひとえに先生・先輩・後輩から頂戴した、叱咤激励でした。東京大学駒場キャンパスで佐藤先生の授業をはじめて受けたとき、「この先生なら大学院に進学しても大丈夫だ」と直感した十九歳の私は、間違っていませんでした。私が大学院に進学したとき東大へ赴任された大津先生は、はじめてご挨拶をすると「私は何も（指導）しませんから」とおっしゃられたのが印象的でした。そのお言葉とは裏腹に、多くのご指導を受けたことはいうまでもありません。大学院の演習において、吉田早苗・義江彰夫・石上英一・加藤友康各先生から多くのことを学びました。諸先生方に、厚く御礼を申し上げたいと思います。また、日本学術振興会特別研究員の三年間に受入教官となっていただいた山口英男先生、現在お世話になっている明治大学古代学研究所の方々、特に所長である吉村武彦先生にも、感謝の意を表したいと思います。

ともあれ、論文だけではなく、一つの本を作ることも、つらく、並大抵なことではないと実感させていただきました。東京大学出版会の山本徹さんの適切な助言がなければ、この本は世に送り出されなかったことでしょう。また、一部の校正に関しては、東京大学大学院の磐下徹さんにも助けていただきました。

確かに、本書を作ることはつらい作業でしたが、しかしながら、過去の自分の論文と「対話」することにより、研究者としての今後の課題が、私自身の頭のなかで浮き彫りになってきました。この課題を胸に秘め、今後も研究者として成長するべく、努力を続けていこうと思います。

なお本書は、二〇〇八年度東京大学学術研究成果刊行助成制度の補助を受けて刊行されます。

二〇〇九年一月二一日

有富純也

索　引

あ　行

『吾妻鏡』　218
按察使　23, 24
熱田神宮古文書　64, 82
安倍吉平　206
安倍興行　35, 36
雨乞い　→祈雨
『意見十二箇条』　31, 32, 38, 152, 215, 216, 231
和泉国符(寛弘九年)　190
伊勢神宮　32, 67, 105, 210-217
伊勢国　32, 113, 177, 198
一条天皇　214
一代一度大奉幣　191, 232
一之口遺跡(新潟県上越市)　122
一宮　103
稲倉　107
蝗　→蝗害
位禄　153-155
位禄定　153
院宮王臣家　6
淫祀　98
忌部　80
印鎰　32
宇佐神宮　47
宇多朝　150, 156
宇多天皇　170, 172, 214
占　68, 117, 118, 120
漆紙文書　68
頴稲　71
駅戸　28, 29
疫死使　30, 135, 136
疫病　21, 52-54, 146, 170, 176, 205, 207, 209, 213, 216, 217, 227, 230
越中国官倉納穀交替記　155
炎旱　→旱魃
『延喜四時祭式』　89
『延喜治部式』　169, 189
『延喜主税式』　138-140
『延喜神名式』　103
『延喜太政官式』　88, 152, 160
『延喜兵部式』　113
『延喜民部式』　135
『園太暦』　218
王朝国家体制論　5, 123, 134
応仁の乱　230, 231
大伴家持　178
大山遺跡(埼玉県伊奈町)　131
王禄　153
落川遺跡(東京都日野市)　123
尾張国郡司百姓等解　47
『尾張国神名帳』　108
恩赦　15, 51, 52, 58, 59, 178, 207
『陰陽雑書』　130
陰陽師　7, 119-121
陰陽寮　120, 219

か　行

怪異　7, 117, 120
開発解文　147, 156
開発田　147, 226
勘解由使　76
過差　215, 216
『家族・私有財産・国家の起源』　3
鹿の子C遺跡(茨城県石岡市)　68
元慶官田　153
元慶の乱　118, 120
『菅家文草』　35, 144, 170, 173, 192
官戸　68
観察使　27-30, 33, 34
官社　95, 103
官社制度　81
『漢書』　55
勧農　4, 6, 7, 20, 25, 34, 37, 39, 70, 174-179, 181, 184, 185, 197, 208, 217, 227
旱魃(旱害・日照り)　19, 35, 49, 50, 52, 175, 206-208, 217, 227

寛平･延喜の乱 121, 122
神部 80
神戸 32, 68, 75, 76, 81
官幣国幣社制 81, 89, 192, 224, 227
神戸戸籍 67, 69, 76-79
桓武天皇 185, 209, 214
官物率法 175
祈雨(雨乞い) 177-179, 208, 209, 214, 216
祈雨奉幣 177, 178, 185
畿外 199
飢饉 15, 139
『儀式』 79, 80
器杖 23
義倉 77
北畠親房 63
北山 207, 219
『吉記』 103
祈禱 206, 207
畿内 39, 49, 51, 81, 125, 126, 177, 178, 198, 199, 208, 228, 230
畿内七道 →五畿七道諸国
祈年穀奉幣 227, 228, 230
祈年祭 65, 68, 79, 80, 99, 224, 227, 230
祈年祭祝詞 80
貴布祢神社 219
『九暦』 141, 144, 150
京中賑給 47, 191
郷里を巡る →国司巡行
『玉葉』 218
季禄 152, 154
公廨稲 120, 138
百済聖明王 73
国見 20
口分田 26
蔵人 181-185, 212, 213, 219
郡司 21, 23, 34, 69, 70, 101, 114, 127, 224
軍団 113, 120
計帳 13, 26
月料 160
検非違使 98, 113, 129
遣隋使 57
減税 →税免除
検税使 30
検田 23
権門 6
蝗害 198, 199, 206-208, 217
後期律令国家論 5, 10, 111, 134, 165
『江家次第』 188, 194
考古学 2, 7, 9, 91, 111, 122-125, 127, 128, 226
郊祀 185
薨卒伝 34
交替使 30, 134
『皇太神宮儀式帳』 86
荒田 135, 190
『弘仁式』 135
『弘仁主税式』 120
校班田使 30
光明皇后 54
五衛府 112, 113
『後漢書』 221
五畿七道諸国 49, 51, 71, 75, 84, 137, 178, 198, 199
国衙軍制 124
告言 33, 38
国司 19-23, 28, 30-34, 37, 38, 40, 65, 67-70, 72, 73, 76-81, 100-104, 114, 127, 133, 135, 137-141, 146, 149, 156, 157, 178, 179, 183, 185, 224-226
国司監察 25, 30
国司交替 23, 76
国司巡行 20, 35-37
国府(国衙) 6, 64, 68
国分寺・国分尼寺 53, 54, 225
『古事記』 85
後朱雀天皇 210-212, 214, 215
戸籍 13, 26 →神戸戸籍も見よ
古代天皇の食事 228
国家外的権威 10, 62
国家成立・形成 1-4, 8-10, 225, 231
国家の指標 3, 4, 9, 225
国家仏教 225
五龍祭 206
『権記』 193
金光明経 60, 71
『今昔物語集』 100, 102, 104
軒廊御卜 210

さ 行

災異 72, 215, 216
災異思想 195, 209-215, 227

災害　7, 15, 50, 51, 53, 127, 144-146, 157, 172, 197-199, 205, 208, 209, 212-214, 226, 230
『西宮記』　→前田家本，壬生本『西宮記』
祭祀　4, 57, 63, 65, 69, 77, 91, 92, 227, 228, 230, 231
最勝王経　71, 198, 199
再生産　4, 19, 21
在地首長　4
嵯峨天皇　209
坂上田村麻呂　100, 101
朔幣　100-102
『左経記』　87, 175, 176
雑戸　67
『冊府元亀』　172
三省六部体制　63
山陵　214, 219
式部省　23, 76, 79, 152, 153
地子　133
地震　46, 50
紫宸殿　145, 181
自然災害　→災害
自然崇拝から人格神へ　92
七大寺　206, 219
七道諸国　23, 51, 70, 74
『侍中群要』　179, 192, 193
持統天皇　13
支配理念　4-7, 99, 209, 223-227, 230, 231
『時範記』　87, 102, 104, 175, 178
時服　160
治部省　79, 173
志摩国輸庸帳　88
除目　165
下野国府跡　66
借貸　28
社名帳　66, 76, 78, 88
舎利塔　59
愁訴　31, 32
儒教思想　57, 209, 216, 224
儒教的イデオロギー支配　25, 39
儒教的政策　25, 38, 39, 174, 209
儒教的徳治主義　25, 39
儒教理念・イデオロギー　13, 19, 21, 53, 166, 174, 223-225
主税寮出雲国正税返却帳(承暦二年)　87
『春記』　210-216
巡察使　21-25, 27, 29, 30, 33, 136, 137,158
叙位　155, 156, 165
請雨経法　206, 207, 219
荘園　6
『貞観式』　135
常荒田　135
祥瑞　7, 50, 52, 167, 169, 170, 172-174, 184, 185, 195, 224, 227
　甘露　173
　慶雲　170, 172
　白烏　169
　白雉　168
　白鹿　166-170, 173
　木連理　168
祥瑞思想　227
正税　77, 153, 154, 199
正税帳　20, 22, 78
　伊豆国正税帳　78
　和泉監正税帳　52, 77, 78
　隠伎国正税帳　71
　周防国正税帳　71, 78
　駿河国正税帳　89
　但馬国正税帳　88
　長門国正税帳　78
　大和国正税帳　78
正税幷神税帳　78
聖武天皇　54, 193, 194
『小右記』　147, 166, 176, 198, 199, 206, 207, 216
承和の変　126
初期権門体制　5, 10, 111, 134, 165
『続日本紀』　13, 15, 19, 21-24, 49-54, 66, 67, 69, 70, 72, 74, 136, 137, 168
『続日本後紀』　118, 135
初任国司庁宣　174, 176
新羅　115-120, 126
賜禄　→禄
神火　69, 70
神階　103, 117, 206
神階勲位　7, 116, 118, 119, 121
神祇官　5, 63-66, 68, 74-81, 99, 120, 219, 224, 227
神祇祭祀　→祭祀
『新儀式』　178, 179, 193, 194
神祇職　65, 67-69, 71-73, 75, 76, 79-81, 99-101, 224, 227

神祇伯 63, 64, 80
神鏡 221
神庫 94
賑給 14, 15, 19, 21, 25, 30, 35-37, 39, 52, 59, 138
賑給使 45, 135, 136, 158
神国思想 82
神社 63, 65, 69, 74, 80, 81, 91-93, 95-98, 100, 101, 103, 105, 117-119, 121, 198, 224, 228
神社行政 5, 65, 73
神社社殿 5, 91-93, 96-102, 104, 224
神社修理・清掃 71-76, 78, 81, 102-104
神社修理使 71, 74, 78
神社帳 →社名帳
神社奉幣 →奉幣
賑恤 →賑給
『新抄格勅符抄』 102
神税 77, 78
神泉苑 167, 168, 206, 219
神殿 94, 95, 231
陣定 6, 210
神拝 100-104, 175, 178, 192
神宝 98, 99, 104, 178, 224
神名帳 100, 101, 103, 108
隋 55, 57, 169, 223, 230
水害 19, 133
水旱 51, 69, 133, 138, 144, 145, 170
推古朝 57, 58
『水左記』 190
『隋書』 61
推問使 31-33, 38, 40, 132
菅原道真 35, 37, 178
崇神天皇 213
相撲節会 150, 159
皇孫思想 223
受領 6, 31, 39, 40, 102, 103, 157, 174-176, 178, 179, 181, 182, 184, 185, 197, 207-209, 217, 227, 230
受領功過定 6, 181
受領のサイクル 179
受領罷申儀 7, 179, 181, 184, 185, 197, 208, 227
姓 231
『政事要略』 134, 141, 146, 147
『清慎公記』 152, 153, 172, 174
聖代 167
青苗簿 136
生民 62
税免除 14, 15, 49, 50, 52, 58, 59, 148
清涼殿 179-183
節会 144, 146, 150, 151, 156, 157
節禄 145, 150, 151, 154, 156
節度使 194
瀬戸内海地域 125, 126
撰格所 75, 76
『撰集秘記』 144
前方後円墳 2
租 →田租
雑徭 14, 51
争乱・戦乱 7, 112, 118-121, 125-127, 172, 226
『続高僧伝』 62
訴訟 33, 38
損戸 147, 148
損田 133, 134, 137-141, 144-150, 154-157, 226
損田使 30, 133-139, 148, 154, 158

た 行

帯剣 7, 112-116, 119, 121
醍醐朝 150, 156
醍醐天皇 141, 151
大赦 →恩赦
『太神宮諸雑事記』 220
大般若経 176, 220
大仏建立 10, 59
平維良の乱 112
平忠常の乱 112
平時範 102, 103, 175
平将門の乱 112, 121, 122, 127, 232
大粮 154
大宰府 112, 113, 115, 117, 137, 167, 170
太政官 5, 24, 32, 51, 63-68, 74-76, 78, 80, 81, 120, 138, 173
太政官政治 6
端午節会 150, 151
地域ブロック化 126
『親信卿記』 182, 193
知識 54
地方行政監察使 7, 22, 24-28, 30, 31, 33, 38-40, 59, 133, 134, 137, 157, 197, 217, 225

中国古代の「社」　94, 97
『中右記』　103, 188
調　4, 49, 51
朝賀儀　165, 173
朝集使　24
長保新制　108, 216, 232
『朝野群載』　104, 114, 175
調庸　4, 28, 77, 138, 144, 145, 148, 155
重陽節会　141, 144-146, 150, 151, 157
勅語　179, 181-185, 212, 214
鎮火祭　66, 69
鎮守府　120
月次祭　80, 224
坪付解文　147
『貞信公記』　147, 159
鉄鏃　124
天下諸国　→五畿七道諸国
天災　→災害
殿上受領　182, 193
天人相関説　→天命思想
天神地祇　64, 66, 67
田租　14, 26, 51, 67, 77, 133
転読　15, 199
天皇御膳の減省　144
天皇の仰せ　→勅語
天武朝　58, 93, 225
天命思想　52, 53, 169, 172, 173, 185, 209, 210, 223
『天暦蔵人式』　179, 183, 194
唐　53, 63, 169, 172, 223, 230
踏歌節会　151
春宮坊　79
東国国司　194
東大寺　54, 219
『唐大詔令集』　62
董仲舒　53
『東南院文書』　44
東北地域　115, 121
東洋的専制国家　4
唐令　20
遠江国浜名郡輸租帳　135
読経　52, 54, 206-208, 227
徳政　195, 212
鳥居　98

な　行

内宴　159
『直幹申文絵詞』　107
中務省　67, 68, 77, 79
中堀遺跡(埼玉県上里町)　124
南所申文　173
丹生川上神社　219
贄　194, 230
二官八省体制　63
二十二社(二十一社)　178, 206
『日本紀略』　141, 169, 172, 207
『日本三代実録』　32, 113, 115-119, 135, 153, 168
『日本書紀』　55, 58, 73, 74, 94, 98
『日本文徳天皇実録』　31, 145
『日本霊異記』　43
仁王会　219, 232
仁王経　198, 199
祢宜　→神祇職
『年中行事絵巻』　107
年料　144
農料　175
祝詞　79

は　行

白鳳寺院　58
八省　64, 79, 80
祝(祝部)　→神祇職
班田制　154
坂東　111, 112, 115, 116, 119, 121-125, 127
班幣　4, 5, 67, 68, 78, 79, 117, 227, 228
班幣制度　99, 103, 224, 225
日照り　→旱魃
人形　66, 69
ヒモロギ　93
百王思想　211, 214
百姓の辛苦を問う　20-25, 27, 28, 30-33, 35-38, 40, 59
百姓撫育　4, 13-15, 22, 25, 26, 28, 30, 31, 33-37, 39, 50, 51, 166, 197, 209, 217, 224-227
百姓撫育政策　38, 39, 49, 53, 55
『百練抄』　98, 168
『兵範記』　175
兵部省　152
平座　160

撫育　→百姓撫育
撫育思想　55, 57-59
撫育政策　→百姓撫育政策
風俗　20, 21, 23-25, 29, 30
不堪佃田　133, 135-138, 140, 141, 144-150, 154-157, 177, 178, 185, 191, 226
不堪佃田使　7, 133-135, 137, 148, 154, 157, 158, 177, 178, 226
不堪佃田奏　148, 149, 157
不堪佃田申文　147, 157
武器　94, 96-98, 113, 114, 123-125, 226
覆囚使　30
封戸　68
富豪層　126
誣告　31
俘囚　115, 116, 119, 121
藤原緒嗣　28, 29
藤原実資　147, 167, 176, 206-208, 212, 213, 216
藤原実頼　173
藤原資平　167, 169, 173
藤原資房　212, 213, 215
藤原純友の乱　128
藤原園人　27, 144
藤原仲麻呂の乱　118
藤原広嗣の乱　60
藤原宗忠　103
藤原行成　198, 213, 216
藤原頼通　167, 198
『扶桑略記』　186
仏教　10, 49, 53, 54, 58, 93, 96, 225
仏舎利使　232
不動穀　153, 155, 199
『風土記』　87, 106
撫民　59
浮浪人　28
平安京　39, 161, 198, 206, 207, 209, 228, 230
兵疫　144
平城天皇　214
幣帛　65, 66, 79-81, 99, 101, 104, 117, 178, 224, 228
『別聚符宣抄』　134
弁官　68, 76, 78-80
某郡司解　220
放生　14, 15
奉幣　15, 70, 119, 177, 178, 199, 206, 208, 227, 228
奉幣使　177, 178, 198, 228
『北山抄』　100, 149, 194
墨書土器　123
卜占　→占い
牧民　59
ホクラ　93, 94, 96-99, 105
『法曹至要抄』　129
『本朝続文粋』　191
『本朝文粋』　151

ま　行

前田家巻子本『西宮記』　140, 147-149, 159, 181, 183
末法思想　212-216
政所政治　165
『万葉集』　92, 178, 193
道饗祭　65
『御堂関白記』　206
源経頼　175, 176
壬生本『西宮記』　188, 219
ミヤ　93, 94
『明法肝要抄』　178, 189
三善清行　31, 38, 152, 215, 216
民部省　64, 67, 68, 77-79
陸奥出羽按察使　28, 29
『陸奥話記』　130
村上天皇　151
『村上天皇御記』　149, 192
文字瓦　61
物忌　182
モリ　92-97
文書形式　63, 64
問民苦使　21, 28
問民辛苦　→百姓の辛苦を問う
文武天皇　13-15, 59

や　行

ヤシロ　92-95, 224
屋代遺跡(長野県千曲市)　86
夜刀神　106
柳葉Ⅰ式　124, 131
山三賀Ⅱ遺跡(新潟県北蒲原郡聖籠町)　122
ヤマト政権　57, 225, 231
唯物史観　2

庸　14, 51

遙拝　211, 214

ら　行

『礼記』　97

律令支配理念　→支配理念

龍穴神社　206, 219

令

　職員令１神祇官条　65, 66, 68

　職員令２太政官条　78, 79

　職員令６８摂津職条　69

　職員令７０大国条　19, 20, 69

　神祇令１０即位条　85

　神祇令２０神戸条　73, 74, 77, 78

　戸令１９造戸籍条　67

　戸令３３国守巡行条　20

　戸令４５賑給条　51

　賦役令９水旱条　145

　考課令５４国郡司条　43

　儀制令８祥瑞条　173, 188

　営繕令３私第宅条　85

　営繕令１６近大水条　85

　公式令５２内外諸司条　112, 113

　雑令４０節日条　150

陵戸　67

領主　59

良吏　33, 34, 37, 38, 183

『類聚国史』　26, 27, 70, 79, 144

『類聚三代格』　27-30, 34, 71, 74-76, 120, 122, 135, 136, 138, 140, 145, 146, 177, 183

『類聚符宣抄』　87, 191, 198

留守所　176

礼(礼制)　20, 21, 57, 223

禄　144, 146, 150, 151, 153, 155-157, 179, 181, 182, 184, 185

著者略歴
1974年　福岡県生まれ
1997年　東京大学文学部卒業
2005年　東京大学大学院博士課程単位取得退学
同　年　日本学術振興会特別研究員
現　在　明治大学古代学研究所研究推進員，博士（文学）

主要論文
「祓と律の関係について」西洋子・石上英一編『正倉院文書論集』（青史出版，2005年）
「正倉院文書写経機関関係文書編年目録—天平勝宝五年」（『東京大学日本史学研究室紀要』第11号，2007年）など

日本古代国家と支配理念

2009年３月10日　初　版

［検印廃止］

著　者　有富純也《ありとみじゅんや》

発行所　財団法人　東京大学出版会
代 表 者　岡本和夫
113-8654 東京都文京区本郷7-3-1東大構内
http://www.utp.or.jp/
電話 03-3811-8814 Fax 03-3812-6958
振替 00160-6-59964

印刷所　ヨシダ印刷株式会社
製本所　誠製本株式会社

©2009 Junya Aritomi
ISBN 978-4-13-026220-0 Printed in Japan

Ⓡ〈日本複写権センター委託出版物〉
本書の全部または一部を無断で複写複製（コピー）することは，著作権法上での例外を除き，禁じられています．本書からの複写を希望される場合は，日本複写権センター（03-3401-2382）にご連絡ください．

松木武彦著	日本列島の戦争と初期国家形成	A5	六二〇〇円
佐藤宗諄著	平安前期政治史序説	A5	六二〇〇円
佐藤　信著	出土史料の古代史	A5	三八〇〇円
佐藤全敏著	平安時代の天皇と官僚制	A5	六五〇〇円
遠藤基郎著	中世王権と王朝儀礼	A5	七六〇〇円
佐藤　信編	西大寺古絵図の世界	B5	一三〇〇〇円
溝口雄三・池田知久・小島毅著	中国思想史	A5	二五〇〇円
丸山眞男著	丸山眞男講義録（全七冊）	A5	各三二〇〇～三六〇〇円

ここに表示された価格は本体価格です。御購入の際には消費税が加算されますのでご了承下さい。